KB058381

한국의 명가

재계편

한국 경제의 개척자들

한국의 명가
재계편

김덕형 지음

21세기북스

오늘의 한국을 만든 기업가들

『한국의 명가』에 재계 인물을 포함시키는 것이 온당한가? 언뜻 자본주의 사회에서 '기업가'라고 하면, 이윤이 생기는 곳이면 지옥에라도 갈 사람들이라는 좋지 않은 선입견이 떠오르기도 한다. 그동안 탈세와 불법, 비도덕적인 상술, 권력자와의 결탁으로 몸집을 불려온 일부 천민 자본주의적 악덕 기업가들이 지탄을 받아오기도 했다. 하지만 우리 국민의 대다수는 기업인들이 경영하는 기업에 고용되어 자신들의 삶을 의탁하고, 질 좋은 서비스와 상품을 저렴한 가격에 제공받는 혜택을 누리고 있는 것 또한 엄연한 현실이다. 더구나 기업은 우리가 일상생활에서 누리는 각종 사회 기반 시설이나 복지 제도의 큰 몫을 각종 조세나 기부로 감당하고 있다.

좀 더 거시적으로 본다면 오늘의 세계 도처에서 벌어지고 있는 경제전쟁의 실상은 각종 하드웨어와 소프트웨어 기술이 융합된 기업 간의 사활을 건 총성 없는 혈전이며, 기업가의 끈질긴 집념과 빼어난 지모가 승부를 가름한다. 실제로 우리 재계의 경우 대표적인 대기업 창업주들은 단지 영리를 목적으로만 사업을 한 것이 아니라 국가와 민족을 위해 사업을 벌인 지사형 기업가로 꼽을 수 있다. 일제하에서는 총독부의 삼엄한 감시를 피해 우리 임시정부에 독립운동 자금을 보낸 국사형 기업인들의 행적에 감동하게도 된다.

어렸을 때 위인전에서 링컨이나 에디슨 같은 인물의 반열에 오른 카네기, 포드와 같은 미국 기업가들의 이야기를 감명 깊게 읽기도 했다. 미국 산업혁명기에 주역으로 부상한 이들 기업가는 오늘의 미국을 최강의 경제 대국으로 만들고 국민의 삶을 살찌운 위인들이다. 이런 관점에서 한국의 대표적 재계 인물을 『한국의 명가』에 포함시키기로 했다.

오늘날 한국을 세계 10대 경제 대국으로 도약시킨 우리의 기업 명가 30인 창업자군의 선정 기준은 다음과 같은 방법으로 객관화하였다. 마침 2003년 《월간조선》이 경제·경영 전문 교수, 국회의원, 전·현직 기업 경영자, 정부 고위 각료, 언론인, 사회 저명인사 등 200여 명을 대상으로 설문 조사를 하여 가장 존경받는 기업인 순위를 낸 결과가 있어 이를 주요 참고 자료로 삼았다. 그 순위는 1위 이병철, 2위 정주영, 3위 유일한, 4위 박태준, 5위 최종현, 6위 구인회, 7위 이건희, 8위 김우중, 9위 신격호, 10위 구자경 등 열 분이었다. 이 중 3위의 유일한은 『한국의 명가』「근대편」에 이미 수록되었기에 나머지 기업들을 그 뒤 순위를 이어 선정했다. 그리고 필자의 보충 취재로 발굴한, 일제하 독립지사나 국사형 기업가로 숭앙받아온 모두 23개 재계 명가(30인)를 연장자순으로 싣게 되었다.

『한국의 명가』「재계편」은 2020년 9월에서 2021년 11월 사이 《주간조선》에 연재된 것을 그대로 책으로 수록하였으므로, 게재 인물의 직책 나이 등 글 내용도 연재 당시 사실 그대로 이해하면 될 것이다. 교보문고라는 굴지의 문화기업을 키워낸 신용호 교보 창업주의 경우 부득이하게 보충 취재를 하지 못해, 영자지 《중앙데일리》(2016년 12월 26일)에 필자가 취재·보도했던 한글 원본을 수록하였다.

　끝으로 이 책을 내는 데 도와주신 여러분께 감사드린다. 아울러 개인적으로는 팔순을 기념하는 저서이기도 하여 더욱 감회가 깊다. 이번 취재 과정에서 삼성그룹 이건희 회장이, 6·25 전쟁이 발발한 1950년 당시 혜화초등학교 교정에서 함께 뛰놀던 동기동창이었던 사실도 확인하였다. 집필을 격려하고 성원해주신 《조선일보》 방상훈 사장과 홍준호 발행인, 이동한 조선뉴스프레스 대표, 정장열 《주간조선》 편집장과 필자의 취재 반려로서 함께한 이오봉 사진작가, 출판을 쾌락하신 21세기북스 김영곤 사장과 출판 과정을 진행해온 양으녕 기획팀장께 두루 사의를 표한다.

2022년 5월 김덕형

「한국의 명가」 「근대편1」 「근대편2」 「현대편」(2013) 서문

『한국의 명가』 「근대편」은 필자가 올챙이 신문기자 시절 개항 이래 100년간 100여 한국의 대표적 인물을 그 후예와 자취로 추적해 쓴 책이었다. 따라서 이 책은 필자의 미진한 필력에도 불구하고 수록된 인물들의 걸출한 비중 탓으로 근대한국 인물 탐구에 빠질 수 없는 주요 자료로 인식되어 온 것이 사실이다.

한국과 공산권의 교류가 꽉 막혀 있던 1970년대 냉전체제 시절 모스크바 주재 일본 《마이니치신문》 요시오카 특파원이 필자를 찾아와 모스크바 국립도서관에서 『한국의 명가』를 찾아내 한국 인물 취재 자료로 삼았다고 감회 어린 소식을 알려주기도 했다. 또 어느 한국계 미국인 한국학 연구자가 이 책을 들고 찾아와 담론을 나눈 일도 잊지 못할 추억거리다.

이런 특이한 인연 탓인지 30여 년간 신문기자 생활을 하면서 틈틈이 낸 책 중에서도 『한국의 명가』는 특별한 애착을 지닌 저서로 꼽게 된다. 그러는 사이 1972년 『한국의 명가』 집필을 시작한 지 어느덧 한 세대를 훌쩍 지나 당시 30세이던 필자의 나이도 칠순을 맞게 되었으며, 『한국의 명가』 「현대편」을 이어서 집필하게 된 2011년이 바로 광복 66주년을 맞는 해이기도 했다.

이제는 근대에 살았던『한국의 명가』주역들에 더해 광복 이후의 현대 인물들로 그 맥을 이어가야 할 시점이라고 생각하여《주간조선》에 집필을 자청, 다시금 1년간『한국의 명가』「현대편」을 연재하는 행운을 누리게 된 셈이다. 초년기자 시절 2년간 집필했던 연재물을 한 세대가 훨씬 지나 똑같은 제목의 기획물로 같은 매체에 다시 연재하게 된 경우도 아마 국내외 언론계에 전무한 사례로 꼽힐 것이다.

「현대편」을 집필하면서 그 사이 우선 한글맞춤법부터 적지 않게 바뀐 사실을 새삼 알게 되었으며, 세로쓰기에서 가로쓰기로 보편화되었는가 하면, 한자도 거의 쓰지 않는 시대로 변천한 현실도 깨닫게 되었다. 이러한 급격한 변천 과정 탓에 장구한 세월에 걸쳐 집필되어 온 대하소설『토지』(작가 박경리는『한국의 명가』「현대편」에 수록된 주역 인물이기도 하다)도 근래에 10년간 누락 문장 복원, 표기법 통일 등 대대적인 작업을 통해 오류 2000개를 잡고『토지』정본으로 출간되었다.

따라서 이번에 새 시대 추세에 맞춰『한국의 명가』「근대편」을 현대 맞춤법, 가로쓰기, 한자 괄호 넣기에다 그 내용도 대폭 수정 보완하여 1, 2권 두 권으로 나눠 내는 데다「현대편」1권을 보태 모두 세 권으로 내기로 했다. 다만 당시 취재 상황 자체가 역사적으로 보존할 가치가 있다는 생각으로 당시에 썼던 기사 자체(예컨대 주역 인물의 생가 모습이나 등장 인물들의 나이)는 그대로 살리기로 했고, 대신 인물 개개인의 달라진 상황에는 '속보(續報)'를 붙여 넣었으며, 앞으로도 계속 관련 사실들을 취재해 보태기로 했다. 특히 이 '속보'는 책 속의 오프라인으로 수록할 뿐 아니라 책 밖의 온라인으로도 계속 연결해 살려 가도록 했다. 이처럼 온라인과 오프라인이 연결된, 살아 생동하면서 끊임없이 이어지는 매체는 아마도 IT시스템이 비로소 가능하게 한 획기적인 뉴미디어의 탄생으로 볼 수 있을 것이다.

『한국의 명가』(책)와 속속 이어지는 온라인의 '속보'는 앞으로 필자가 발행하는 인물 전문 인터넷신문《People Today》(도메인 등록 완료)에 계속 취재해 수록해갈 계획이다. 온라인 '속보'를 통해『한국의 명가』는 시시각각 새로운 내용을 다양하게 담아가면서 전 세계에 산재한 독자들에게까지 시공을 초월해 인물 소식을 유감없이 전달하는 유니크한 증보(增補)된 매체로 커나가게 될 것이다.

『한국의 명가』「현대편」(제3권)의 인물 선정 등 집필 방향도 민주주의와 민족주의 기조로 나라와 겨레를 지키고자 한「근대편」인물의 틀을 이었으나 이에 더하여 시대 추세에 걸맞은 세계인의 시야로 크게 넓혔다. 아울러 인물 주역은 물론 이들과 관련되는 친지, 가족, 후손들의 증언, 인터뷰, 취재 등『한국의 명가』「근대편」과「현대편」에 수록된 실명 인물이 2000여 명에 달해 아마도 인명사전을 제외하면 이 분야에서도 기록적인 저작물로 등재될 수 있을 것이다.

이 책이 나오기까지 애써주신 여러분의 노고가 있었음을 밝힌다. 그중에도 특히 집필 초기부터 끊임없는 격려와 성원을 해주신《조선일보》방우영 고문과 방상훈 사장, 변용식 발행인과 필자의 취재 반려로서 함께한 사진작가 이수완 박사(전 홍익대학교 교수), 출판을 결정하신 21세기북스 김영곤 사장과 출판을 진행해온 양으녕 기획팀원, 그리고 원고의 한자 교열과 IT 집필작업을 도운 아내 윤인희, 두 아들 인태·예진 내외와 인성·나연 내외에게 사의를 표한다.

2013년 2월 김덕형

『한국의 명가』(1976) 서문

　격동과 충격으로 점철된 근대 한국 100년의 주역, 100여 인을 접하는 2년 동안 필자 역시 근대 한국 100년을 함께 살아온 듯한 긴박한 느낌이었다. 근대사의 특성을 여러 분야, 여러 각도로 규정할 수 있겠으나, 인물사의 관점으로는 케케묵은 '양반(兩班)의 시대'가 무너지고 자유와 평등의 지반 위에 다원화해가는 사회구조의 변동 추세에 따라 '다반(多班)의 시대'를 형성해가는 것이 그 요체가 아닐까 생각한다.

　벼슬길을 따라 '한양(漢陽)의 궁성'으로만 가물가물 이어지던 문무 양반의 단조로운 인물 판도(版圖)가 새 시대에 툭 터진 개화의 소용돌이에 휩싸이면서 정치인·혁명가·군인·학자·문필인 등 다반의 인물평전으로 변혁되었으니, 기껏 왕후장상(王侯將相)의 좁은 테두리로 국한되어 온 인물 그룹이 백가쟁명(百家爭鳴)하는 '인물광장(人物廣場)'으로 뒤바뀐 것이다.

　'왕과 나'로 이어지던 고리타분한 사색당쟁의 인맥이 세계를 향한 거대한 인물박물관으로 확산되는 통쾌한 근대의 장(場)에서 장사꾼의 아들이, 또 가난한 농군이나 벼슬길이 막힌 서생의 아들이 바로 자신을 기점으로 한 새로운 족보의 '독립선언'을 외쳐대고 있는 모습을 산견할 수 있을 것이다.

대충 이처럼 근대사의 정신으로 근대사의 축을 이뤄온 이즘, 민주-민족주의를 바탕 삼아 살아온 근대 한국 인물, 100여 인을 그 후예와 자취로 살펴본 것이 이 기획물의 실상이다.

바꿔 말하면 단순한 이력서적인 인물전이 아니라 자식으로서의 인물됨, 어버이로서의 인물됨, 친구로서의 인물됨 등 인물의 평가를 상황론적으로 접근함으로써 보다 구체적인 인물상을 떠올려보고자 시도한 것이다.

어린 시절의 개구쟁이로서, 혹은 장성하여 한 가정을 이끌어가는 가장으로서, 동시에 국사에 참여하고 이름을 빛내는 인물들의 공생활과 사생활을 조화시키는 과정을 조명해본 것이다. 이를 위해 필자는 관련 인물의 후예·친지를 소개하고, 그들과의 인터뷰를 통해 인물평을 얻어내는 한편 전국 방방곡곡에 흩어진 인물들의 자취를 직접 취재하기도 했다. 한 시대의 표본으로 살아온 주역들도 역시 우리와 별다름 없이, 울고 웃고 고뇌하고 번민하는 인간이며, 오직 인내와 성실로써 스스로의 격을 부단히 다져온 결과로 '우리도 저런 인물이 될 수 있겠구나' 하는 자신감을 가질 수 있도록 우리 생활 속에 함께하는 구체적인 인물 실상을 떠올려본 것이다.

대충 이러한 테두리에서 대원군 이하응을 근대 한국 인물의 일번주자(一番走者)로 삼은 것은 그의 인물됨이 근대사와 전근대사의 갈림길에서 우뚝 치솟으리만큼 두드러진다고 생각한 때문이다. 그 이후의 인물로서는 자연 개화운동의 주축을 이뤘거나 항일 반독재 투쟁 등 난세의 한국을 구하기 위해 힘쓴 분들인데, 2년간(1972년 11월~1974년 11월)에 걸쳐 《주간조선》에 연재한 당시, 기획에 앞서 각종 문헌·자료에 의해 대충 미리 선정한 인물로 메워왔으며, 선정 범위에 절대성의 오만을 필자 스스로 지워버리고자 100가(家)에 한정하지 않고 101가를 다뤘다.

관련 사학자들의 도움을 받아 현장취재를 하는 동안 각 인물의 새로운 활동상황, 새 사실(史實) 등을 발굴하는 기쁨도 맛보았으며, 관련 인물들과 직접 기거를 함께했거나, 배우고 접촉했던 생존 원로들의 생생한 인물평, 증언 등은 필자에게도 적지 않은 가르침이 되었으며, 앞으로 관심을 가지고 연구하는 분들에게도 좋은 자료가 되었으면 한다.

'양반의 시대'에서 '다반의 시대'로 이미 뒤바뀐 민주주의 시대에 이러한 보편 이념을 더욱 힘써 개화(開化)시키는 각 분야의 인물들이 속출하여 세계사의 주역으로 부상하는 한국으로 발전시켜 가기를 바라마지 않는다.

끝으로 이 기획물을 연재하는 동안 질의, 정정 요청 등 많은 관심을 보여준 《조선일보》독자 여러분과 이를 책으로 펴내신 일지사 김성재 사장님, 그리고 편집실 여러분에게 심심한 사의를 표한다.

1976년 11월 김덕형

| 차례 |

『한국의 명가』「재계편」(2022) 서문 ······························5

『한국의 명가』「근대편1」「근대편2」「현대편」(2013) 서문 ···············8

『한국의 명가』(1976) 서문 ·······································11

01 [동화약품] 노천 민병호·민강 부자, 보당 윤창식······················17

    활명수로 독립운동한 선구자들

02 [두산그룹] 매헌 박승직, 연강 박두병, 보부상의 정신을 잇다 ··········30

03 [동아일보] 인촌 김성수, [삼양그룹] 수당 김연수······················45

    민족을 일깨운 구국 선각자 형제

04 [GS그룹] 효주 허만정, '원조 벤처캐피털'의 자식 투자법 ·············60

05 [코오롱그룹] 오운 이원만, 나일론으로 여성을 해방시키다 ············70

06 [LG그룹] 연암 구인회, 상남 구자경, 대를 이은 기업 대혁신 ···········82

07 [대한중외제약] 성천 이기석, 창업자의 생명 중시 철학이 남긴 것········98

08 [DI동일그룹] 정헌 서정익, 한국 첫 화섬 엔지니어 ····················110

09 [삼성] 호암 이병철, 이건희, 반도체 신화의 주인공, 뚝심의 순간들 ······122

10 [부방그룹] 묵민 이원갑, 한국 섬유 산업의 역사를 쓰다 · · · · · · · · · · · · · · 138

11 [벽산그룹] 벽산 김인득, '영화광'이 굴지의 기업을 일구기까지 · · · · · · · · · 149

12 [세아그룹] 해암 이종덕, 견습공이 한국 강관 선구자로 도약 · · · · · · · · · · · 164

13 [현대그룹] 아산 정주영, '부유한 노동자'가 이룬 대역사들 · · · · · · · · · · · · · 177

14 [OCI그룹] 송암 이회림, 전설적 상인, '마지막 송상' · · · · · · · · · · · · · · · · · 191

15 [대림산업] 수암 이재준, 노블레스 오블리주의 대물림 · · · · · · · · · · · · · · 206

16 [교보생명그룹] 대산 신용호 · 219

　　최초의 교육보험으로 실현된 독서광의 꿈

17 [롯데그룹] 상전 신격호, 소비자의 마음을 사로잡은 문학청년 · · · · · · · · · · 231

18 [한화그룹] 현암 김종희, 퇴학당한 후 화약으로 산업보국 이루다 · · · · · · 244

19 [아모레퍼시픽] 장원 서성환, 창업주의 지독한 화장품 사랑 · · · · · · · · · · · 257

20 [SK그룹] 최종건·최종현, 형제 경영의 전통을 쌓다 · · · · · · · · · · · · · · · · 270

21 [포스코그룹] 청암 박태준, 주식 단 한 주도 안 가진 창립자 · · · · · · · · · · 285

22 [한진그룹] 정석 조중훈, 트럭 한 대로 시작해 육·해·공을 접수 · · · · · · 298

23 [대우그룹] 주산 김우중, 세계 곳곳에 남은 그의 분신 · · · · · · · · · · · · · · 313

01

활명수로 독립운동한 선구자들

[동화약품] 노천 민병호·민강 부자, 보당 윤창식

노천 민병호·민강 부자, 보당 윤창식

1897년	민병호·민강 부자 동화약방 창업
1910년	부채표 상표 등록
1919년	서울연통부 설치
1937년	윤창식, 동화약방 인수
1967년	까스활명수 발매
1973년	국내 최초 희귀약품센터 설치
1978년	국내 최초 생산직 전 사원 월급제 실시
1995년	서울연통부기념비 본사 설치
2015년	신 퀴놀론계 항균제 '자보란테' 식약청 허가

　노천(老川) 민병호(閔竝浩)·민강(閔橿) 부자와 보당(保堂) 윤창식(尹昶植)은 활명수로 유명한 한국 최고(最古) 제약사 동화약품을 창업·승계하여 제약보국(製藥保國)을 실현한 우국지사들이다. 왼쪽 사진이 민강, 오른쪽 사진이 윤창식이다. 동화약방(현 동화약품)을 창립한 것은 1897년 9월. 그해 10월 고종이 대한제국을 선포할 때보다 빨랐다. 한국 기업 전체로도 두산그룹(1896년 창업)에 이어 두 번째로 태어난 뿌리 깊은 기업이다.

우리나라 최초의 신약 활명수

노천 민병호는 1858년 10월 15일 충북 청주에서 부친 민영석과 모친 한(韓)씨 사이의 장남으로 태어났다. 임금의 선전관(경호관)을 지낸 노천은 궁중에서 사용되는 여러 가지 비방을 익히 알 수 있을 만큼 한약 지식에 능통했다. 그는 이러한 궁중 비방에 양약의 장점을 취하여 일종의 혼합 처방을 완성했는데 이것이 우리나라 최초의 신약인 활명수(活命水)이다. 한국에 온 미국 선교 의사 알렌이 경이적인 서양 의학을 선보인 지 10여 년 후 궁중의 전래 비방에 양약의 장점을 보완한 우리나라 최초의 신약이 만들어진 것이다. 당시 활명수는 신속한 약효로 사람들을 깜짝 놀라게 만들었다.

노천은 20대 초반에 무과에 합격하여 선전관이 되었다. 근시(近侍)의 직임인 선전관은 서반승지(西班承旨)로 불리기도 했다. 노천은 대궐 내외를 자유로이 왕래하면서 여러 계층의 사람들과 관계를 돈독히 할 수 있었다. 평소 의약에 관심이 깊어 특히 전의들의 궁중 비방을 습득하는 데 노력하였다.

특히 노천은 당시 궁중 전의였던 알렌의 서양 의학술에 비상한 관심을 가졌다. 알렌은 갑신정변 당시 거의 죽을 지경에 이른 금위대장 민영익을 빠른 시간에 완치시킨 것을 계기로 궁중 전의가 됐다. 노천이 서양 의학술에서 주목한 것은 그들이 우리 전래 의학을 인정한 부분이었다.

"초기 알렌의 의료 활동에서 괄목할 만한 방법 중의 하나가 한국의 전래 약전이나 치료 방법에 대해 사뭇 긍정적인 견해를 가지고 있었다는 사실이다. 특히 인삼의 약효에 대해서 상당한 견식을 가지고 있었다. 또 민간요법으로서의 침이나 뜸에 대해서 처음에는 불신과 경계도 하였지만 아주 절망적인 사람이 그 요법으로 회복된 경우가 있어서, 이 요법이 순수하고 소박하게 실시만 된다면 서양 의학과 비교될 수 있음을 시인하였던 것이다."[1]

알렌으로부터 서양 의학을 접하다

노천은 선교 의사와 접촉하여 서양 의학을 알수록 근대 서양 문명의 핵심이 기독교라는 사실을 알게 되었다. 그와 함께 서양 문명에서 최선의 것들이 선교와 함께 전달된 사실을 확인하였다. 이런 깨달음을 바탕으로 그는 기독교인이 되어 한국 최초의 장로교파 교회인 정동교회에 나가게 되었다. 그의 가슴속에 기독교가 스며들자 자신과 이웃의 복리 증진을 위해 일하고 싶다는 생각이 들었다. 그래서 그간 터득한 궁중 비방에 서양 의학의 장점을 취하고 단점을 버려 만든 것이 활명수이다.

노천은 자신이 만든 활명수를 교우들에게 나눠 줘 복용케 하였다. 노천이 활명수를 처음 만든 까닭은 당시 가장 흔한 질병이 위장 장애와 소화 불량이었기 때문이다. 그의 기대 대로 활명수는 신통한 효력을 보였다.

"활명수를 만드는 방법은 다음과 같다. 먼저 큼직한 가마솥에 위장약 계통 각종 한약 건재를 넣은 다음 물을 붓고 한참 달이면 생약의 약

---

1   동화약품 100년사 편찬위원회(1998), 『동화약품 100년사』, 동화약품공업.

물이 우러나와 진한 팅크로 변한다. 다음은 이 팅크를 솜을 넣은 고운 채로 걸러내는 여과 과정. 그런데 곱게 빻아낸 수입 약재 아선약과 정향 가루를 타고 당시 새로 들어온 클로로포름과 박하를 묘미 있게 배합했다."[2]

드디어 노천은 장남 민강과 함께 활명수라는 위장약을 주력 제품으로 1897년 서울 중구 순화동 5번지에 동화약방(同和藥房)을 창업했다. 활명수는 급체, 토사 곽란만으로도 죽어가던 구한말 사람들에게는 만병 통치약이나 다름없어 불티나게 팔렸다. 아울러 가짜 제품들이 판을 치기 시작했다. 동화약방은 1910년 활명수를 보호하고 그 가치를 차별화하기 위해 부채표로 상표 등록을 했다. 부채표는 많은 부챗살이 한데 결속되어 있다는 의미의 일심동체를 뜻했다. '합심하면 잘살 수 있다'는 '동화'의 뜻과도 합치한다.

기네스에 오른 최초의 상표 등록

이는 국내 최초의 상표 등록이었다. 이로 인해 동화약방은 기네스북에 한국에서 가장 오래된 제조 회사이자 제약사, 최초의 등록 상표, 등록 상품 등 4가지 부문에 등재된 기업으로 남게 됐다.

동화약방은 창업 초기부터 사회 공헌 활동을 해왔다. 민강 사장이 설립에 참여한 사립 소의학교의 재정이 어려워지자 1915년에 열린 조선물산진흥회에서 경품부 판매로 얻은 수익금 전부를 학교에 기부했

2　앞의 책.

다. 개인에게 돌아가는 경품은 없는 공익 경품부 판매를 한 것이다.

소의학교는 1907년 인재 양성을 통한 국권 회복을 위해 서울 서소문 밖 조개골에 있던 전 외부대신 이하영의 별장에 설립한 근대식 초등 교육 기관이었다. 이하영이 초대 교장, 공동 설립자로 참여했고 민강은 3대 교

1930년대 주식회사 동화약방 사옥 입구.

장을 역임했다. 1920년 소의학교는 봉래동(현 만리동)으로 신축 이전하면서 3년제 소의상업학교로 바뀌었다. 1922년에는 5년제 남대문상업학교로 변신했다.

이뿐만이 아니다. 동화약방은 나라와 민족을 위해 헌신한 항일 민족 기업으로 각인돼 있다. 민강 사장은 1909년 항일 구국 단체인 대동청년당의 결성에 참여해 적극적으로 독립운동에 나섰다. 대동청년당은 신민회 소속의 청년들이었던 안희재, 서상일, 윤세복, 남백우, 김동삼, 김사용, 김규환, 신백우, 신팔균 등이 신민회 이념을 계승해 국권 회복을 목적으로 조직한 비밀 결사였다. 1919년 3·1 운동 당시 민강은 한성 임시정부 수립 운동에 관여하는 한편 비밀결사 조직인 대동단에도 가입하였다. 대동단은 제1차 행동으로 의친왕 이강공을 상하이로 탈출시켜 임시정부 조직에 참가시키려는 계획을 세웠다. 그러나 의친

왕의 탈출 계획은 압록강 건너 안동(현 단둥)역에서 실패로 끝나고 말았다. 그 결과 대동단 간부는 거의 체포되어 실형을 선고받았다. 민강도 체포되어 징역 3년형을 선고받고 옥고를 치렀다.

동화약방에 설치된 임정의 서울연통부

이 기간 동화약방에는 비밀리에 서울연통부(聯通府)가 설치되었다. 서울연통부는 1919년 7월 상하이 임시정부가 비밀 연락 행정의 첫 조치로 국내와 국외의 연락을 목표로 연통제를 실시함에 따라 서울에 설치한 비밀 행정 부서였다. 연통제는 국내 각 시·도·군·면까지 조직을 갖추고 각종 정보와 군자금을 임시정부에 전달하였다. 연통부 활동은 1922년 일제가 전국의 여러 조직을 적발하면서 주춤하게 되었다. 동화약방 창업지인 서울 중구 서소문로9길 14에는 1995년 광복 50주년 기념 사업의 일환으로 세운 '서울연통부 기념비'가 있다.

민강 사장은 활명수를 판매한 금액으로 독립운동 자금을 조달해 임시정부에 전달하는 최전방 행정 책임자 역할도 했다. 당시 활명수 한 병 값은 50전. 설렁탕 두 그릇에 막걸리 한 말을 살 수 있는 비싼 가격이었다. 당시 독립운동가들은 중국으로 이동할 때 활명수를 지참했다가 현지에서 팔아 독립운동 자금을 마련하기도 했다.

민강은 출옥 후 중국으로 망명해 상하이 임정의 교민단의사회 학무위원으로 임명됐다. 이후 한인 사회 계몽과 민족 교육 사업에 종사했다. 1925년 귀국해서는 동화약방 경영을 계속하면서 상하이 임정의 자금 조달책으로 활약했다. 그는 사업을 확장해 북간도, 하와이, 일본 등지까지 활명수를 수출하면서 독립운동을 펼쳤다. 그러나 그가 독립운동에 깊이 간여하면 할수록 동화약방의 경영은 점점 더 어려워졌다.

"경영자가 영어의 몸이 돼 있지 않으면 해외에서 망명 생활을 하느라 회사를 제대로 돌보지 못하니 경영 상태가 신통할 수 없었던 것이다. 동화가 보유했던 약품 허가 품목 수만 하더라도 전성기의 87종에서 24종으로 줄어들 정도로 사세가 위축됐다. 이러한 경영상의 어려움을 타개하고자 민강 사장은 동화약방을 주식회사로 전환하게 된다."[3]

1931년 동화는 액면가 50원의 보통주 2,000주를 발행하면서 '주식회사 동화약방'으로 전환한다. 그러나 민강은 그해 11월 4일 48세를 일기로 별세했다. 정부는 고인의 공훈을 기려 1963년에 건국훈장 독립장을 추서했고, 1966년에 그의 유해를 국립서울현충원 애국지사 묘역에 안장했다. 당시 민강의 부친이자 동화의 창업자였던 노천은 74세의 고령이어서 경영에 나설 형편이 아니었다.

민족 기업가 보당에게 경영권을 넘기다

그 후 동화약방은 일제 경찰의 탄압을 받아 경영이 더욱 어려워졌다. 이에 따라 1937년 민강의 가족이 당시 민족 기업가인 보당 윤창식에게 경영권을 인계했고, 보당은 동화약방의 제2 창업을 이끌었다. 보당 역시 민족주의 사상이 투철한 민족 기업인으로 존경을 받던 인물이었다. 그는 기업인이면서도 당대의 큰 인물로 꼽혔던 육당 최남선이나

---

3   예종석(2009), 『활명수 100년 성장의 비밀』, 리더스북.

인촌 김성수 등과 교유하며 사회사업과 독립운동에 투신했다.

보당은 1890년 서울 마포구 공덕동에서 부친 윤태진과 모친 나주 임씨 사이의 3남 1녀 중 장남으로 태어났다. 그는 1912년 보성고보를, 1914년 보성전문(현 고려대) 상과를 졸업했다. 대학 졸업 이듬해에는 조선산직장려계(朝鮮産織獎勵契) 결성에 참여해 총무직을 맡아 경제 독립운동에 나섰다. 이 항일 비밀 결사체는 민족 경제 자립을 위해 일제에 탈취당한 경제권을 탈환하려는 목적으로 조직된 경제 독립운동 단체였다. 보당은 다른 애국 독립 단체와 달리 주식 제도의 장점을 주장하며 자금 지원을 외부에 의탁하지 않고 자립 적립하려고 했다. 독립 자금도 그런 방식으로 조달했다.

그는 1917년 일제 경찰에 발각되어 보안법 위반으로 구속되었으나 활동하던 단체를 산업 진흥 단체로 위장한 것이 통해 석방되었다. 보당이 조선산직장려계 사건에서 풀려나 본격적인 이재의 길을 걷기 시작한 것은 1920년대부터였는데, 우선 적은 자본으로 사업이 가능한 정미업을 시작하였다.

그는 정미업을 하며 근검·절약으로 자본을 늘려갔다. 정미업을 하면서도 흰 쌀밥을 먹지 않고 싸라기만을 먹었으며, 이것도 떨어지면 곡식 중에서 가장 싼 핍쌀을 먹기도 하였다. 보당은 1922년 김주용이 시작한 보린회(保隣會) 사업에도 적극 참여했다. 서민들의 주택난을 해결하기 위해 사재를 털어 행랑식 주택을 보급하는 보린회 사업에는 철종의 부마인 박영효, 김일선, 홍병선 목사 등도 가담했다.

1927년 보당은 민족 협동 전선인 신간회(新幹會)를 남모르게 지원했는데 이를 통해 독립운동 자금 지원 등 독립운동가로서 크게 기여했다. 이러한 애국애족 활동을 바탕으로 그는 1937년 동화약방 제5대 사장

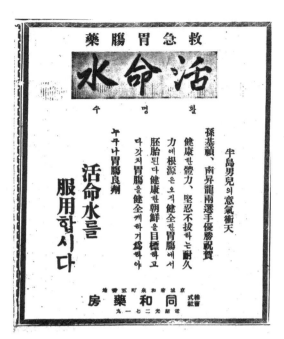

救急胃腸藥

活命水

수　　명　　활

牛島男兒의意氣衝天

孫基禎、南昇龍兩選手優勝祝賀

健康한體力、堅忍不拔하는耐久
力에根源은오직健全한胃腸에서
胚胎된다健康한朝鮮을目標하고
다갓치胃腸을健全케하기爲하야

누구나胃腸良劑

活命水를
服用합시다

京城南大門泉町五丁目番地
同和藥房 株式會社
電話光化門二七一九

1936년 베를린 올림픽 마라톤에서 금메달과 동메달을 딴
손기정·남승룡 선수를 축하하는 동화약방의 신문 광고.

으로 취임하면서 민족 기업 부채표 동화의 제2 창업자가 되었다. 그는
동화약방을 인수하면서 '오직 생명을 살리는 좋은 약만 만들자. 이 땅
에서 핍박받는 동포들을 돕고 일제에 의해 쫓겨나 해외에서 유랑하는
동포들에게도 동화의 양약이 전해지게 하자'라는 각오를 거듭 밝혔다.

　보당이 경영을 이어받은 1937년은 중일전쟁과 물자 통제로 민족 기
업들이 사업을 영위하기가 매우 어려운 시기였다. 하지만 보당은 솔선
수범해 인재 채용과 개혁을 주도하면서 전문 경영인 체제를 도입했다.
또 자본과 경영을 철저히 분리한 지배인 중심의 경영 방침을 채택하고,
원리원칙과 정직, 성실을 바탕으로 기업 근대화를 추진했다.

지배인 제도 도입 등 기업 근대화 추진

당시 보당은 지배인에게 실질적인 경영권을 이양하고 외무 제도를 도매상 위주 영업으로 정착시키는 한편 재무도 독립시켰다. 또 전문 약사를 초빙하여 쇠퇴해진 제품 개발과 품질 관리를 과감하게 추진하였다. 1938년 보당은 만주국 안동시(현 단둥시)에 동화약방 지점을 개설해 해외 진출의 발판을 마련하고 고속 성장을 거듭했다. 하지만 광복 후 한반도 북부와 만주국 지점을 잃고, 뒤이어 6·25 전쟁으로 순화동 공장이 완파돼 위기에 처하기도 했다.

보당은 광복 후 대한민국 정부 수립 과정에서도 대한독립촉성국민회에 참여하는 등 나름의 역할을 했다. 당시 이 단체의 총재에는 이승만 박사, 부총재에는 김구 선생이 추대되었다.

보당은 62명으로 구성된 중앙상무위 위원으로 선임됐다. 중앙상무위에는 보당 외에도 오세창, 김법린, 방응모, 윤보선, 김동원, 전진한, 박종화, 허정, 장덕수 등 각계의 저명인사들이 고루 참여했다.

대한민국 정부 수립과 더불어 사회 질서가 잡히고 안정을 되찾아 가면서 동화약방도 서서히 생산 활동을 재개했다. 그러나 1950년 6·25 전쟁이 일어나 보당과 그의 아들 윤광열은 부산으로 피란을 갔고, 순화동 공장 생산 시설은 공산군에 탈취당하는 수난을 겪어야 했다. 1955년 환도와 더불어 순화동 공장을 복구하면서 동화약방은 다시 신제품 발매 사업을 확대했다. 사업 기반을 확충한 동화약방은 1962년 회사 이름을 동화약품공업으로 개칭하고 새로운 성장 발판을 마련했다. 보당은 이듬해 3월 13일 서울 마포구 공덕동 자택에서 별세하여 경기도 시흥시 조남동 선영에 안장됐다. 그는 동화 식구들에게 이런 말

연구개발에 전력을 다하는 동화약품 연구소.

을 남겼다.

"좋은 약이 아니면 만들지 말라. 동화는 동화 식구 전체의 것이요, 또 이 겨레의 것이니 온 식구가 정성을 다해 다 같이 잘살 수 있는 기업으로 이끌어라."

동화약품은 보당의 유언대로 지금도 계속 발전해나가고 있다. 동화약품 산하 동화약품연구소는 현재 항암제와 함께 면역 질환, 호흡기 질환 등을 중심으로 다양한 합성 신약을 개발하고 있다. 천식과 항감염제 적응증 기반의 천연물 신약도 임상 단계에 있다.

활명수 역시 매년 독특한 디자인을 담은 아트 컬래버레이션 '활명수 기념판'을 선보이며 아직도 소비자들의 사랑을 받고 있다. 활명수 기념판의 판매 수익금은 아프리카 등 물 부족 국가의 식수 정화, 우물 설치, 위생 교육 사업 등을 지원하는 사회 공헌 활동에 사용되고 있다.

보당 윤창식의 가계

보당은 3남 3녀를 두었다. 장남 화열(작고) 씨는 일본 메이지대학을 졸업하였으며, 차남 중열 씨는 6·25 전쟁 때 납북되었다. 3남 광열(작고) 씨는 고려대 경영학과를 졸업하였다. 보당의 세 자매는 모두 숙명여고를 다녀서 보당은 숙명여고 후원회장을 맡기도 했다. 맏딸 선열 씨는 서울대 약대를, 차녀 덕열 씨는 서울대 법대를 졸업하였다. 3녀 옥열 씨는 홍익대 미대를 졸업하였다.

보당의 뒤를 이어 장남 화열 씨가 1963년 동화약품공업의 사장에 취임하였다. 화열 씨는 광복 후 혼란기에 동화가 생산을 재건할 때부터 취체역(이사)으로 일해왔다.

그 뒤를 이은 보당의 3남 윤광열 회장은 보성전문(현 고려대) 재학 시절 일제에 강제 징집되었다가 광복군에 합류해 중대장으로 활동한 경력이 있다. 그는 활명수에 탄산을 첨가한 까스활명수를 개발한 주역으로, 1973년에 한국 최초의 희귀약품센터도 개관했다. 그는 또 국내 최초로 생산직 전 사원 월급 제도를 도입하여 국내 기업과 노동계의 주목을 받았다.

현재 동화약품은 윤광열 전 사장의 장남인 윤도준 회장(70·경희대 의대 졸업, 의학박사, 신경정신과 전문의)이 2008년부터 이끌고 있다.

숱한 위기 극복한 '활명수 경영학' 현재도 유효

예종석(한양대 경영학부 교수)

활명수의 역사는 바로 대한민국의 근세사이자 의약품의 역사이며 나아가서 근대적 기업 경영의 자취나 마찬가지다. 일찍이 의약품을 통한 대중 구제를 결심해 활명수를 개발하고 동화약방을 창업한 노천 민병호, 그의 아들이자 독립운동가였던 초대 사장 민강, 쓰러져가는 동화약방을 인수해 다시 일으켜 세운 사회운동가 보당 윤창식, 그 뒤를 이어 성장의 기반을 닦은 그의 아들 가송 윤광열 등의 이야기 속에는 민족 기업인의 자부와 긍지가 면면히 흐르고 있다.

활명수는 일제 강점기에는 일본 침략자들에게 수난을 당했고 광복과 6·25 전쟁을 겪으면서는 회사가 존폐의 고비를 넘겼으며, 수많은 경쟁자의 공격과 외환위기의 어려움까지 감내해냈다. 그러한 과정에서 활명수는 시대를 뛰어넘는 경영 철학으로 어려운 시기마다 슬기롭게 그 위기를 극복해나갔다.

오늘의 험난한 기업 환경을 헤쳐나가야 하는 경영자들이 한 세기 전의 선조에게 교훈을 얻을 수 있다는 것은 행복이 아닐 수 없다. 온고지신(溫故知新)이란 바로 이런 경우를 위해 존재하는 말이 아닐까. 활명수 경영학을 통해 우리 모두 어떠한 위난도 이겨낼 수 있는 예지를 얻었으면 하는 마음 간절하다.

02

보부상의 정신을 잇다

[두산그룹] 매헌 박승직, 연강 박두병

매헌 박승직

1864년	6월 22일(음력) 경기도 광주군 탄벌리에서 태어남
1896년	박승직상점 창업
1905년	광장주식회사 창립 발기인
1907년	국채보상운동 지원
1919년	고종 승하 시에 상민봉도단장
1925년	경성상공협회회장
1946년	박승직상점을 두산상회로 재개업
1950년	12월 20일 경기도 광주군 둔전리에서 별세

연강 박두병

1910년	10월 6일 서울 종로4가 92번지에서 태어남
1932년	경성고등상업학교 졸업
1932년	조선은행 입사
1936년	박승직상점 상무로 취임
1948년	동양맥주주식회사 사장에 취임
1951년	주식회사 두산상회 사장에 취임
1967년	대한상공회의소 회장 취임
1970년	아시아상공회의소 연합회 회장 취임
1973년	8월 4일 서울 연지동 자택에서 별세, 경기도 광주군 선영에 안장됨

매헌(梅軒) 박승직(朴承稷)은 한국 최고(最古) 기업으로 꼽히는 두산그 룹의 창업주다. 그는 개항(1876년) 초기 객주와 보부상 등 밑바닥 장사 꾼으로 상업에 투신하여 본격적인 상업 자본을 축적한 입지전적 인물 이다. 매헌의 맏아들 연강(蓮岡) 박두병(朴斗秉)은 매헌이 이룩한 자본 축적과 기업 이념을 이어받아 글로벌 기업으로 부상한 두산그룹의 주 축을 세운 주인공으로 평가받고 있다.

"보부상이셨던 조부님의 근검절약 정신을 이어받아 선친께서 실현 하신 기업가의 시대 정신을 우리 후손들은 철저하게 계승하려고 힘쓰 고 있지요. 선친께서 시대 추세에 걸맞은 기업 발전을 위해서는 과감히 창업 업종인 포목상조차 떨쳐버리고 동양맥주로 재창업에 나서신 것 처럼, 우리는 동양맥주를 넘기고 두산중공업 등 기간 산업 위주의 글 로벌 기업을 지향하고 있습니다." (연강의 3남인 박용성 두산중공업 전 회장)

매헌, 연강 이후 오늘의 두산그룹은 혁신과 변모를 거듭해오고 있 다. 전자소재 사업의 확대 발전을 위해 코오롱전자를 인수하였으며, 2001년에는 한국중공업(현 두산중공업), 2005년에는 대우종합기계(현 두 산인프라코어), 2007년에는 소형 건설 부문 세계 1위인 미국 기업체 밥캣 을 인수하여 재계의 화제가 되기도 했다. 국가 기간 산업을 이끄는 대 기업으로 부상한 두산그룹은 요즘 4차 산업혁명 시대를 맞아 스마트 공장, 협동 로봇, 드론 사업 등 다양한 첨단 디지털 분야로 판도를 확 장하고 있다.

현재 두산그룹을 이끄는 박정원 회장은 재계 최초의 4세대 리더로 각광받으면서 2016년 3월 그룹 회장에 취임했다. 그는 취임사에서 "한 국에서 가장 오래된 기업이지만 변화를 두려워하지 않는 가장 젊은 기 업이 바로 두산"이라면서 '혁신'과 '도전'을 유난히 강조하기도 했다. 이

2016년 3월 그룹 회장에 취임한 박정원 회장이 두산중공업 창원 공장을 방문해 터빈을 살펴보고 있다.

러한 경영 철학과 120여 년 기업사의 노하우를 바탕으로 두산은 발전용 대형 가스 터빈, 수소연료 전지에서 풍력발전에 이르기까지 선두 기술을 갖추고 친환경 에너지 분야에서 새로운 도전의 날개를 펼치고 있다.

300냥 밑천으로 시작한 면포 장사

매헌은 1864년 6월 22일(음력) 경기도 광주군 탄벌리에서 박문회와 김해 김씨 사이의 8남매 중 넷째로 태어났다. 8세부터 서당에서 한학을 배웠으나 신학문을 접하지 못한 듯하다. 그는 어릴 적부터 향리에서 20여 리 떨어진 송파장을 왕래하며 장터 상거래를 눈여겨봤다. 남의 땅에서 소작으로 농사짓는 것은 발전이 없다고 보고 1880년대 초에는 이미 상인으로 나선다. 처음 취급한 물품은 등잔용 석유와 가죽 물품이었다.

17세 때 매헌은 전남 해남 군수로 부임한 민영완을 따라 해남으로 내려간다. 약 3년간 해남에서 상업의 묘리를 터득하며, 격랑의 세월을 보내면서 상인으로서의 꿈을 키운다. 1883년 고향으로 돌아와 모은 돈 300냥을 밑천으로 제물포(인천)에서 면포를 사서 경기도 산간 지방과 강원도 일대까지 가서 팔았다. 1886년 무렵 강원도 산길에 다닐 때 두 달 동안 오직 감자만 먹으며, 상도의 기본인 근검절약 정신을 골수 깊이 체득하기도 한다.

세계로 뻗어가는 중공업 기업 그룹으로 뿌리를 내린 두산의 밑바탕은 매헌이 다진 바로 이 보부상 정신이다. 보부상은 전국을 발로 뛰며 조선 시대 경제활동을 촉진했던 봇짐장수와 등짐장수를 말한다. 그들은 윤리 경영을 강조하며 시장의 상도의를 수호했고, 나라가 어지러워지면 유통망을 국민 구호의 그물망으로 활용한 민간 사회복지 기구 역할도 했다.

행상으로 다져진 매헌의 근검절약 정신은 밥상머리 교육으로 면면히 집안에 이어 내려오고 있다.

"아버지께서 그렇게 검소하게 식생활을 하셨던 이유는 보부상 시절 두 달 동안 감자만 씹으며 강원도 산골을 헤매던 때를 잊을 수 없었기 때문이라고 합니다. 옛날 산골에서는 어딜 가나 주민들이 감자로 끼니를 때웠습니다. 쌀밥을 먹어본 지가 하도 오래되어, 어느 날 아버지께서 형편이 좋아 보이는 여관에 들어가자마자 주인에게 부탁했다고 합니다.

'돈을 낼 테니 쌀밥을 좀 해주십시오.'

그 말을 들은 주인이 주방에 대고 소리쳤지요.

"서울에서 온 손님이 쌀밥을 원하시니 쌀로 지어드려라."

그런데 기대와는 달리 상 위에 오른 것은 노란 좁쌀 밥이었습니다. 워낙 쌀이 귀한 곳이라 그들은 좁쌀을 쌀이라고 불렀던 것이지요.

'좁쌀도 쌀이지.'

아버지는 아무 말도 않고 좁쌀 밥을 드셨습니다. 그리고 자신이 어려웠던 시절과 어려운 주변 사람들의 사정을 잊지 않기 위해 평생토록 혼식을 실천하셨지요. 우리 가족은 옷도 늘 검소하게 입었습니다. 집에서는 늘 바지저고리 차림이었는데, 그것도 광목으로 된 옷이었습니다. 상점에는 비단이 산더미같이 쌓여 있었지만 그것으로 옷을 지어 입는 일은 결코 없었습니다. 겨울이 되어도 솜을 넣어 입는 것이 고작이었습니다.[4]

1896년 종로4가에 연 박승직상점

매헌은 1896년 8월 1일 서울 종로4가 15번지에 박승직상점을 연다. '배오개 거상'이라는 별칭을 얻은 매헌이 한인 상계의 대표적 본보기로 성장함에 따라, 정부는 1900년 12월 성진 감리서 주사라는 벼슬을 내린다. 1905년에는 육품에 승서되고, 이듬해에는 중추원 의관에 선임, 정삼품에 승서된다.

매헌은 1906년 1월부터 1911년까지 한성상업회의소(대한상공회의소의

---

4   박시온(2013), 『박두병처럼』, FKI미디어.

1934년에 2층으로 증축, 새롭게 단장한 박승직상점.

전신) 상의원으로 재임하면서 면포 업계 상인들의 권익 옹호와 사업 신장에 힘쓴다.

이듬해 매헌은 일본으로부터 얻은 1,300만 환의 차관을 갚기 위해 거족적 국민운동으로 전개된 국채보상운동에 적극 동참, 70여 환을 모금해 당시 이 운동을 주도했던 대구 광문사에 기부한다.

이때의 기부로 두산그룹은 2001년 '서상돈상'을 받는다. 국채보상운동을 벌이던 서상돈 선생을 기리기 위해 제정된 상으로, 박용성 회장이 수상했다. 당시 변형윤 심사위원장은 "IMF 금융위기에 앞서 구조조정에 솔선수범을 보였을 뿐 아니라 기업 발전, 수입 대체 및 외자 유치를 통한 외화 획득, 체육 발전 등에 공이 큰 박용성 대한상의 회장 겸 두산중공업 회장을 본상 수상자로 선정했다"라고 밝혔다.

1919년 1월 고종 황제가 승하하자 당시 경성포목상조합장이던 매헌은 이 단체를 중심으로 '조선상민봉도단'을 결성해 국장의 여사군(輿土軍)으로 참여한다. 이어 1926년 4월 순종이 승하하자 각 상인 단체들은 경성포목조합에 모여 매헌을 단장으로 하는 봉도단을 결성한다.

면포를 주로 취급하던 박승직상점에는 '박가분'이라는 이색적인 제품이 등장한다. 박가분은 1915년 4월부터 매헌의 부인 정정숙이 사업 내조의 일환으로 집안에서 수공으로 제조한 것이었다.

1915년, 박두병 가족이 아직 종로 4가에 살고 있던 어느 날 정정숙은 입정동에 살고 있던 친척 할머니 댁에 놀러 갔다. 할머니는 방 안에서 쭈그리고 앉아 일하고 있었다. 가만 보니 벽지에다가 흰 가루를 놓고 조그만 봉지로 열심히 싸고 있었다. 신기해서 한동안 보고 있던 정정숙이 물었다.

"할머니, 그 가루가 뭐예요?"

"분가루라는 거야."

가족이 없이 홀로 살던 친척 할머니는 분가루를 만들어 생계를 꾸렸다.

"찾는 사람이 많은가요?"

"에그, 예뻐지기 싫어하는 여인도 있나?"

"할머니, 저도 좀 가르쳐주세요."

정씨는 노인의 말을 꼼꼼히 받아 적었다.[5]

처음에는 이 박가분을 면포 상품 고객에게 사은품으로 주었으나 뜻밖에 여성들의 반응이 좋아 상품으로 본격 시판했다. 박가분 제조본포는 1918년 8월 특허국으로부터 상표 등록증을 교부받았으며,

---

5 박시온, 앞의 책.

1923년부터는 《동아일보》, 《조선일보》에 광고를 내기도 했다.

1926년에서 1930년까지 전성기를 누리던 박가분은 분에 포함된 납성분의 유해성이 발견되어 생산을 중단했다.

매헌은 상점에서나 집안에서나 늘 청결하고 단정할 것을 몸소 실천했다. 근검절약을 생명으로 여기되 베풂에는 인색하지 않으며, 권위를 내세우기보다 관용과 화목을 우선했다.

먹고살기가 어려웠던 시절, 밥 얻으러 온 사람이 대문 간에 나타나면 그는 "밖에 손님 오셨다!" 하고 안채를 향해 소리쳤다. 나중에는 아예 아침마다 행랑채에 한두 개의 밥상이 차려졌고, 겨울에는 검정 물들인 광목에 솜을 두툼하게 누빈 바지저고리가 수십 벌씩 준비되었다.[6]

저포전 딸과 결혼한 연강

연강은 1910년 10월 6일 서울 종로4가 92번지에서 태어났다. 위로 딸만 여섯을 두었던 매헌으로서는 늦둥이 아들이 여간 대견하지 않았다. 뒤에 아우 셋이 태어났으나 둘은 일찍 작고했고 바로 밑의 동생 우병만이 살아남아 두산그룹 경영에 함께 참여했다.

매헌 부부는 당시 이웃 연동교회의 독실한 신자로서 일찍이 미국 선교사 게일이나 함태영 목사와 서로 집안을 내왕하는 친밀한 사이였다. 연강은 이런 종교적 분위기 속에서 자랐고, 매헌의 깊은 관심과 치밀한 배려 아래 상인의 길, 기업가의 길로 인도되었다.

---

6 조동성(2004), 『한국자본주의의 개척자들』, 월간조선사.

거상의 아들로 태어난 연강은 6세 때 덕혜옹주가 다녔던 경성유치원에 입학한다. 이어 '일본 사람을 알아야 그들을 이길 수 있다'는 부친의 뜻에 따라 4년제 한국인 보통학교가 아닌 6년제 일본인 학교 동대문심상소학교에 입학한다.

연강은 동대문심상소학교를 마친 후 경성중학교, 경성고등상업학교를 차례로 졸업한다. 경성고상 졸업반이던 1931년 5월 서린동에서 저포전(紵布廛)을 경영하던 명태순(明泰淳)의 딸 계춘(桂春)과 결혼한다. 숙명고녀 시절 정구 시합에 나선 모습에 반해 연강이 프러포즈했다고 하며, 그녀의 오빠 명계완은 후에 서울대 의대 학장을 지낸 명의다.

매헌은 새벽 5시면 어김없이 일어나서 동대문시장과 상점을 한 바퀴 돌았다. 값이 싼 새벽 시장에서 채소나 과일, 생선 등을 사 가지고 돌아와서는 일일이 며느리에게 요리법까지 일러주곤 했다. 생일 때면 "나는 잔치보다 여행이 더 좋다" 하고는 손님 수발로 고생할 며느리를 배려해서 온천이나 명산을 찾아 떠났다고 한다.

1932년 연강은 조선은행에 입사한다. 그가 어렵게 들어간 조선은행 본점 계산계는 결코 화려하거나 재량권이 많은 부서는 아니었다. 다른 직원들이 퇴근한 뒤에도 남아서 수천 장의 전표를 맞추고 도장을 찍었다. 오후 7시가 넘어야 퇴근할 수 있었고 연말이면 일이 몰려 밤 12시까지 야근을 하기도 했다.

바로 그 계산계에 은행 내에서 불가사의 인물로 통하는 후배 박주희(후일 금융통화위원회 위원)가 있었는데 연강과는 특히 친하게 지냈다.

그는 계산이라면 질색을 했고, 주판만 보면 머리를 아파했다. 은행원이, 그것도 계산계에 있으면서 계산을 싫어하다니… 박두병보다 2년 늦게 입사한 박주희는 대구 출신으로 4년 내내 학생운동을 했고, 이제는 독립운동에 투신하려고 마음먹고 있었다. 상과를 전공하고 조선은행에 지원한 것도 상하이 지점에 발령을 받아 임시정부와 접선하기 위해서였다. 그러나 그의 아버지가 병으로 앓아눕는 바람에 모든 것이 틀어졌다. 결국 서울 본점에 발령을 받아 좋아하지도 않는 주판을 퉁기며 앉아 있어야 했다. 그러니 일이 손에 잡힐 리가 없었다. 계산을 하면 거의 매번 실수가 생겼다.

그 덕에 괜한 고생을 하는 사람은 박두병이었다. 박두병은 언제나 자기 일을 마치고 나서 박주희가 한 일을 다시 한번 검토했다. 계산계는 그날 전표 숫자가 정확하게 맞아떨어져야 퇴근을 할 수 있어 박주희가 한 일을 다시 한번 검토했다.[7]

재계의 중추가 되는 조선은행 인맥들

연강이 조선은행에서 함께 근무한 입사 동기와 선후배는 장차 연강의 재계 활동에 주요 역할을 한 중추적 인맥이 되어왔다. 연강의 위로는 10년 연상의 대선배 구용서(후일 한국은행 총재)가 수입계 주임이었고, 안명환(후일 상업은행장)이 계산계 주임이었다. 연강의 후배로 1934년에 장기영(후일 한국은행 부총재, 경제기획원 장관), 백두진(후일 국무총리), 김영찬(후일 상공부 장관) 등이 연강과 가까이 지낸 박주희의 동기로 입행했다.

연강은 1936년 부친의 요망에 따라 조선은행 생활의 미련을 끊고 박승직상점 일을 맡는다. 점포 청소에서 포목 가위질까지 3개월간의 밑

---

7   박시온, 앞의 책.

바닥 수습 기간을 마치고 상무취체역(오늘날의 이사)에 취임한다.

매헌은 아들 두병의 이름 첫 자인 말 '두(斗)' 자에 뫼 '산(山)' 자를 붙여 '두산'이란 새 상호를 짓는다. '한 말 한 말 차근차근 쉬지 않고 쌓아 올려 산같이 커져라'라는 의미다.

그러나 박승직상점의 맥을 이은 두산상회는 태평양전쟁의 발발과 함께 최악의 불황을 맞아 쇠퇴의 길을 걷다가, 광복 직후의 혼란상 속에서 영업 활동을 중단한다.

광복 후 1945년 10월 연강은 미 군정청으로부터 귀속 재산 업체인 '소화기린맥주'의 관리 지배인으로 임명된다. 일제하 매헌이 한국인 대표 격으로 참여한 주주(200주 소유)의 인연 덕분이었다.

연강은 당시 살인적인 인플레에 맞서 미 군정 책임자와 협의하여 근로자들에게 맥주 배급제를 시행하면서 생필품과 식량 가격의 폭등에서 이들을 구제한다. 일제의 회사명을 바꿔 우리 이름인 동양맥주주식회사를 탄생시킨다.

연강에게 모든 기업 자산을 물려주고 은퇴하여 은거하던 매헌은 6·25 전쟁의 소용돌이 속에서 1950년 12월 20일 86세로 별세했다.

귀속재산처리법이 공포된 후 연강은 1951년 전시하의 임시 수도 부산에서 공개 입찰에서 단독 응찰로 낙찰받아 동양맥주의 주인이 된다.

임시 수도 부산에서 낙찰받은 동양맥주

이어 연강은 전쟁 중에 시설과 건물이 50% 이상 파괴된 영등포 공장의 재건에 힘써 1953년 6월 생산 작업에 돌입하여, 8월에 맥주 출하를 재개한다. 맥주의 본고장인 독일에서 전문가를 초빙하거나 사내 기술자를 독일 현지에서 연수시켜 품질 향상에 몰두한다.

휴전 후 동양맥주의 OB는 라이벌 조선맥주보다 한 달 앞서 시판하고서도 판매 실적은 그 절반에 불과한 열세에 힘겨워했다. 광복 전 조선맥주의 선조인 대일본맥주는 이미 시장 점유율이 70%에 달했다. 게다가 6·25 전쟁 기간에 동양맥주가 입은 피해가 조선맥주보다 훨씬 심각했다.

동양맥주는 대대적인 선전 활동으로 시장 점거전을 벌인다. 미스 코리아, 유명 무용가 등 인기인을 모델로 한 컬러 캘린더를 제작해 배포한다. 여세를 몰아 생맥주 조끼, 재떨이, 성냥, 부채 등과 선전 시설물을 내세워 총력전을 벌인다. 그런 한편 대리점주의 신의나 금전적인 신용을 앞세운 연강의 차별 경영으로 OB맥주는 1957년 유엔군에 공식 납품하며, 이듬해 마침내 OB 57대 크라운 43으로 역전시킨다.

이런 기반 위에 연강은 1960년대에 동산토건, 한양식품, 윤한공업사를 잇따라 설립하고 한국병유리 인수 등으로 두산그룹의 근간이 되는 주요 회사들을 출범시킨다. 1961년에는 합동통신사를 인수함으로써 언론 사업에도 나선다.

연강은 1967년에 대한상공회의소 회장에 선출된다. 매헌이 일찍이 경성포목상 조합장, 중앙번영회 회장, 경성상공협회 회장 등을 역임한 맥을 이었으며, 이후 3남 용성에 이어 5남 용만이 대한상공회의소 회장으로 연임되어 현재 활동 중이니, 명실상부한 한국의 대표 기업 명가를 이룬 셈이다. 연강은 1970년 아시아상공회의소 회장으로 피선되어 아시아 지역의 경제 협력과 한국 기업의 수출 지역 확대에도 기여한다.

1970년 5월 13일 박두병 회장이 제3차 아시아상공회의소 연합회 총회에서 회장 당선 후 취임사를 하고 있다.

연강은 1973년 8월 4일 서울대병원에서 폐암으로 별세하여 경기도 광주군 선영에 안장된다.

연강 박두병 가계도

연강은 명계춘과 사이에 6남 1녀를 두었다. 장남 용곤(1932~2019·워싱턴대 졸) 씨는 정원(58·보스턴대 MBA, 두산그룹 회장)·혜원(57·이화여대 졸, 두산매거진 부회장)·지원(55·뉴욕대 MBA, 두산중공업 회장) 씨를 두었다. 장녀 용언(87·이화여대 졸) 씨가 있으며, 차남 용오(뉴욕대 졸, 성지건설 회장 역임) 씨는 작고했다. 3남 용성(80·뉴욕대 MBA, 중앙대 이사장 역임) 씨는 진원(52·뉴욕대 MBA, 두산메카텍 부회장)·석원(49·뉴욕대 MBA, ㈜두산 부사장) 씨를 두었으며, 4남 용현(77·서울대 의대 졸, 두산연강재단 이사장) 씨는 태원

(51·뉴욕대 MBA, 두산건설 부회장)·형원(50·조지워싱턴대 MBA, 두산밥캣 부사장)·인원(47·하버드대 MBA, 두산중공업 부사장) 씨를 두었으며, 5남 용만(65·보스턴대 MBA 두산인프라코어 회장) 씨는 서원(41·뉴욕스쿨오브비쥬얼아트 졸, 오리콤 부사장)·재원(35·뉴욕대 졸, 두산인프라코어 상무) 씨를 두었으며, 막내 용욱(60·미 페퍼다인대 졸, 이생그룹 회장) 씨가 있다.

| 내가 본 매헌과 연강 |

외유내강형 박두병 회장,
강한 사람도 부드럽게 풀었다

이현재(전 국무총리)

　매헌 박승직은 개항 초기에 적수공권(赤手空拳)으로 전국을 발로 뛰며 일생을 바쳐 상업 자본을 축적하고 오늘날 글로벌 두산그룹의 기초를 이룩한 입지전적 인물이다. 그분의 생애는 근검절약을 삶의 지표로 삼은 조선 보부상, 나아가 조선 상인의 자존심을 보여준 표본이라고 할 수 있다. 구한말에는 국채보상운동에 적극 참여하였는가 하면, 고종 황제나 순종 황제가 승하했을 때 경성포목상 조합장이던 매헌은 조선상민봉도단을 결성해 국장의 여사군으로 참여한 애국 민족 상인이기도 하다.

　매헌의 맏아들로 그 뜻을 이어받아 두산그룹을 키워온 연강 박두병은 자기 원칙이 확고하면서도 부드럽고 차분하게 접근하는 외유내강형 리더였다. 강한 사람과 마주쳐서도 일을 부드럽게 풀어나가는 분이었다. 1967년 연강이 대한상공회의소 회장에 취임했을 때 나는 서울대 경제학과 교수로 부설 기관이었던 한국경제연구센터 일에 참여하여 연구 보고서도 내고 얇은 팸플릿도 냈다. 소공동 사무소에 들를 때마다 그분은 공사다망하고 복잡한 문제가 많았을 텐데도 늘 반갑게 맞아주셨다. 매헌은 서울대 상과대학의 전신인 경성고상 출신으로 대선배이기도 하여 내가 사랑을 많이 받은 셈이다. 뵙고 나서 자리에서 일어서면 항상 방문 앞까지 따라 나오시면서 "어려워하지 말고 자주 들러"라고 하시던 모습이 지금도 눈에 선하다.

03

민족을 일깨운 구국 선각자 형제

[동아일보] 인촌 김성수, [삼양그룹] 수당 김연수

인촌 김성수

1891년 10월 11일 전북 고창군 부안면에서 태어남
1914년 일본 와세다대학 정경학부 졸업
1915년 중앙학교 인수
1919년 경성방직회사 창립
1920년 동아일보 창간
1932년 보성전문학교 인수
1946년 한국민주당 영도(領導)
1951년 제2대 부통령에 피선
1955년 2월 18일 별세. 국민장으로 서울 성북구 안암동 고려대 경내에 안장

수당 김연수

1896년 10월 1일 전북 고창군 부안면에서 태어남
1921년 일본 교토제대 경제학부 졸업
1924년 삼수사(현 삼양그룹) 창업
1935년 경성방직 사장에 취임
1939년 한국 최초의 육영재단 양영회 설립, 봉천에 남만방적 창사
1949년 반민특위에 구속, 무죄판결 받음
1955년 삼양사 울산 제당 공장 준공
1961년 한국경제인협의회(현 전경련) 초대 회장 취임
1979년 12월 4일 서울 방학동 자택에서 별세, 경기 여주 선영에 안장

인촌(仁村) 김성수(金性洙)와 수당(秀堂) 김연수(金秊洙) 형제는 일제 식민 통치 강점기에 민족 언론, 민족 교육, 민족 기업을 일궈온 구국 선각자이다. 선친으로부터 유복한 재산을 물려받아 오늘의 《동아일보》와 중앙중·고교, 고려대학교, 경성방직과 삼양사 등에 그들의 입지를 아로새겼다. 스스로 자본의 선용(善用)을 실증한 주역들이다.

인촌이 3·1 독립 만세 운동 이듬해에 '민족의 대변지'로 창간한 《동아일보》는 일제하와 광복 후의 난세를 헤쳐가면서 민족주의와 민주주의를 지켜온 교두보로서의 구실을 해왔다. 중앙중·고교와 고려대 역시 개교 100주년을 훌쩍 넘긴 대표적 민족 사학으로 뿌리를 내려 숱한 인재를 배출해오고 있다.

수당이 창사한 삼양그룹은 정도·신뢰 경영을 실천하며 꾸준히 발전해 '생활을 풍요롭고 편리하게 하는 기업'이라는 비전을 펼치고 있다. 화학 및 식품 소재, 패키징, 의약·바이오 사업을 중심으로 글로벌 진출, 고부가가치의 스페셜티 제품 개발 등으로 사업 포트폴리오를 고도화하는 전략을 짜고 있다.

"이제는 변화 속도가 빨라져 미래 예측보다는 변화를 파악하고 대응하는 능력이 더욱 중요합니다. 사업 구조 고도화를 통해 성장하고, 기업 생존의 필수 조건인 디지털 혁신을 추진해 글로벌 스페셜티 전략에 맞는 역량과 전문성을 키워나갈 것입니다." (수당의 손자 김윤 삼양홀딩스 회장)

인촌은 1891년 10월 11일 전북 고창군 부안면 인촌리(현 봉암리)에서 울산 김씨 지산(芝山) 김경중(金暻中)과 부인 장흥 고씨 사이에 장남으로 태어났으며, 수당은 1896년 10월 1일 차남으로 태어났다. 인촌은 세 살때 용담, 평택, 동복 등지의 군수를 지낸 백부 원파(圓坡) 김기중(金祺中)

의 양자로 출계했다.

200석을 1만 5,000석으로, '호남의 갑부'

이들 형제의 13대 선조가 뛰어난 유학자 하서(河西) 김인후(金麟厚)이다. 지산은 진산 군수를 역임했는데 이재에 뛰어난 자질이 있었다. 물려받은 땅 200석을 1만 5,000석으로 불렸다. 이런 지산은 '호남의 갑부'라는 소리를 듣는 재산가로서보다는 오히려 학문을 즐기는 선비로서의 면모가 뚜렷했다.

"증조부님께서는 서문에도 능했지만 우리 역사에도 조예가 깊으셨다고 합니다. 을사늑약 이후 망국의 기운을 실감하셔서 1907년 『조선사』 편수 작업에 착수하셨지요. 나라가 망할 지경이 되자 이 땅의 청소년이 우리 역사를 배우지 못하면 영영 민족혼을 잃게 될 것을 걱정하셨다고 합니다. 근 20년간 정성을 쏟아 17권 1질로 된 전집을 완간하고 각급 학교와 서원, 전국의 유지들에게 무상으로 나눠 주셨지요." (김윤 회장)

지산은 1908년 원파와 함께 영신학교(현 줄포초등학교)를 세우며, 기호중학교를 인수하여 인촌이 관장토록 하였는데, 이 학교는 후일 중앙중학교로 맥을 잇는다.

"아버지의 생가가 그대로 남아 있어 현재 연고자가 관리하고 있는데 앞으로 대대적으로 보수할 예정입니다. 물 없는 골짜기를 지나 낮은 언덕바지에 위치해 있고 뒤로는 나지막한 동산이 둘러 있어 시원히 내려다보이면서 안온한 느낌을 줍니다."

인촌의 장남 상만 씨가 1972년 동아일보 사장직을 맡고 있던 당시 필자에게 들려준 이야기다. 크지 않은 키에 겸허한 미소가 흐르는 그의 얼굴에서 인촌의 표정을 읽을 수 있었다. 어린 시절 인촌의 모습은 『수당 김연수』 전기에 간간이 비친다.

"인촌은 친구도 많았고 장난도 잘하여 어머니의 걱정이 그칠 날이 없었다. 사실 인촌은 양반의 풍습에 얽매이기보다는 동리 개구쟁이들과 어울려 노는 것이 더 좋았던 것이다. 한번은 밤이 깊도록 인촌이 집에 돌아오지 않아 집안이 발칵 뒤집힌 일이 있었다. 이런 일은 전에 없던 일이었다. 그때 인촌은 동리 아이들과 낮에 보아두었던 참새 둥우리를 털고 있었던 것이다. 참새 둥우리는 초가 처마 밑에 치기가 일쑤이다. 그날 낮에 동리 아이들과 놀다가 그것을 발견한 것이다. 그래서 날이 저물기를 기다렸다가 밤에 손을 넣어 참새를 잡는 재미에 밤이 깊어가는 것도 잊고 말았다."

전남 창평 영학숙에서 신학문을 접하다

인촌이 신학문을 접한 것은 1906년 전남 창평의 영학숙에 입학하면서부터다. 이 학교의 설립자는 인촌의 장인이 되는 고정주(고재욱 전 동아일보 회장의 조부). 인촌은 이곳에서 백년지기 고하 송진우를 만나며 뒤이어 그와 함께 일본 유학길에 오른다.

인촌은 1910년 와세다대학에 입학하여 최남선, 장덕수, 현상윤, 조만식, 신익희, 김준연, 조소앙 등과 교유하며 1914년 정경학부를 졸업하고 귀국한다.

유학생들과 만든 야구단

한편 수당은 1910년 박하진과 혼례 후 이듬해 도쿄 아자브중학에 입학한다. 이때 만난 춘원 이광수의 오산학교 제자 서춘의 학비를 보태기 위해 싼 곳으로 하숙을 옮긴다. 서춘은 훗날 조선 유학생이 발표한 2·8 독립선언의 대표 11명 중 한 사람으로 귀국해서는 언론 분야에서 많은 활동을 한다.

수당은 이즈음 오사카 철도 변에 즐비한 공장들을 보면서 근대 산업의 막강한 힘을 느끼고, 산업을 일으켜 부강한 나라가 되는 것이 민족자존의 길이라는 생각을 한다.

그 시절 수당이 좋아한 운동은 정구와 야구였다. 유학생 친구들과 '반도중학회'를 만들고 이 모임에서 야구단을 만들어 야구 시합을 즐겼다. 1917년 7월 여름방학 때 서울과 개성에서 모국 방문 야구단이 시합을 벌였는데 수당은 2루수를 맡는다. 수당의 야구 실력은 출중하여 친선 경기를 마치고 나서는 인촌이 교장으로 있던 중앙중학의 야구부를 지도한다. 그의 열성 어린 지도로 중앙중학 야구부는 종로중앙청년회가 주최한 대회에서 결승에 진출하는 성과를 올리기도 한다.

'산업 전쟁' 선포

1914년에 귀국한 인촌은 이듬해 중앙중학을 인수하며, 1917년 경성직뉴회사를 사들여 경영하다가 1919년 경성방직회사를 창립한다.

경성방직은 개화파인 박영효가 초대 사장을 맡고, 발행 주식 2만 주의 주주가 모두 조선인들이었다. 창립총회도 3·1 독립 선언식이 있었던 서울 태화관에서 열 정도로 민족의식으로 다져진 기업이었다. 당시 근대적 시설을 갖춘 방직 회사로서는 조선방직이 있었으나 조선인의 것으로는 경성방직이 처음이었다. 당시 조선인의 옷이 한복에서 양복으로 바뀌어가는 추세였는데 광목 수요는 일본 산과 화상(華商)이 들여오던 미국 산이 독점하던 시기였다. 이러한 실정에 맞서 '산업 전쟁'을 선포한 셈이다.

삼수사와 장성 농장

한편 교토의 제3고교에 입학하여 수재 소리를 들었던 수당은 신경쇠약으로 자퇴하는 불운을 겪는다. 하지만 그는 이에 굴하지 않고 검정고시에 합격하여 교토제대 경제학부에 진학했고 1921년 졸업 후 귀국한다.

이듬해 경성직뉴 전무와 경성방직 상무에 취임하여 숙직실에 기거하면서 경방의 첫 제품인 광목 생산을 개시한다.

수당은 1923년 전남 장성군 남면 일대의 농토를 농장화한다. 소작농들을 협동 농업 형태로 결합해 근대 영농법을 도입한다. 부락마다 농민 대표를 두고 '검소와 근면으로 자력갱생을 꾀하면 부를 얻을 수 있다'는 신념을 심으며 모범 농촌 만들기 운동을 벌인다. 이미 수십 년 전에 '새마을운동'을 선도한 셈이다. 이러한 기반 위에 이듬해 삼수사(三水社)를 설립하고 장성농장을 개설한다.

일제의 농업 자본 침투에 맞서는 민족 농업 자본 형성을 위해 장성

삼양사의 만주 개척 전초기지 역할을 수행한 만주 봉천 사무소 전경. 1937년
3월 '만주삼양사'로 확대·개편되었다.

농장에 이어 줄포, 고창, 명고, 신태인, 법성, 영광 등지의 농장을 차례
로 개설하여 기업형 농장의 표본을 제시한다. 뒤이어 수당은 간척 사
업을 벌인다. 1930년대 나용균과 만난 후 "힘들긴 해도 좁은 국토를 넓
히는 일은 보람된 사업"이라는 데 의기투합한다. 나용균은 전북 정읍
출신으로 와세다대 유학 중 독립운동에 참여했고, 상하이로 망명하여
임시정부에서도 활약한 애국지사로 광복 후 국회부의장을 지냈다. 수
당은 함평군 손불면 앞바다를 간척한 데 이어 모두 1070정보의 농토를
만든다.

　1931년 삼수사는 이름을 삼양사(三養社)로 바꾼다. 수당은 당송 팔
대가의 한 사람인 소동파의 '안분자족(安分自足)' 철학에 착안해 '삼양훈
(三養訓)'을 제정한다. '사람이 분수를 지키면 복과 건강, 재산을 얻을 수
있다(安分以養福, 寬胃以養氣, 省費以養財)'는 이 평범한 진리는 곧 수당 정
신으로 집약되어 삼양그룹의 정신적 지표로 정착된다.

인촌은 1932년 보성전문학교를 인수하면서 오랜 염원인 전문학교를 가지게 되며, 이 학교를 오늘의 고려대학교로 발전시킨다. 수당도 1929년 중앙학원 설립에 참여하여 명고농장을 기부한 데 이어 인촌의 보성전문 인수에도 참여하여 신태인농장을 기부한다. 항일 보도로 재정난을 겪는 동아일보도 적극 지원한다.

일제 말 조선어학회 사건으로 옥고를 치른 일석 이희승은 "수당은 돈 쓰는 데도 일가견을 가진 사람으로 만금을 쓰면서도 한 푼을 아꼈다"라고 그의 용전(用錢) 철학을 전하기도 했다.

1933년 보성전문의 본관 석조 건물을 짓던 무렵 현대그룹 정주영 회장과 인촌이 맺은 일화가 전해진다. 정 회장이 18살 때 강원도 통천 고향에서 가출해 이곳 공사판에서 두어 달 일하던 시기였다. 그를 눈여겨보던 인촌은 점심을 따로 먹이고 격려해주었다.

"그때 청년 정주영은 마음속으로 '훗날 언젠가 돈을 벌면 나도 학교를 세워서 배울 기회를 갖지 못한 이들을 공부할 수 있게 해주어야지' 하고 결심했다고 한다."[8]

한국 최초 해외 생산 법인 남만방적 설립

젊은 시절부터 대륙 진출을 꿈꿔오던 수당은 1939년 봉천에 남만방적을 설립하면서 만주 진출의 절정을 맞게 된다. 33만 ㎡(10만 평)의 방대한 부지 위에 세운 한국 기업 최초의 해외 생산 법인으로, 오늘날 글

---

8 김상홍(1999), 『늘 한결같은 마음으로』, 삼양사.

제당 사업 초창기(1950년대)의 삼양설탕 포장.

로벌 기업들의 선두 주자로 꼽을 수 있다.

그러나 호사다마랄까. 1939년 만주에서 돌아온 수당에게 조선총독부는 만주국 경성 주재 명예 총영사직을 떠맡긴다. 이어 총독부 자문 기관인 중추원 참의로 임명한다. 이것이 후일 정부 수립 후 친일 부역 혐의의 단초로 작용한다.

한편 1951년 제2대 부통령에 선출된 인촌은 이듬해 5월 29일 격렬한 내용의 사퇴서를 국회에 제출하면서 이승만 정권에 대한 반독재의 포문을 연다. 그 후 병세가 악화되어 1955년 2월 18일 별세했다. 국민장으로 생전에 그가 아껴 다듬던 서울 성북구 안암동 고려대 경내에 안장된다.

대한민국 정부가 수립되자 반민특위가 수당을 구속한다. 수당은 아무런 변명도 하지 않지만 법정은 무죄 판결을 내린다.

수당은 6·25 전쟁으로 빈사 상태에 놓인 삼양사를 재건하기 위해 식품과 섬유로 눈을 돌린다. 울산 바닷가에 야산을 헐어 메운 땅에 제당 공장과 인공 한천 공장을 건설하여 외화 획득과 외화 절약이란 국민적 과제를 함께 해결한다. 오늘날 이 일대가 한국을 대표하는 대규모 중화학공업 단지로 성장한 것을 보면 그의 탁월한 선견지명이 돋보인다고 할 수 있다. 1961년 수당은 한국경제협의회(전경련 전신) 회장에 취임, 경제계의 리더로 부상한다.

과묵함 속에서 나오는 그의 유머 감각도 멋졌다. 한 영업 직원이 낮술을 하고 들어와 사장실 앞에서 "거기 코보 있나?" 하고 별명을 부르자 "누군가? 코보 여기 있네" 하며 화답할 정도로 유머도 즐겼다. 수당은 1979년 12월 4일 서울 방학동 자택에서 별세, 여주 선영에 안장된다.

수당은 1939년 한국 최초의 민간 육영재단인 양영회를 설립하여 학비 조달이 어려운 수많은 학생과 자금이 부족한 연구 재단을 지원했다. 34만 원을 출자해 설립한 양영회는 1948년까지 활발하게 사업을 펼쳤으나 6·25 전쟁으로 재원이 없어져 1950년부터 사업을 중단하기도 했다. 수당은 1962년 양영회의 기본 자산을 6억 원으로 늘려 장학 사업을 재개하고 사업 범위도 교육 기관에 대한 보조와 부대 사업까지 확대한다. 또 장학금 지급 대상을 자연과학 분야에 더해 인문계까지 넓힌다. 수당은 독립운동가 자제나 항일운동 학생도 지원한다. 저명한 사학자 전해종 교수가 일본 제3고교 재학 시절, 그의 조부와 부친이 만주 용정에서 독립운동을 벌이다가 체포된 사실을 알게 된 수당은 졸업 때까지 2년 남짓 학비를 지원했다. 항일 의학도 조규찬도 수당의 학비 지원을 받아 후일 전남대 의대 초대 학장과 대한약리학회 회장까지 지냈다. 일제하 미국 유학 시절 학비와 생활비를 받은 이태규는 노벨 물리학상 후보에까지 올랐는가 하면, 역시 학비 지원을 받은 이승기는 비날론을 발명한 후 북한에 가서 과학계를 이끈 화학자가 되었고, 박철재는 초대 원자력원장을 지낸 원자력 개발 권위자로 입신했다.

삼양그룹 연구원들이 한 해 동안 축적한 연구개발 성과를 전시·공유하는 삼양이노베이션 R&D페어 현장. 오른쪽에서 세 번째가 김윤 삼양홀딩스 회장이다.

양영회는 현재 양영재단으로 맥을 이어 각종 장학금과 연구비를 지원하고 있다. 또 1968년에는 수당 자신의 주식을 비롯해 김상홍·김상하·김상응 세 아들의 주식 8만 주를 기금으로 출연해 수당장학회(현 수당재단)를 만들어 장학 사업과 함께 매년 우수 학자를 선정하여 수당상을 주고 있다.

인촌 김성수 가계도

인촌은 고광석 씨·이아주(후취) 씨와 결혼하여 13남매를 두었다. 장남 상만(작고·와세다대 졸업) 씨는 동아일보 회장을 지냈으며, 병관(작고·고려대 졸업, 동아일보 회장 역임) 씨와 병건(77·미 산타클라라대 졸업, 동아꿈나무재단 이사장) 씨 형제를 두었다. 병관의 장남 재호(56·보스턴대 졸업) 씨는 동아일보-채널A 회장으로 이한동 전 국무총리 사위다. 차남 재열(52·스탠퍼드대 MBA) 씨는 삼성경제연구소 스포츠 부문 사장으로 이건희 삼성그룹 회장 사위다. 인촌의 차남 상기(작고·와세다대 졸업) 씨는 동아일보 사장을 지냈으며, 아들 병국(61·하버드대 박사, 고려대 교수) 씨는 청와대 외교안보수석을 지냈다. 인촌의 3남 상선(작고·니혼대 졸업) 씨는 고려중앙학원 사무국장을 지냈으며, 4남 상흠(작고·연희전문 졸업) 씨는 5~6대 국회의원을 역임했다. 5남 상오(작고·보성전문 졸업)의 아들 병철(71·괴팅겐대 박사) 씨는 고려대 총장을 지냈다. 인촌의 6남 상종(작고·고려대 졸업) 씨는 우진토건 사장, 7남 남(작고·단국대 졸업) 씨는 국회의원을 지냈다. 8남 상석(작고·오슬로대 졸업) 씨는 동아일보 제네바 특파원을 지냈으며, 아들 병기(58·러시아과학아카데미 박사) 씨는 고려대 교수, 9남 상겸(작고·고려대 졸업) 씨는 고려대 교수를 지냈다.

수당 김연수 가계도

수당은 박하진 씨와 결혼하여 7남 6녀를 두었다. 장남 상준(작고·보성전문 상학과 졸업, 삼양염업 회장 역임) 씨는 구연성(작고·이화여전 음악과 졸업) 씨와 사이에 2남 3녀를 두었다. 장남 병휘(75·한양대 수학과 교수) 씨는 전용숙 씨와 결혼했고, 밑으로 범(작고) 씨가 있었다. 장녀 정원 씨는 김선휘(83·삼양염업사 회장) 씨와 결혼했으며, 차녀 정희(73) 씨는 김준기 동부그룹 회장(77·김진만 전 국회부의장 아들)과 결혼했고, 3녀 정림 씨는 윤대근 동부CNI 회장(74·윤천주 전 문교부 장관 아들)과 결혼했다. 수당의 차남 상협(작고·도쿄대 정치학부 졸업) 씨는 국무총리, 문교부 장관을 지냈

으며 김인숙(작고·니혼여대 졸업, 한국여학사협회 고문 역임) 씨와 사이에 1남
3녀를 두었다. 아들 한(67·전 JB금융지주 회장) 씨는 김영란 씨와 결혼하
였으며, 장녀 명신 씨는 고하 송진우의 손자 송상현(80·미 코넬대 박사)
전 국제형사재판소장과 결혼하였다. 차녀 영신 씨는 정성진 씨와 결혼
하였으며, 3녀 양순 씨는 이양팔 씨와 결혼하였다. 수당의 3남 상홍(작
고·보성전문, 와세다대 졸업) 씨는 삼양그룹 명예회장을 역임하였으며, 차
부영(작고·이화여전 졸업) 씨와 사이에 2남 2녀를 두었다. 장남 윤(68·고려
대 졸업) 씨는 삼양홀딩스 회장을 맡고 있으며, 김종규 전 서울신문 사
장의 딸 김유희(61) 씨와 결혼했고, 차남 량(66·삼양사 부회장) 씨는 장지
량 전 공군 참모총장의 딸인 장영은 씨와 결혼했다. 장녀 유주(71) 씨는
윤영섭(74·고려대 명예교수) 씨와 결혼하였으며, 밑으로 차녀 영주(63) 씨
가 있다. 수당의 4남 상돈(작고·서울대 농대 졸업, 삼양염업사 회장 역임) 씨는
김용옥 씨와 사이에 2남 1녀를 두었다. 장남 병진 씨는 한혜승(한홍기 전
축구협회 부회장 딸) 씨와 결혼하였으며, 차남 영로 씨는 정은미 씨와 결
혼했다. 딸 희진 씨는 오광희(오명석 전 대한항공 이사 아들) 씨와 결혼했다.
수당의 5남 상하(95·서울대 정치학과 졸업, 삼양그룹 그룹회장) 씨는 대한상
공회의소 회장을 12년간 역임한 재계 원로로 박상례(90·이화여대 사회생
활과 졸업) 씨와 사이에 2남 1녀를 두었다. 장남 원(63·삼양사 부회장) 씨는
배주연 씨와 결혼하였으며, 차남 정(61·삼양패키징 부회장) 씨는 최윤아
씨와 결혼했다. 딸 영난 씨는 송하철(54·송삼석 모나미 회장 아들) 씨와 결
혼했다. 수당의 6남 상철(작고·고려대 상학과 졸업) 씨는 우정명(78·이화여대
졸업) 씨와 사이에 장남 의선 씨와 차남 형석(장옥정과 결혼) 씨를 두었다.
수당의 7남 상응(작고·미 유타대 경제학과 졸업, 삼양사 회장 역임) 씨는 권명
자(68·이화여대 음대 졸업) 씨와 사이에 훈·동현·승현 3형제와 유림·유

정 자매를 두었다.

수당의 장녀 상경(작고·미 템플대 경영학과 졸업) 씨는 조서봉·서만 형제를 두었으며, 차녀 상민(93·서울대 사범대학 가정과 졸업) 씨는 이두종(작고·양영재단 이사장 역임) 씨와 사이에 이규정·규화 형제와 딸 이정현 씨를 두었다. 수당의 3녀 정애(90·이화여대 졸업) 씨는 조석(작고·삼양제넥스 부회장 역임) 씨와 사이에 조근·조원 형제와 딸 조경미(주춘희 씨와 결혼) 씨를 두었으며, 4녀 정유(작고·이화여대 음대 졸업) 씨는 김영국(작고·서울대 부총장 역임) 씨와 사이에 김주완(손현숙과 결혼)·창완 형제와 딸 김원경(한정수 씨와 결혼) 씨를 두었고, 5녀 영숙(87·미 두브크대 졸업) 씨는 스테푸친과 사이에 페기·프랭크 형제를 두었으며, 6녀 희경(81·미 유타대 언어학 석사) 씨는 김성완(작고·미 유타대 화학 박사) 씨와 사이에 김석원·소연 남매를 두었다.

| 내가 본 인촌·수당 형제 |

나라와 겨레의 미래를 준비하는 데
평생을 바치다

홍일식(전 고려대 총장)

인촌 선생과 수당 선생 형제의 각별한 우애는 세간에 잘 알려져 있다. 내가 어릴 때 선친께서는 "수당이 형님 인촌께 '나는 돈을 벌어 댈 테니 형님은 나라와 겨레를 위해 쓰십시오. 누가 못 당하나 해봅시다'라고 말했단다"라며 전설 같은 이야기를 들려주셨다. 내가 알기에도 인촌은 이 나라의 교육과 언론, 정치, 문화, 사회 전반의 발전을 위해

거금을 썼지만 직접 돈을 번 적은 거의 없었으니 이것이 전설만은 아닌
듯하다.

인촌과 수당 형제는 당시로는 드물게 외국에 유학해 대학까지 나왔
다. 막대한 재산까지 있어 세속적 안락을 누릴 수 있었지만 험난한 구
국의 길을 스스로 택했다. 또한 엄청난 사재를 쾌척하여 근대 산업과
교육·언론·문화적 역량을 배양해 나라와 겨레의 미래를 준비하는 데
평생을 바쳤다. 오늘의 경성방직, 삼양그룹, 동아일보, 중앙중·고등학
교, 고려대학교 등이 모두 인촌과 수당이 그처럼 염원하던 근대 국가
건설의 초석이었음은 이미 역사가 입증한다.

우리는 정작 인촌이 떠난 뒤에야 큰 뜻을 깨닫고 우러르게 되었다.
더구나 요즘처럼 소위 지도자란 사람들의 국가 철학과 역사의식의 빈
곤을 볼 때마다 인촌의 심모원대한 도량이 그리워진다.

수당은 평생을 도덕적 정당성과 논리적 합리성을 균형 있게 추구해
온 사람이다. 암울하던 식민지 시대에도 기업의 윤리 경영을 강조하고
부의 사회 환원을 앞장서서 실천했다. 돈독했던 형제 우애는 후세에까
지 드리워져 삼양그룹 경영진의 모범적인 경영과 돈독한 우애가 결코
우연이 아님을 알 수 있다.

04

'원조 벤처캐피털'의 자식 투자법

[GS그룹] 효주 허만정

효주 허만정

1897년	11월 24일 경남 진주시 지수면 승내리에서 태어남
1919년	상하이 임시정부를 지원한 백산상회에 발기인으로 참여함
1925년	진주일신여자고보(현 진주여고) 설립
1946년	3남 준구를 대동하고 LG에 출자, 동업자가 됨
1952년	2월 26일 별세

올해 창립 17주년을 맞은 GS그룹은 재계 8위의 기업군으로 급성장했다. 반세기를 넘는 LG와의 동반자 관계를 접고 2004년 7월 GS홀딩스 설립, 이듬해 3월 새로운 기업 이미지 선포 등 GS그룹의 성공적인 연착륙을 두루 확인시킨 후 성장 가도를 달려왔다. GS그룹은 현재 지주회사인 ㈜GS와 GS에너지, GS칼텍스, GS리테일, GS건설 등 주요 자회사와 계열사를 포함해 79개 기업을 거느리고 있다.

GS그룹의 효시인 효주(曉洲) 허만정(許萬正)은 1897년 11월 24일 경남 진주시 지수면 승내리에서 지신정(止愼亭) 허준(許駿)과 함안 조씨 사이의 차남으로 태어났다. 허준은 300석 지기의 중농이었다. 허준이 그만한 부를 가질 수 있었던 것은 굶주림을 참아가며 바느질해서 재산을 한 푼 두 푼 늘려나간 어머니의 노력 덕분이었다. 허준은 늘 어머니의 고생을 떠올리며 자신의 옷이 남루해도 부끄럽게 여기지 않았다고 한다. 농토에 나갈 때도 맨발로 절반쯤 걸어가서야 신을 신었고, 돌아올 때도 신발을 신고 오다가 절반쯤에서 다시 신을 벗어 들고 맨발로 집까지 걸어올 정도로 물건을 아꼈다.

그러나 허준은 집에 손님이 오면 솥 다리를 걸어놓고 음식을 잘 차려서 대접했다. 손님이 실컷 먹고 돌아가면 남은 음식을 가리키며 "이 음식은 저녁때 내가 먹겠다"라고 말했다. 그만큼 근검절약했다는 일화다. 이리하여 허준은 2만 석의 대농이 되었고, 매일 이른 아침밥을 지어놓고 찾아오는 어려운 사람들에게 밥을 먹일 만큼 인심이 후했다. 농사짓던 유림 허준은 42세에 과거에 응시하여 진사에 급제하고 통정대부인 정3품 당상관에 올랐다. 이후 비서원 승지를 역임하였다. 1894년 조선 팔도에 큰 기근이 들자 허준은 창고에 쌓아둔 수백 섬의 곡식을 풀어 나눠 주었다. 기근이 어느 정도 수습되자 마을 사람들이 허준의 공덕비를 세웠다. 그러자 허준은 "저들이 비록 덕을 기리는 것이라 하나 나는 명예를 구하는 것이 아니니 사람들이 이토록 정황을 모른단 말인가"라고 말하며 마을 사람들이 만든 공덕비를 땅속에 묻어 버렸다.

그의 아들 효주는 1919년 서울에서 3·1 만세 운동을 경험하고 난 뒤 우리나라가 독립하기 위해서는 교육이 우선되어야 한다는 신념을 갖게 되었다. 그는 부친에게 건의하여 거액을 희사받고 동지 수십 명을 규합하여 이듬해 진주일신고등보통학교 설립을 주도하였다. 그러나 일제 총독부의 방해로 남자 고보 설립에 실패하자 다시 여자 고보 설립을 추진하여 1925년 진주일신여자고등보통학교(진주여고의 전신)를 개교

하였다. 『토지』의 작가 박경리가 이 진주여고 출신이다.

그는 또 일본 도쿄를 방문하여 유학생회에 자금을 기탁하였고, 백산상회 발기인으로 상하이 임시정부에 독립 자금을 보냈다. 백산상회는 표면상으로는 쌀과 옷감, 생선 등을 판매하는 점포였지만, 실상은 상하이 임정의 독립 자금을 대던 자금 조달 본부였다. 백산상회에는 모두 32명의 주주가 참여하였는데 경주 최부잣집의 최준이 2,000주, 설립자인 백산 안희재가 2,000주 등을 갖고 있었다. 효주는 1,500주를 내어 창립 멤버가 되었다. 또한 효주는 백정들의 인권을 향상시키기 위한 형평사 운동을 지원하였으며, 1932년 남해 충렬사 중건에도 참여하였다.

'원조' 벤처캐피털

GS그룹은 효주의 3남 남촌(南村) 허준구를 통해 잉태되었다. 남촌은 1923년 5월 9일 경남 진주시 지수면 승산리에서 부친 효주와 모친 초계 정씨 사이에서 8형제 중 3남으로 태어났다. 그의 아호 남촌은 택호에서 유래한 것이다. 고향 승산리 중에서도 남쪽에 있던 구씨 집안과 혼인하여 '남촌'이라는 택호로 불리던 것을 후에 호로 삼았으니, 그 속에는 소박함을 추구하는 남촌의 정신이 깃들어 있다.

남촌이 태어난 승산(勝山) 마을은 김해 허씨가의 집성촌이었다. 이 마을에는 능성 구씨 집안도 대대로 뿌리를 내리며 터를 잡았다. 김해 허씨가 승산리 윗동네에, 능성 구씨가 아랫동네인 상동에 자리 잡아 200년을 살아왔다. 이렇게 이어져온 구씨와 허씨의 관계를 남촌이 '인척'에서 '동업' 사이로 급 진전시켰다.

진주여자고등학교 설립자 허만정 흉상.

1945년 광복 후 연암 구인회가 사업 근거지였던 진주를 떠나 부산에서 새로운 사업을 구상할 때였다. 효주는 "돈이 가는 길을 안다"라는 소리를 들을 정도로 장사에 밝았던 연암의 사업 능력을 높이 평가했다. 그는 귀공자 풍모의 일본 간토중학교(5년제) 출신 3남 남촌을 데리고 가서 연암에게 두 가지 청을 했다.

"내가 사돈의 역량을 익히 알고 있는 터라 오래전부터 생각해온 일이니 청을 들어주소. 내 아들 준구를 맡기고 갈 터이니 밑에 두고 일을 가르쳐주소. 사돈이 하는 사업에 내가 출자도 좀 할 작정이오."

연암은 효주가 거액의 사업 자금을 내놓으며 아들의 경영 수업을 부탁하자 이를 흔쾌히 받아들였다. 1946년 남촌의 나이 24세 때의 일이었다. 광복을 기리는 '벤처캐피털'이었던 셈인데, 허씨의 투자는 57년 만에 18조 원이 넘는 자산으로 돌아왔으니 '대박'이 터졌다고 볼 수 있다.

그러나 정부 수립 후 농지 개혁이 본격적으로 실시되면서 효주는 연암에게 동업 자금을 내고 난 나머지 1만 석에 가까운 토지를 강제 환수당하고 말았다. 그에 상응하는 대가로 지가 증권을 받았으나 여러 차례의 국변 속에 소용없게 되었다. 효주는 자기 소유의 땅을 정부에 내놓는 대신 스스로 직영할 수 있는 약 300석 지기 땅만을 소유한 중농으로 다시 몰락한 것이다.

중농이 된 이후 그는 가정 내에서 한 푼도 헛되이 쓰지 않는 투철한 근검절약 정신을 지켜왔다. 그는 부인이 비누를 쓰다가 남겨진 손톱만 한 조각을 가져와야 새 비누를 내주었다. 또 부산으로 유학 보낸 자식들이 방학 때 귀가하면 6개월 동안 보내준 용돈의 사용처를 모조리 기록하라고 백지를 내주었다. 그리고 자식들이 용돈을 헤프게 썼다고 생각되면 왜 그런 데에 돈을 썼느냐고 다그쳤다. 자식들에게 어릴 때부터 철저하게 근검절약하는 습관을 기를 수 있도록 교육한 것이다.

효주는 구씨와 허씨 가문의 동업을 위해 내놓은 사업 자금에 대해서도 출자 내역을 꼼꼼히 기록하여 누가 펼쳐 보아도 알 수 있게끔 일목요연하게 정리해놓았다. 이런 꼼꼼함과 세심함은 후대에 자연스럽게 이어져 오늘날 GS그룹의 CEO들에게도 큰 영향을 끼치고 있다. 효주는 1952년 2월 26일 부산 동대신동 고영순내과에서 기관지 천식으로 별세했다.

LG와의 동업 파트너로 나선 남촌 허준구는 반도상사(현 LX인터내셔널), 금성사(현 LG전자) 상무를 거쳐 1962년 금성사 부사장으로 승진했다. 이어 1968년 반도상사 사장을 시작으로 금성전선(현 LS전선) 사장과 회장을 지내며 LG그룹의 버팀목이 됐다. 구인회 회장은 1968년 그룹 체제로 출범하며 남촌에게 기획조정실장을 맡길 정도로 무한 신임을 했다. 이듬해 락희화학이 민간 기업 최초로 기업 공개를 실시한 것도 남촌의 '숨은 공로'로 알려져 있다.

2002년 7월 29일 남촌이 별세하자 구자경 명예회장, 구본무 회장 등 구씨 일가는 '5일장' 내내 '사돈'이자 '동지'였던 남촌의 빈소를 지켰다.

2005년 3월 GS그룹의 출범을 선포하는 허창수 초대회장.

남촌은 구위숙(93·구철회 LG 고문 장녀) 씨와 사이에 5형제를 두었는데 모두 고려대 동문이기도 하다. 남촌의 장남 창수(73) 씨는 2004년 7월 GS 출범과 함께 허씨 가문의 추대를 받아 GS그룹 대표로 선임됐다. 허 회장은 LG그룹과의 공동 경영 시절 계열사를 두루 거치며 풍부한 실무 경험을 쌓아왔다. 그는 현장 중심의 경영과 이사회의 투명성을 늘 강조한다. 경영진의 판단이 현장을 벗어나도 안 되며 이에 기반을 둔 경영의 판단 역시 투명해야 한다고 생각한다. 바쁜 일정 속에서도 주요 계열사들의 연구, 생산, 판매 시설 및 건설 현장 등을 자주 찾아다닌다.

허 회장은 개인 재산을 털어 사회적 책임도 실천해 왔다. 2006년 사재를 출연해 남촌재단을 설립, 소외 계층 환자를 위한 의료 사업과 저소득 자녀 교육, 장학 사업 등을 벌이고 있다. 2011년 경제계 원로들의 추대로 전국경제인연합회 회장을 맡아 지금까지 재계를 대표하고 있다.

남촌의 차남 정수(71) 씨는 GS네오텍 회장직을 맡고 있으며, 3남 진수(68) 씨는 GS칼텍스 의장, 4남 명수(66) 씨는 GS건설 부회장을 역임했다.

남촌의 5남 태수(64) 씨는 허창수 초대회장의 뒤를 이어 현재 GS그룹 회장직을 맡고 있다. 허태수 회장은 연초 "디지털 역량 강화와 친환경 경영으로 신산업 발굴에 매진할 것"이라면서, 사업 포트폴리오 재구성으로 미래 경쟁력을 강화하겠다고 다짐했다.

자손들 LG · 삼성 동업자로

효주의 자손들은 LG그룹뿐 아니라 삼성그룹과도 동업 관계를 맺어왔다. 삼양통상 창업 회장인 효주의 장남 정구(작고) 씨가 바로 삼성그룹 공동 창업자이기도 하다. 허정구와 삼성그룹 창업주인 호암 이병철은 한 동네에 살면서 친구처럼 지냈다. 그런 인연이 발전하여 1952년 호암이 제일제당을 설립하면서 당대의 대지주였던 허만정가의 장남 허정구를 자신의 창업 동지이자 대주주로서 제일제당의 경영에 참여시킨 것이다. 이후 제일제당(현 CJ) 전무, 삼성물산 사장을 지내다 1957년 자신이 설립한 삼양통상을 운영하기 위해 1961년 호암과의 관계를 청산하고 독립했다.

핸드백, 신발, 카시트용 피혁 등을 만드는 삼양통상은 야구 글러브 등 스포츠용품 업체이기도 하다. 수입 담배, 골프용품, 윤활유 판매 등을 맡고 있는 삼양인터내셔널과 남서울CC를 보유하고 있는 경원건설 등의 계열사가 있다.

전남 여수시 국가 산업 단지에 위치한 GS칼텍스 여수 공장 전경.

허정구 회장은 대한체육회장, 프로골프협회장, 아시아태평양아마
골프회장 등을 역임하며 체육훈장 기린장을 받았고, 영국왕립골프협
회의 첫 한국인 멤버이자 대한골프협회장, 초대 한국프로골프협회장
을 지냈다. 1954년 출범한 한국아마추어골프선수권대회가 2003년부
터 '허정구배'로 이름을 바꿔 '한국 골프의 대부' 허정구 회장의 뜻을 기
리고 있다. 그의 장남 남각(83·미 시카고대학원 졸업) 씨는 삼양통상 회장
을 맡고 있으며, 그 아들 준홍(46) 씨는 삼양통상 대표로 근무하고 있
다. 허정구 회장의 차남 동수(78·미 위스콘신대 화공학 박사) 씨는 GS칼텍
스 명예회장이며, 그의 장남인 세홍(52) 씨가 GS칼텍스 대표이사 사장
을 맡고 있다.

허정구 회장의 3남 광수(75·미 스탠퍼드대 대학원 졸업) 씨는 삼양인터내
셔널 회장으로, 삼양통상과 나이키의 합작사였던 한국나이키 대표이
사를 맡기도 했다. 그의 아들 서홍(44) 씨는 지주사인 ㈜GS의 전무로

근무하고 있다.

허광수 회장은 아시아·태평양 골프연맹 부회장, 영국 로열앤드에인션트 골프클럽 정회원으로 골프와 인연이 깊으며, 고려대 아이스하키 대표선수를 지내기도 했다.

효주의 차남 학구(작고) 씨는 정화금속 창업주이며, 4남 신구(작고) 씨는 GS리테일 명예회장을 지냈다. 그의 장남 경수(64) 씨는 코스모그룹 회장, 차남 연수(60) 씨는 GS리테일 부회장이다.

효주의 5남 완구(작고) 씨는 승산 회장을 역임했으며, 6남 승효(77) 씨는 알토 회장, 7남 승표(75) 씨는 피플웍스 회장, 8남 승조(71) 씨는 GS리테일 고문 겸 일주학술문화재단 이사장이다.

❘ 내가 본 허씨 가문과 GS그룹 ❘
'화'의 정신이 키운 재계의 대들보

서경석(GS그룹 고문)

'화(和)'는 화목하고 온화한 의미로 서로 뜻이 맞아 사이 좋은 상태가 된다는 뜻을 담고 있다. GS그룹의 허씨 문중은 바로 이 '화'의 정신을 가지고 400년 이상 서로가 서로를 존중하고 배려하며 화합해왔다. '화'의 정신을 바탕으로 번영하여 오늘에 이르렀다.

허씨 가문은 우리나라 최대 기업인 삼성그룹의 창업에 장손인 허정구 회장이 참여하여 일조를 했고, 또한 글로벌 기업인 LG그룹의 창업에도 3남인 허준구 회장이 창업 동지로 참여함으로써 LG그룹을 성장시키는 발판을 마련하는 데 결정적 역할을 하였다.

LG그룹과 동업자로 오랜 세월을 동행하였으나 어떤 잡음도 일으키지 않고 '아름다운 분리, 독립'을 모두가 감탄할 정도로 깔끔하게 마무리 지었다. 그것은 바로 허씨 문중에 400년간 도도하게 흘러 내려온 '화'의 철학이 있었기에 가능했다고 생각한다. 중국의 『예기(禮記)』에 나오는 "가르치고 배우면서 더불어 성장한다"는 교학상장(敎學相長)의 대표적 사례일 것이다.

GS그룹을 이끄는 김해 허씨 가문은 사업을 추진함에 있어 손위와 손아래의 차별 없이 개개인의 의견이 충분히 개진되는 열린 문화도 키워나갔다. 이 역시 '화'의 정신으로 번영한 셈이다. '화'의 정신은 앞으로도 지속될 것이다.

05

나일론으로 여성을 해방시키다

[코오롱그룹] 오운 이원만

오운 이원만

1904년	9월 7일 경북 영일군 우각리에서 태어남
1920년	이위문과 결혼
1922년	경북 영일군 산림기수보
1935년	아사히공예주식회사 설립
1941년	일본대학 중퇴
1957년	한국나이롱주식회사 설립
1960년	참의원 의원 당선
1963년	한국수출산업공단 창립위원회 위원장, 제6대 국회의원 당선
1976년	코오롱그룹 회장 취임
1994년	2월 14일 서울대병원에서 별세

코오롱그룹 창업주인 오운(五雲) 이원만(李源万)은 국민의 의류 생활에 변혁을 일으킨 한국 섬유 산업의 주역이다. 나일론으로 사업을 시작한 코오롱은 사업 영역을 여러 분야로 넓혀왔다. 지주회사인 코오롱을 중심으로 화학, 섬유, 자동차 소재, 전자 재료, 건설, 환경, 바이오, IT 등에서 전문화된 사업을 영위하며 내실 있는 성장을 이어가고 있다.

오운은 4·19 혁명 이후 초대 참의원에 이어 7대 국회의원을 역임한 정치인이기도 하다. 5·16 군사정변 때는 구로공단 건설 등 구체적인 경제 개발 방안을 제시하여 '한강의 기적'을 도운 경제 교사 역을 맡기도 했다.

오운은 1904년 9월 7일 경북 영일군 우각리에서 500석의 부농인 이석정과 이사봉 사이의 장남으로 태어났다. 그는 퇴계 이황의 스승이었던 회재 이언적의 15대손으로, 아호 오운은 '오색구름이 바다를 건너가는 것을 보았다'는 모친의 태몽에서 따온 것이라고 한다.

오운의 부친은 신식 교육을 하는 사립 학교가 동네에 들어서자 지체 없이 오운을 입학시켰다. 독선생을 통해 『자치통감』과 경서 등 한학의 기초를 배운 오운은 덕분에 정치와 역사에 흥미를 갖게 되었다. 그러나 오운이 16살이 되던 해에 부친은 세상을 떠나고 말았다.

솔방울에서 깨달음 얻어 일본으로 떠나다

이듬해인 1920년 오운은 이위문을 아내로 맞았다. 모친은 아들이 농사짓던 땅을 물려받아 편히 지내기를 원했지만 오운은 모친을 설득해 근처에 있는 보통학교에 5학년으로 편입했다. 그곳에서 한문에 이어 수학을 공부했다.

19세 때 오운은 산림을 관리하는 산림기수보로 취직했다. 영일군의 각 면을 돌며 나무가 잘 자라도록 관리하는 것 외에 수십 년 된 나무를 마구 베는 사람들을 단속하는 게 일이었다. 또 정해진 금액의 조합비를 내지 않는 사람들이 나무를 베지 못하도록 하는 일도 했다. 오운은 돈이 없어서 조합비를 내지 못한 조선 사람들이 몰래 나무를 베다가 도망치는 것을 보면 기분이 언짢았다. 그래서 조합비를 못 내는 조선 사람들에게 간벌 업무를 맡기기로 했다.

"나무의 옆으로 벌어진 가장 큰 가지의 아랫부분까지만 베어내십시오. 그것을 땔감으로 내다 팔면 조합비를 낼 수 있을 것입니다. 그러면 생활에 무리가 없겠지요?"

그러나 오운은 생활이 지루하기만 했다. 무료한 일상을 보내던 어느 날 집 주변 비학산에 올랐는데 발아래로 솔방울이 떼굴떼굴 굴러왔다. 그는 솔방울을 잡으며 자기도 모르게 한숨을 쉬었다. 10년을 산에서 일하면서 깨달은 것 중 하나는 솔방울 씨는 때가 되면 사방팔방으로 날아가게 마련인데 씨가 소나무 밑에 떨어지면 살 수가 없다는 사실이었다.

'사내대장부가 가정에서 부모의 사랑만 받고 안락하게 지내면 크게 될 수 없다. 고향을 떠나 타향에 가야 포부를 펼칠 수 있다. 만주든 일본이든 새로운 세상을 찾아가야 한다. 말 못 하는 소나무도 떠나는데, 나라고 못 떠날까?'

오운은 마음을 굳히고 산을 내려와 식구들에게 자신의 생각을 밝혔고, 어머니를 비롯한 식구들은 그를 세상으로 내보내주기로 했다. 그렇게 29세에 한국을 떠난 오운은 조선 사람들이 많은 일본 오사카로 갔다. 그러나 타국에서 구할 수 있는 직업이란 일본인들이 꺼리는 허드렛일뿐이었다. 새벽부터 늦은 밤까지 무거운 신문을 어깨에 메고 배달하는 것도 그런 일 중 하나였다. 보급소에서 일하는 배달원은 몇몇 조선 사람들과 간사이대학교에 다니는 가난한 학생들이 대부분이었다. 그들은 신문 배달원으로 돈을 벌면서 학교에 다녔다.

당시 오운은 일본말은 잘 못 했지만 한자로 의사소통을 할 수 있었다. 오운은 신문 배달일도 잘했다. 신문 보급소의 첫째 목표는 판매 부수를 늘리는 것이었는데, 배달을 나가면 골목에서 만나는 사람 누구에게나 고개를 숙여 인사했다. 배달하고 남은 신문은 남겨뒀다가 얼굴이 익은 사람들에게 나누어 주기도 했다. 그러던 어느 날 소장이 그를 불렀다.

신문 표어 공모에 당선돼 목돈을 쥐다

"너한테 좋은 일이 하나 생겼다. 《아사히신문》과 《마이니치신문》이 공동으로 전국에 신문 부수 확장 표어를 공모하고 있다. 너는 머리가 좋고 한문 지식도 있으니 한번 도전해봐."

그는 소장의 말대로 응모해보기로 하고 추운 방에 벌렁 누워서 자신이 사람들에게 했던 일을 떠올려보았다. '친절과 노력만 있으면 판매 부수가 높아가는 것이 당연하다. 친절과 노력? 그래 그거야.'

그는 벌떡 일어나 바로 붓을 들었다. '친절과 노력은 확장의 어머니다.'

기적 같은 일이 벌어졌다. 오운의 표어가 1등으로 당선된 것이다. 당선금도 300원이나 되었다. 당시 대학을 나온 사람들의 월급이 50원도 안 됐으니 엄청난 돈이었다. 그는 바로 사표를 던졌다. 애초 그가 신문 보급소에서 일한 것은 간사이대학교에 입학하고 싶은 마음 때문이었다. 그런데 일하느라 공부를 할 수 없었는데 이제 목돈을 쥐었으니 당분간 고생할 필요가 없었다.

그는 목돈을 다 쓰고 난 후 다시 취업 전선에 나서 해안의 뗏목 운반 노동자들을 관리하는 일을 맡게 되었다. 그러나 조선인의 감독에 반발

하는 일본 노동자들의
항의로 닷새 만에 사
직했다. 또다시 천신만
고 끝에 프레스 공장
직공으로 취직했지만
이곳에서도 공장 직원
들에게 스모(일본 씨름)
를 가르치러 온 선수
와 시비가 붙었다. 고
향에서 씨름꾼으로 수
상한 경력이 있던 오
운은 두 번 시합을 벌
여 상대 선수를 모두

1962년 나일론 원사 공장 기공식장에서 연설 중인
이원만 창업주.

엎어 쳐서 완승했다. 그 후 공장에서 일하던 일본인들의 태도가 달라
졌다.

하지만 오운은 월급쟁이가 아닌 자영업의 길로 나서기로 결심했다.
가장 먼저 떠오른 것은 공장 직원들의 복장이었다. 그들은 머리띠를
두르고 일해 머리에는 언제나 하얀 쇳가루가 수북이 쌓이곤 했다. 그
는 '저럴 바에는 모자를 쓰는 것이 낫겠다'고 생각했다. 전등의 빛을 바
로 받으면서 일해 시력도 나빠지니 챙이 있는 모자를 쓰면 더 좋겠다고
생각했다. 그는 모자를 만드는 천에 공장 이름이나 광고 문구를 직접
인쇄하면 일거양득이 될 것이라고 생각했다.

오운은 천 인쇄 발명 특허를 가진 업자를 만나러 도쿄에 갔다. 통
사정해서 성공불로 특허 사용료를 주기로 하고 사업에 착수해 1935년

5월 오사카에 '아사히공예주식회사'를 열었다. 단가를 낮추기 위해 염색 공장에 가서 자투리 천 조각을 헐값에 사다 썼는데 다행히 작업모가 히트를 쳤다. 불티나게 팔려 하루 4만 개를 만들어도 모자랄 지경이었다. 어느새 작업모가 모든 공장의 필수품이 되었고 공장 직원은 1,000명을 훌쩍 넘었다.

첫 사업 작업모가 대박을 치다

중일전쟁이 일어난 1937년 오운은 회사 이름을 '아사히피복'으로 바꾸고 고국에서 동생 원천과 아들 동찬을 불러들였다. 이후 새로운 상품 개발에 나서 여성용 모자를 만들고, 자동차 공장의 직공이 입는 작업복 등판에 마크를 넣어 주는 일도 시작했다. 1941년 태평양전쟁이 벌어지자 아사히피복도 군수 공장으로 지정되었다. 전투모도 많이 필요했기 때문에 3,000명이 넘는 공장 직원이 종일 작업에 매달렸다. 미군의 공습이 심해지자 오운은 시멘트를 부어 만든 거대한 지하 동굴 안에 재봉틀과 옷감 등의 물자와 현금을 차곡차곡 숨겨두었다.

그러던 어느 날 큰 공습이 발생해 공장들이 모두 불바다가 되었다. 그런데 지하에 묻어둔 물자는 고스란히 남아 있었다. 그는 일제가 패망하자 그 물자를 모두 팔아 보험금 50만 원까지 합쳐 거금 180만 원을 손에 쥐었다. 그는 일본의 공장 시설 운영은 동생에게 맡긴 후 귀국했다.

오운은 귀국 후 대구의 경북기업주식회사를 인수했지만 1948년 5·10 총선거가 실시되자 회사 운영은 아들에게 맡기고 총선거 출마

1963년 나일론 원사 공장 준공식 장면.

를 결심한다. 하지만 낙선의 고배를 마셨고 이후 다시 일본으로 건너가 동생이 일본의 재산을 정리해 마련한 100만 원을 밑천 삼아 다시 경제 활동을 시작한다. 그는 재일 경제동우회를 만들어 부회장에 취임했고, 6·25 전쟁을 맞아서는 일본 정부에서 실을 배급받아 옷을 만들어 판 돈으로 알루미늄 식기와 의류를 장만하여 고국에 구호품으로 보냈다. 재일동포 신용조합을 만들어 사업 자금을 융자하는 은행 구실도 하게 했다.

오운은 장차 한일 간 무역 활성화를 예견하고 1951년 '삼경물산'을 세웠다. 회사 이름은 일본 재벌 미쓰이(三井)의 앞글자와 고향인 경상북도에서 따왔다. 첫 사업은 의류 생활의 변혁을 가져온 나일론의 도입이었다. 질기고 튼튼한 나일론 양말은 여성에게 자유를 주었다. 나일론 덕분에 여성들은 남편과 자식을 위해 바느질하던 시간과 에너지를 아껴 다른 곳에 쓰게 되었다.

1957년 나일론사 생산에 나서다

오운은 자신의 사업이 번창하는 것에 만족하지 않고 국가의 발전에
도 도움이 되기를 바랐다. 당시 섬유 제품 원료인 스트레치 나일론사
수입으로 외화 유출이 심하다는 사실에 주목한 그는 스트레치 나일론
사 생산을 담당할 한국나이롱주식회사(코오롱의 전신)를 1957년 창설
했다. 1950년대 말 회사는 날로 번창했다. 여공 120명을 뽑는데 16 대
1의 경쟁률을 보일 정도였다. 사람들은 "며느리를 보려면 한국나이롱
주식회사로 가라", "나이롱 여대로 가봐라"라는 농담까지 했다.

하지만 오운은 1960년 4·19 혁명 후 참의원 선거가 실시되자 다시
정치의 꿈을 피우기 시작했다. 민주당 공천으로 경북 지구에 출마했는
데 이번에는 쉽게 당선됐다. 그는 신문 배달원 시절 표어 공모에 당선되
었던 기지를 발휘하여 선거 구호로 자신의 이름을 부각시켰다.

"원만하다. 이원만! 마음 놓고 찍어주자!"

이후 활발한 의정 활동에 나선 오운은 농협이 농민의 협동조합으로
거듭나도록 힘썼다. 또 적극적인 해외 차관 도입에 나서야 국가 산업이
발전할 것이라는 지론도 폈다. 밀수를 막는 데만 급급할 것이 아니라
더 적극적인 수입 정책을 세우라는 의견도 제시했고, 연료 정책과 관련
해서도 나무를 베지 말고 프로판 가스 등을 사용하자고 제안했다.

오운은 1961년 5·16 군사정변이 터지자 연금 상태에 들어갔지만 군
사최고회의에 불려가 특유의 수출 입국론을 편 덕분에 박정희 의장의
마음을 사로잡았다.

"일본 사람들은 인적 자원밖에 없어도 머리를 써서 돈을 벌고 있습
니다. 우리 국민은 일본 사람들보다 머리가 좋았으면 좋았지, 나쁘지

않습니다. 우리도 인적 자원을 활용해서 외화를 얼마든지 벌어들일 수 있습니다. 제 눈에는 우리나라 자연이 다 돈으로 보입니다. 모래 한 알, 조개껍데기 하나도 돈이 아닌 게 없어요. 우리나라 공중에 달러가 둥둥 떠 있습니다. 대한민국이라는 꽃 위에 돈이 앉으려고 꿀벌처럼 빙빙 돌고 있단 말입니다. 꿀벌이 앉을 곳을 찾을 때는 우선 바가지라도 엎어놓고 꿀벌이 앉도록 해야 합니다."[9]

박정희 의장을 사로잡은 수출 입국론

군사최고위원회에서 수출 입국론을 편 다음 날 오운은 박정희 의장의 특별 초청을 받아 중앙청으로 갔다. 이곳에서 그는 다시 수출산업 공업단지를 조성할 것을 건의했다. 결국 1963년 '수출 1번지'로 구로동 수출산업공업단지가 발족하자 창립위원장에 취임한다.

같은 해 8월 한국나이롱주식회사 준공식에서 오운은 다음과 같은 열변을 토했다.

"나는 이 세상에 태어나서 남의 도움을 많이 받았으나 나도 남에게 도움을 주어야겠다고 항상 생각하고 있었습니다. 그래서 우리 동포에게 의복을 주자고 결심했습니다. 싸고 질긴 의복을 동포들에게 입히고, 양말 뒤꿈치를 꿰매는 일부터 자유롭게 하고 싶었습니다. 그래서 오늘 나는 한국에서 처음으로 나일론 원사를 생산했습니다."

그가 생산에 나선 후 처음에는 양말, 메리야스, 직물 등에 쓰이던

9   박시온(2013), 『이원만처럼』, FKI미디어.

나일론은 차츰 농촌용 면포, 어망용, 타이어 코드용으로 더 많이 쓰이게 됐다. 또 전국에서 수많은 여성이 몰려든 덕분에 구로공단은 1970년대 후반 한국 전체 수출의 10% 이상을 감당할 만큼 전성기를 누렸다.

오운은 1971년 한국폴리에스테르 구미 공장도 완공시켜 한국 섬유산업의 핵심축을 만들어냈다. 1977년 오운은 아들 이동찬에게 회장 자리를 물려준 후 일선에서 물러났다. 은퇴 후에도 코오롱을 응원하던 오운은 1994년 2월 14일 서울대병원에서 별세했고, 경북 김천시 봉산면 금릉공원묘원에 안장됐다.

* 이 글은 박시온(2013)의 『이원만처럼』(FKI미디어 발행)에서 일부 발췌해 작성했다.

오운 이원만의 가계

오운은 이위문과 사이에 2남 4녀를 두었다. 장남 동찬(작고) 씨에 이어 장녀 봉필(88) 씨는 임승엽(작고) 씨와 차녀 애란(79) 씨는 노영태(79) 씨와 결혼하였다. 또 3녀 미자(77) 씨는 박성기(82) 씨와 결혼하였으며, 차남 동보(72) 씨에 이어 4녀 미향(67) 씨는 허영인(72) SPC그룹회장과 결혼했다.

오운의 장남 동찬 씨는 신덕진(작고) 씨와의 사이에 1남 5녀를 두었다. 아들 웅열(65) 씨는 코오롱그룹 명예회장으로, 서병석 동남갈포공업회장의 장녀 서창희(61) 씨와 결혼했다. 동찬 씨의 장녀 경숙(75) 씨는 이효상 전 국회 의장의 3남 이문조(작고·영남대 교수 역임) 씨와 차녀 상희(72) 씨는 고석진(작고) 씨와 결혼하였다. 또 3녀 혜숙(69) 씨는 이학철 고려해운 창업주 장남 이동혁(74·고려해운 회장 역임) 씨와 4녀 은주(67) 씨

서울 성북동 자택에서 열린 이웅열 코오롱 회장의 장남 돌잔치에서 직계 4대가 모여 기념 촬영을 하고 있다.

는 신병현 전 부총리의 장남 신영철(71·의사) 씨와 결혼했다.

오운의 손자 웅열 씨는 서창희 씨와 사이에 1남 2녀를 두었다. 아들 규호(37) 씨는 코오롱글로벌 부사장이며, 소윤(34)·소민(32) 자매는 해외 유학 중이다.

오운의 섬유 산업을 이끌어온 장남 동찬 씨는 1982년부터 10여 년간 한국경영자총협회 회장을 맡으며 노사 안정화에 기여했다. 오운에 이어 아들 이동찬, 손자 웅열 씨가 3대에 걸쳐 금탑산업훈장을 수훈하는 드문 기록도 세웠다.

나라도 잘되고 나도 잘되는 '상지상' 사업 평생 추구

나공묵(코오롱 상임고문)

1961년 코오롱그룹에 입사해 50여 년을 곁에서 지켜본 이원만 회장은 정말 큰 그릇이었다. 시원시원하며 호방한 성격에 뛰어난 유머 감각을 지녔다. 주위에는 늘 사람이 끊이질 않았고, 사업상 중요한 결단을 내릴 때는 특유의 동물적 감각으로 결단력을 보여주었다.

이 회장은 생전에 사업을 크게 네 가지로 구분했다. 바로 '상지상(上之上)', '상지하(上之下)', '하지상(下之上)', '하지하(下之下)'다. 이 중 제일 좋은 사업은 나라도 잘되고 자기도 잘되는 사업, 즉 '상지상'이다. 그다음은 나라는 잘되는데 자기는 이익이 없는 사업으로 '상지하'라고 볼 수 있다. 그다음은 '하지상'으로 나라를 망치고 자기만 잘되는 사업이다. 제일 나쁜 사업으로 꼽히는 '하지하'는 나라도 망치고 자기도 망하는 밀수 같은 것이다.

이 상지상이라는 단어에 이원만 회장의 뜻이 함축되어 있다고 해도 과언이 아니다. 이 회장은 "제대로 된 기업가라면 상지상의 기업을 해야 할 것"이라고 늘 강조했다. 나라도 잘되고 자신도 잘되기 위해 진정 최선을 다한 분이다.

06

대를 이은 기업 대혁신

[LG그룹] 연암 구인회, 상남 구자경

연암 구인회

1907년 8월 27일 경남 진양군 지수면 승내리에서 태어남
1921년 지수보통학교 2학년 편입학
1924년 중앙고보 입학
1929년 지수협동조합 이사장
1931년 구인회상점 개점
1942년 충칭 임시정부에 독립자금 지원
1947년 락희화학공업사 창립
1958년 금성사 창립
1964년 한국경제인협회 부회장
1969년 12월 31일 서울 원서동 자택에서 별세, 경기도 용인군 기흥면 하갈리에
         안장

상남 구자경

1925년 4월 24일 경남 진양군 지수면 승내리에서 태어남
1945년 진주사범학교 강습과 졸업
1950년 LG화학 이사
1970년 LG 회장
1979년 한국발명특허협회 회장
1987년 전국경제인연합회 회장
1995년 LG 명예회장
2019년 12월 14일 숙환으로 별세

1999년 10월 14일 여천 LG석유화학을 방문해 시설 현황을 살피고 있는 구자경 명예회장.

연암(蓮庵) 구인회(具仁會)와 상남(上南) 구자경(具滋暻)은 LG그룹 창업주와 부자(父子) 경영인으로 산업 국가의 초석을 다진 인물로 꼽힌다. 연암이란 아호는 LG그룹의 기초를 닦은 곳인 부산의 연지동(蓮池洞)에서 유래했다. 이곳 바로 아래에 있던 암자와 암자 아래 연못에서 따온 이름이다. 상남이란 아호는 구자경이 태어난 생가 앞 작은 다리인 상남교에서 따온 것이다. 연암은 일제 말 삼엄했던 감시망 속에서도 기업의 파멸 위험을 무릅쓰고 충칭 임시정부에 거액의 독립운동 자금을 보내기도 했다.

아울러 연암과 상남은 한국 재계에서 바람직하게 받아들이는 '인화(人和) 경영'의 표본을 제시했다고 평가받고 있다. 창업 동인이었던 허씨가(현 GS그룹)와의 동업 관계를 슬기롭게 정리했는가 하면, 구씨가(家) 자체 내의 승계 과정도 장자 상속 위주로 줄기를 이어가 한국 재계에 안정된 표본을 제시한 사례로 주목받고 있다. 1995년에 취임한 3대 구본무 회장에 이어 2018년에 취임한 구광모 회장이 4대째로 현재 그 뒤를 이어가고 있다.

구광모 회장이 이끄는 지주회사 ㈜LG는 전자·화학·통신 등 LG의 사업 영역에서 자회사들과 함께 주력 사업의 근본적 경쟁력을 강화하고 신사업을 발굴·육성해 미래 기업 가치를 높이는 사업 포트폴리오를 구축해나가고 있다. 그는 취임 후 "지금이 바로 '우리 안에 있는 고객을 위한 가치 창조'의 기본 정신을 다시 깨우고 더욱 발전시킬 때라고 생각한다"면서 LG의 고객 가치는 곧 고객의 삶을 바꿀 수 있는, 감동을 주는 것이라고 강조했다.

특이한 '1.5세의 창업 경영인'

연암과 상남은 1947년 공산품 생산이 빈약했던 산업 불모지에 제조업을 향한 의지와 정열로 한국의 화학 산업(락희화학)을 개척하고, 전자산업(금성사)을 일으킨 선구적인 기업인이다. 연암의 아들인 상남은 초기 경영 과정에서부터 함께 참여하여 '1.5세의 창업 경영인'이라는 우리 재계사에 특이한 기록을 남기고 있다. 연암에서 상남으로 이어지는 LG그룹의 반세기는 노동력에서 기술력으로, 수입에서 수출로, 한국이라는 좁은 울 안에서 세계 경영으로 도약하는 대혁신의 과정이기도 했다.

경남 진주 도심에서 1931년 연암이 문을 연 구인회상점 자리에는 현재 별다른 표지가 남아 있지 않다. 진주의 명동 거리 패션가로 변모해 있는 상태다.

"진주시 대안3동 일대가 바로 구인회상점 자리였습니다. 처마 밑의 저 흰 벽돌은 아직 옛날 것이 그대로 남아 있는 것이지요."

구인회상점이 있던 곳을 안내하던 구본화(63·연암 생가 관리인) 씨의 말을 듣고 이곳에 입점해 있는 비키패션 점주 김수정(44) 씨도 "그렇게 유서 깊은 곳인 줄 전혀 몰랐다"면서 "앞으로 더욱 자부심을 가지고 장사를 열심히 하겠다"고 했다.

연암은 1907년 8월 27일 경남 진양군 지수면 승내리에서 유생 구재서(具再書)와 진양 하(河)씨 사이에 장남으로 태어났다. 승내리에 일찍이 터를 잡아 재산을 이룬 허씨네는 하촌에 살고, 뒤에 이곳에 온 구씨네는 상촌에 살았다.

당시 마을에는 학문을 숭상하는 집안의 가풍을 느낄 수 있는 곳이 여럿 있었다. 선비들이 교유하던 학문 도장으로 허만회 공이 주축이 되어 세운 창강정(滄江亭)과 후손들이 공부하던 양정재(養正齋)가 한 울 안에 있었다.

1전 동전을 나눈 이재에 밝은 아이

어린 시절부터 연암은 이재에 밝은 영특한 아이로 생가 동네에서 기억되고 있다. 연암 전기에 그 기록이 담겨 있다.

화창한 봄날, 마을 한복판 빈터에 모인 아이들이 떠들썩하게 놀고 있었다. 아이들이 뛰어노는 한구석에서 두 소년이 1전짜리 동전 한 닢을 두고 실랑이를 벌이고 있었다. 댕기에 홀쭉한 중의 적삼을 입은 키 큰 소년은 동전을 쥔 손을 흔들며 펴려고 하지 않는다.

"먼저 잡은 사람이 임자지. 이거 놔라. 빨리!"

그러나 상대도 만만치 않았다.

"무슨 소리야. 너나 나나 똑같은 임자 아니가!"

"1전을 어떻게 나눠 갖는단 말이가!"

"어쨌든 나누어 가져야지, 그냥은 못 준다."

깐깐한 소년은 동전을 쥐고 있는 키 큰 소년을 달래면서 마을 어귀 개천가에 있는 잡화점으로 데리고 간다. 그리고 동전 한 닢으로 성냥 두 갑을 사서 서로 한 갑씩 나눠 가짐으로써 이 '작은 전쟁'은 평화적으로 끝난다.

떡잎 시절부터 보여준 이 깐깐한 소년의 합리적인 이재 기질에 훗날 허씨네 사돈이 거액을 맡겨 동업자로 대성하고, 자손대에 모범적인 분재(分財)의 슬기로까지 이어진 '이재의 원형'으로 꽃피운 셈이다.

연암은 홍문관 시독관으로 있던 할아버지 만희 구연호(具然鎬) 공 밑에서 한학을 배운다. 그는 천자문을 잘 외웠을 뿐 아니라 장난질도 곧잘 했다. 군수가 가마를 타고 행차한 후에는, 마을 아이들을 불러 모아 지게를 들게 하고 자신이 그 위에 올라 군수 행차를 흉내 내곤 했다. 또 타관에서 온 서당 접장이 까다롭게 굴어 성이 차지 않으면 아이들과 짜고 포구 총을 만들어 골려주기도 하였다.

그러나 장난질에만 넋을 빼앗기지 않고 어른을 모시는 효심이나 동생들을 사랑하는 우애 또한 지극했다. 언젠가 작은누나가 화롯불을 엎질러 장판이 누렇게 탔다. 꾸중을 들을까 봐 걱정이 태산 같던 누이에게 얼른 나서서 말했다.

"걱정하지 말아라. 할아버지 오시면 내가 했다고 말할게."

연암은 1920년 같은 마을 허만식(許萬寔)의 딸 을수(乙壽)와 결혼한다. 그의 가계는 능성(綾城) 구씨. 유가의 엄격한 가풍 속에 4대 대가족의 장남으로 자란 덕분에 형제간의 우애와 화목, 근면, 성실을 뼛속까지 익혔다. 이러한 가풍이 인화를 중시하는 기업 활동으로까지 이어진 셈이다.

이병철도 수학한 지수보통학교 편입

연암은 결혼 이듬해인 1921년 손위 처남이며 뒤에 중외일보 경영자가 된 허선구의 권유로 지수보통학교에 편입한다. 이 학교는 연암과 5형제(철회·정회·태회·평회·두회), 장남인 상남과 그 형제들까지 동문으로 배출했으며, 호암 이병철도 이곳에서 6개월간 수학한 명문이다. 지금도 학교 교정에는 '구인회 선생 불망탑'과 80년 수령의 반송(盤松) 두 기념물이 남아 있다. 연암 등 1회 졸업생이 심었다는 반송은 연륜만큼 큰 그늘을 드리우는 거목으로 성장했다. 그러나 오늘의 지수초등학교는 동네 젊은이들이 이웃 아파트촌으로 다수 옮겨가 거의 폐교 상태다. 현재는 진주시가 중소벤처기업진흥공단과 함께 이곳에 기업가정신 교육센터 설립을 추진하고 있다.

진주는 오래전부터 한국 경제를 일으킨 재계 인물들의 산실이었다. 창업 1세대 연암과 2세대인 상남과 허준구 회장, 3세대인 구본무와 허창수 양가 총수 모두 진주 태생이다. 강영중 대교그룹 회장도 진주 출신이다. 풍수지리학자 최창조(전 서울대 교수) 씨는 "진주를 지나는 남강은 재와 부를 상징하는데 이 지역에서 성공한 창업자가 나오자 그들을 좇아 기업인이 된 사람이 많았던 것 같다"고 말했다.

연암의 셋째 동생 태회 씨는 6선 국회의원으로 남강댐을 쌓는 데 기여하여 이 지역에 지리산 자락에서 흘러내리는 청정 상수도원을 마련하는가 하면 관광 단지로 개발하기도 했다.

지수보통학교 시절 연암은 일본인 교장의 조선 학생 차별에 항의하여 동맹 휴학을 주도하며 동네 젊은이들을 일깨우는 장근회(獎勤會) 활동에 앞장섰다.

"새벽에 나팔수는 동산에 올라가 아직도 단잠에 빠져 있는 마을을 향해 나팔을 불어댄다. 이불 속에서 꿈을 꾸고 있던 청소년들은 잠자리를 박차고 일어나 옷을 걸쳐 입으며 뛰어나와 아침 체조를 한다. … 놀고 있는 황무지를 갈아엎어 채소를 심고, 그것을 가꾸기 위해 인분을 푸는 일도 땀 흘리며 해냈다."[10]

1924년 중앙고보에 입학하여 신학문과 신문물을 접한 연암은 실업가로서의 꿈을 다지기 위해 1926년 귀향하여 지수협동조합 전무를 거쳐 1929년 이사장이 된다. 이 무렵 광목, 비단 등 각종 일용 잡화를 매매하면서 상거래에 눈떴고, 1927년 동아일보 지수지국장이 된다.

포목상 첫 사업서 500원 손해

연암은 1931년 진주에서 동생 철회와 함께 구인회상점을 설립하여 포목상으로 첫 사업을 시작한다. 조부와 부친을 설득하여 2,000원의 밑천을 얻어냈고, 큰집 양자로 들어간 철회에게도 1,800원을 내게 한

---

10 구인회(1994), 『한번 믿으면 모두 맡겨라』, 럭키금성.

것이다. 그러나 사업 첫해 연암은 당시 쌀 100가마에 해당하는 500원의 손해를 봤다. 하지만 문중의 땅을 저당 잡히고 8,000원을 융자받아 재기에 나서는 등 시행착오를 거듭하면서 축재의 길을 계속 걸었다.

1940년 구인회상점을 주식회사 구인상회로 발전시킨 연암은 1942년 여름, 변장을 하고 찾아온 거물급 독립운동가 백산(白山) 안희제를 맞아 1만 원이라는 거액의 독립운동 자금을 내어 임시정부에 전달토록 한다. 연암의 부친 춘강 공이 1930년경 독립운동가 구여순을 통해 5,000원을 김구 선생에게 기탁한 사실을 떠올리며 풍비박산, 패가망신의 위험을 무릅쓰는 용기를 낸 것이다. 광복 후 연암은 사업지를 부산으로 옮겨 조선흥업사를 설립했는데 이 회사가 미 군정청이 승인한 무역 허가 제1호 업체였다.

이즈음 고향 승산마을에서 만석꾼 허만정이 일본 유학에서 귀국한 아들 허준구(許準九)를 데리고 연암을 찾았다.

"사돈의 역량을 익히 알고 찾아온 것이니 내 아들 준구를 밑에 두고 사람을 만들어주소. 나도 사돈 사업에 출자 좀 할 생각이오."[11]

이것이 인화(人和) 문화로 꽃피운 구·허가(家) 동업의 시발점이었다. 연암은 아우 정회의 제의를 받아들여 화장품 제조를 첫 사업으로 결정하고, 1947년 락희화학공업사를 설립하여 수지(樹脂) 치약 등을 생산하면서 기업을 키워나갔다. 특히 럭키표 크림은 생산하기 무섭게 날개 돋친 듯 팔렸다. 물자가 귀한 시대에 원료를 제대로 쓴 덕에 타사 제품의 2배 값으로도 불티나게 팔렸다. '럭키' 상표는 동생 정회의 아이디어였다.

---

11 조동성, 앞의 책.

그러나 판매량이 증가하면서 크림 통 뚜껑이 파손되어 반환되는 양이 많았다. 고심하던 연암은 마침 플라스틱 뚜껑이 좋다는 정보를 얻고 그 후 피란지 부산 범일동에 아예 플라스틱 공장을 설립하여 1952년 9월부터 플라스틱 빗을 생산하기 시작하였다. 예상대로 대박이었다. 그해 11월에는 공장을 부전동으로 옮겨 5대의 사출기로 칫솔, 세숫대야, 식기 등을 생산하여 대성황을 맞았다.

대박 난 플라스틱 공장

당시 이승만 대통령도 상공부 장관이 건네준 럭키표 머리빗을 들고 "이 빗이 우리나라에서 만든 국산이란 말이지" 하며 대견해했다고 한다.

1954년에는 연지동에 공장을 세워 비닐 원단과 플라스틱 제품 제조 시설을 대폭 확장했고, 이듬해에는 럭키표 치약도 생산하였다. 이어 1958년에 금성사(현 LG전자)가 설립되었다. 이 회사는 설립 초기부터 국산 라디오 생산 준비에 착수하여 1959년부터 생산을 시작하였으나 소비자의 외국산 선호 경향 탓에 초기에는 난항을 거듭했다. 그러다가 1961년 5·16 군사정변 후 밀수품 단속이 강화되고, 특히 정부의 농어촌 라디오 보내기 운동이 전개되면서 동날 정도로 많이 팔렸다.

그해 12월 KBS가 TV 방송을 시작하자 TV 수상기 제작에도 열을 올렸다. 1966년에는 금성사가 국내 최초로 흑백 TV를 조립·생산하여 1974년 160만 대를 초과생산하는 큰 수확을 거뒀다.

이처럼 LG그룹 창업자로서의 입지를 다져온 연암은 1960년대를 마감하는 1969년 12월 31일 별세했다. 당시 그가 일군 럭키그룹은 락희화학, 금성사, 반도상사, 호남정유, 금성판매, 한국콘티넨탈카본, 호남정유, 금성통신, 금성전선, 국제신보, 경남일보 등의 다각적인 대기업군으로 성장한 상태였다.

럭키금성의 2대 총수가 결정되는 순간

연암의 장례를 치른 지 사흘 후인 1월 7일 럭키그룹의 시무식이 있었다. 시무식이 시작되자 구철회 락희화학 사장(당시 61세)은 "자경이 오늘부터 자네가 저 자리에 앉게"라며 단상 중앙의 회장석을 가리켰다. 럭키금성의 2대 총수를 결정하는 순간이었다.

당시 구자경 회장의 취임은 그룹 내에 새바람을 일으키는 신호탄이었다. 이후 경영진의 세대교체가 잇따르면서 사회에 큰 반향을 불러일으켰다. 당시 《조선일보》는 경제면 톱기사(1970년 1월 10일자)로 다음과 같이 보도했다.

"락희그룹의 창업자이며 총수였던 구인회 씨가 작년 연말에 작고한 후… 구자경의 등장은 재벌 2세가 처음으로 표면에 나선 첫 케이스로서 다른 재벌에도 큰 영향을 줄 것이다."

상남 구자경은 1950년 LG그룹 초기 부산 시절부터 부친 연암을 도와 경영에 참여했기 때문에 '경영 1.5세'로도 불린다. 회장 재임 4반세기 동안 그는 그룹의 안정과 성장에 주력하였다. 그 덕분에 그룹 내에서 '혁신의 전도사'라는 별호를 얻기도 했다.

1950년 사업에 참여하라는 부친의 부름이 있기까지, 상남은 진주사범을 졸업하고 교직자의 길을 걷고 있었다. 그의 초등학교 제자인 신상

2002년 10월 구본무 회장이 전기차 배터리 개발을 위해 만든 시제품을 테스트하는 모습.

우 전 국회부의장은 "별호가 호랑이 선생님이셨던 원칙주의자"로 젊은 날의 상남을 회상했다.

상남은 입사 후 락희화학과 금성사를 오가며 18년간을 부산 공장에서 보냈다. 초기 3년은 공장에서 먹고 자는 생활이었다. 먼지와 기름을 뒤집어쓴 모습 때문에 종종 공장에서 일하는 노동자로 오해받기도 했다.

교직자에서 혁신의 전도사로

이렇듯 야전에서 기초를 다진 상남은 1960년대 후반까지 부산에 머물며 부사장직까지 오른다. 오늘날 LG그룹의 경영 문화로 상징되는 자율 경영과 컨센서스 문화는 그가 회장에 취임하며 싹틔운 것들로 평가받는다.

구광모 회장이 대전 LG화학 기술연구원에서 차세대 OLED 핵심 공정 기술 '솔루블 OLED' 개발 현황에 대해 논의하고 있다.

"LG에는 연말을 앞두고 그룹 회장과 각사의 사장이 새해를 설계하기 위해 독대하는 컨센서스 미팅이라는 제도가 운영되는데, 이러한 문화에서는 회장이라고 군림할 수가 없다. 회장이 권위주의적이 되면 컨센서스 문화는 쇠락하기 때문이다.[12]

상남은 1987년부터 2년간 노조 분규로 극심한 진통을 겪는 시기에 전경련 회장을 맡았다. 그는 우리 경제의 성장 동기를 일으킨 창업 1세대의 명예를 되찾아주는 것이 2세 회장으로서 해야 할 일이라고 생각하고 국민의 기업관을 바로잡는 데 힘썼다.

멀고도 험한 경영 혁신을 주도하면서 상남은 스스로에게 "예순아홉까지 경영 혁신을 궤도에 올리고 물러나겠다"고 다짐했다. 상남은 1995년 2월, 근속 45년, 회장 재임 25년을 끝으로 그룹 원로들과 동반

12   조동성, 앞의 책.

퇴진을 단행했다. 상남은 '아름다운 승계'를 한 뒤 난(蘭)·버섯 재배 등 자연과 벗하며 지내다가 2019년 12월 14일 숙환으로 별세한다.

3대 회장에 오른 상남의 장남 구본무 씨는 부친 엄명으로 연세대 경영학과 재학 중 육군 사병으로 입대하여 만기 제대 후 미국 유학길에 올랐다. 애슐랜드대학을 거쳐 클리블랜드대학원에서 6년간 경영 이론을 익혔다. 럭키에 입사해서는 수출과 관련한 금융 판매 실무를 익히면서 바이어 접대 등 궂은일도 마다하지 않았다. 구 회장은 '집념의 사나이'란 평을 듣는다. 골프를 처음 배우면서 무려 8개월 동안 실내 골프장에 개근한 것으로 동료들은 기억하고 있다. 소탈한 성격이어서 동료, 부하들과 소주잔을 기울이는 것은 흔한 일이었고, 술자리에서는 분위기에 맞는 농담을 즐겨 인기가 있었다. 유머를 즐기던 장인(김태동 전 보건사회부 장관) 영향을 받은 것으로 동료들은 풀이하고 있다.

구본무 회장 시절 LG그룹은 선대로부터의 동업 관계를 슬기롭게 청산했다. LG(구씨)와 GS(허씨) 그룹의 분리가 마찰 없이 마무리된 것은 구자경 명예회장 덕분에 가능했다고 보는 사람이 많다.

"GS그룹과는 처음에 합의한 대로 계열사를 나눴어요. 원칙에 따라 하니까 이의도 없었고 다 행복해합디다."[13]

구본무 회장은 "열린 마음으로 사회를 돌아보고 보다 나은 세상을 만드는 일에 동참하자"면서 글로벌 정도(正道) 경영에 힘써오다 2018년 5월 20일 숙환으로 별세했다. 구본무 회장은 창업 때부터 동업 관계였던 GS그룹, 친척인 LS·LIG그룹 등과의 계열 분리를 단행하며 LG그룹을 전자와 디스플레이·화학·통신 중심의 글로벌 기업으로 키웠다

13 《조선일보》 2005년 9월 12일자 인터뷰.

는 평가를 받는다. 2015년부터는 'LG 의인상'을 제정해 사회에 희생정신을 발휘한 의인에게 보답하는 등 복지·문화·환경 관련 일을 하는 재단 이사장을 맡아 기업의 사회적 책임을 다하는 데도 열정적이었다.

연암과 상남의 가계도

연암은 허을수 씨와 결혼하여 10남매를 두었다. 장남 상남(작고·LG그룹 명예회장 역임)은 하정임(작고) 씨와 결혼하여 6남매를 두었다. 상남의 장남 본무(작고·LG그룹 회장 역임) 씨는 김영식(68) 씨와 결혼하여 3남매를 두었다. 본무 씨의 아들 광모(42·LG그룹 회장, 미국 로체스터인스티튜트공대 졸업) 씨는 정효정(38·정기련 보락 대표 딸) 씨와 결혼하였으며, 장녀 연경(42) 씨는 윤관(45·블루런벤처스 사장, 윤태수 대영알프스리조트 회장 아들) 씨와 결혼하였고, 차녀 연수(24) 씨가 있다. 자경 씨의 차남 본능(71·희성그룹 회장) 씨는 차경숙(54) 씨와 결혼하였고, 3남 본준(69·LG그룹 고문) 씨는 김은미(63) 씨와의 사이에 형모·연제 씨를 두었으며, 4남 본식(63·희성그룹 부회장) 씨는 조경아(60) 씨와 결혼했다.

상남의 맏딸 훤미(73) 씨는 김화중(작고·전 희성금속 사장) 씨와 결혼하여 장녀 김선혜(49) 씨, 차녀 김선정(46) 씨를 두었다. 김선혜 씨는 이해욱(52·대림산업 회장, 이준용 대림산업 명예회장 아들) 씨와 결혼하였다. 상남의 차녀 미정(65) 씨는 최병민(68·깨끗한나라 회장, 최화식 대한펄프 창업주 아들) 씨와 결혼하였다.

연암의 차남 자승(작고·전 LG상사 사장) 씨는 홍승해(86·홍재선 전 전경련 회장 딸) 씨와 결혼하였고, 3남 자학(90·아워홈 회장) 씨는 이숙희(85·

이병철 전 삼성 회장 차녀) 씨와 결혼하였으며, 4남 자두(88·LB인베스트먼트 회장) 씨는 이의숙(82·이흥배 전 중앙TV 회장 딸) 씨와 결혼하였다. 연암의 5남 자일(85·일양화학 회장) 씨는 김청자(작고) 씨와 결혼하였으며, 6남 자극(74·엑사이엔씨 회장) 씨는 조아란(69·조필대 이화여대 교수 딸) 씨와 결혼하였다.

연암의 맏딸 양세(작고) 씨는 박진동(작고·박해주 전 남해군수 아들) 씨와 결혼했고, 차녀 자혜(작고) 씨는 이재연(89·아시안스타 회장, 이재준 전 대림그룹 회장 아들) 씨와 결혼하였다. 연암의 3녀 자영(81) 씨는 이재원(83·전 일신제지 회장, 이보형 전 제일은행장 아들) 씨와 결혼하였으며, 4녀 순자(작고) 씨는 류지민(작고·류헌열 전 대전지법원장 아들) 씨와 결혼하였다.

| 내가 본 연암·상남 부자 |

불모지였던 화학·전자 산업의 근간 마련

이건희(이화여대 교수·경영학)

LG그룹의 창업자인 연암 구인회는 국내 1세대 경영자로서 개척 전략에 기초하여, 기술력이나 자본력에서 불모지에 가까웠던 화학 산업과 전자 산업의 근간을 마련하였다. 연암은 이들 산업을 중심으로 하는 대형화 전략을 통해 대기업의 형태를 구축해나갔다. 1947년 락희화학이 창설된 이래 LG그룹은 안전하고 점진적인 다각화의 길을 추구해왔다. 즉 인화단결과 개척 정신을 골간으로 하는 연암의 경영 이념을 바탕으로 LG그룹이 발전해왔다. 이러한 연암의 개척 정신과 연구 정신은 치약 개발, 최초의 국산 라디오의 생산 등 많은 부문에서 볼 수 있다.

 연암의 뒤를 이어 LG그룹의 2대 회장이 된 상남 구자경은 창업자의 경영 이념을 더욱 발전시켰다. 지속적인 연구개발과 함께 고객을 먼저 생각하는 고객 중심의 경영 전략과 인간 존중의 경영 전략을 통해 안정적인 성장을 꾀하였다. 그룹을 다각화하면서 동시에 시대 변화에 맞는 국제화 전략 및 대혁신 전략을 통해 세계 기업으로서 LG그룹의 도약을 가져왔다.

창업자의 생명 중시 철학이 남긴 것

[대한중외제약] 성천 이기석

성천 이기석

　1910년　3월 17일 경기도 김포군 김포면 감정리에서 태어남
　1926년　김포공립보통학교 졸업
　1933년　김포금융조합 입사
　1936년　협화약품양행 경리 책임자로 입사
　1953년　조선중외제약소 전무
　1964년　대한중외제약 사장 취임
　1975년　2월 26일 서울 서대문구 연희동 자택에서 별세

　성천(星泉) 이기석(李基石)은 생명 존중의 경영 철학을 표방해온 대한 중외제약(현 JW그룹 전신)의 창업주다. 성천은 박한 이윤 탓으로 남들이 기피했던 수액제, 주사제 등 필수 의약품 개발에 앞장섰던 제약 업계의 남다른 공로자로 꼽히는 인물이다. 그는 창업 초기부터 주사제 개발에 앞장서서 1959년 포도당 주사액과 혈액 채취 용액의 국산화에 성공했다. 이후 각종 수액 제품을 개발해 중외제약(현 JW중외제약)이 세계 5대 수액제 생산 업체로 부상하는 발판을 마련했다. 그 공로로 사후에 한국경영자학회가 수여하는 창업대상을 받기도 했다. 이 상의 역대 수

상자로는 삼성그룹의 이병철 회장, 현대그룹의 정주영 회장, LG그룹의 구인회 회장, 교보의 신용호 회장 등이 있다. 이들이 모두 대그룹 창업주임에 비해 성천은 중견 제약 업체 창업주라는 점이 신선해 보인다. 1998년 당시 창업대상 심사위원회는 "고 이기석 사장이 생명 존중과 개척자 정신으로 사람의 생명을 구하는 치료제 중심의 필수 의약품 개발과 완벽한 품질 보증 시스템을 구축했으며, 우수 의약품 생산·판매에만 고집스럽게 일관하는 '한우물 경영'으로 국내 제약 산업을 선도했다"라고 밝혔다. JW그룹은 현재 지주회사인 JW홀딩스와 JW중외제약, JW신약, JW생명과학, JW메디칼 등 자회사를 거느린 그룹사로 성장하였다.

"약은 오로지 생명을 살리는 데만 사용"

생전에 '하찮은 미물이라도 소중하게 여겨야 하며, 약은 오로지 생명을 살리는 데만 사용해야 한다'는 경영 철학으로 우수 의약품 개발에 평생을 바친 성천은 1910년 3월 17일 경기도 김포군 김포면 감정리에서 한학자 이병두와 모친 밀양 박씨 사이의 독자로 태어났다. 1926년에 김포공립보통학교를 졸업하고 7년간 한학을 공부하다가 1933년에 김포금융조합에 입사했다. 3년 후 협화약품양행으로 옮겨 경리 책임자로 근무하다가, 광복 후에는 그 회사의 경영을 맡게 되었다.

그러나 6·25 전쟁 중인 1·4 후퇴 때 경영 사정이 여의치 않게 되자 협화약품양행을 정리했다. 1951년부터는 잠시 신광지기(紙器)공업사의 경영을 맡았으나, 6·25 전쟁 와중에도 국민 보건 향상에 기여하겠다

창업 초기 임원들과 함께 근무 현장을 돌아보고 있는 이기석 사장(가운데).

는 뜻을 버릴 수가 없어 1952년부터는 또다시 제약 업계로 돌아와 극동약품주식회사를 경영했다.

마침내 포성이 멎은 1953년 여름 어느 날 동향 친구인 임용식 조선중외제약소 사장이 찾아왔다. 그는 회사가 도산 위기에 처하자 성천에게 '구원 투수'로서 투자를 제의해온 것이었다. 출범 당시부터 주사제만을 전문으로 생산해온 조선중외제약소는 여전히 가내수공업의 수준을 탈피하지 못한 상태였다. 게다가 주사 제품은 다른 제약 업체의 제품에 비해 그 이윤 폭이 터무니없이 작았다. 수요의 거의 대부분이 병원과 의원에 국한된 제품들이었기 때문에 기업을 운영하는 데 따르는 애로와 고충이 컸다.

당시 조선중외제약소는 새로운 모습으로 거듭 태어나기에는 시설 수준이나 자본 면에서 모두 부족한 상태였고 무엇보다 급속도로 변신하고 있는 제약 업계의 환경을 간파해낼 만한 경영인의 역량이 아쉬웠다. 제약업 자체가 엄밀한 시장 분석에 입각한 상품 계획에 따라 그 제품의 성공 여부가 좌우되는 업종이어서 다각적인 경영 방식에 능숙한 경영인이 아쉬울 수밖에 없었다. 이런 상황에서 새로운 진로를 모색하지 않을 수 없었던 조선중외제약소 임용식 대표는 제약 경영의 달인인 성천을 맞아들임으로써 새로운 도약의 발판을 마련하고자 했다. 법인 설립과 함께 사장에 임용식, 전무에 이기석이 취임하게 되었다.

성천이 근무했던 협화약품양행은 일제 때 모르다인 주사제를 취급한 업체로 유명했었다. 이때의 경험으로 성천은 주사제 시장의 생리를 훤히 알고 있었고, 조선중외제약소의 운영 방식에 관해서도 명확하게 파악하고 있었다. 아울러 그동안 경영 전반에서 쌓은 풍부한 경험은 새로운 법인체를 발족시키고 사업을 확장해나가는 데 큰 힘이 되었다.

제2 창업 터전을 마련하다

성천은 1953년 8월 8일 142만 원의 납입 자본금으로 증자를 마친 후 법인 설립과 함께 회사명을 대한중외제약주식회사로 바꾼 뒤 공장 신축에 착수했다. 광복과 함께 중외제약은 일본인이 제정한 상호 앞에 '조선'을 명기하여 조선중외제약소라는 이름으로 출범하였으나 민족의 비극인 6·25 전쟁을 겪으면서 사명에서 '조선'을 버리기로 했다. 이 땅에 뿌리내린 반공 사상과 함께 북한이 북조선인민공화국이라는 이름을 사용했다는 게 이유였다. 새로운 사명은 대한중외제약으로 정했다.

주식회사 체제를 갖춘 대한중외제약은 제2 창업의 새로운 터전을 마련하기 위해 일본 주가이제약이 개설했던 경성 지점 공장 옛터에 공장을 재건하기로 했다. 이후 건물 신축 작업에 들어가 1954년 3월 10일 이전을 마쳤다. 아울러 그때까지 답보 상태였던 새로운 품목의 약품 개발을 본격화함으로써 빠른 속도로 회사를 성장시킬 수 있었다.

당시 모든 의약품이 궁핍했던 만큼 중외제약은 법인 설립과 함께 미력하나마 국민 건강에 이바지하기 위해 '성실 근면·친절 응대·규율 엄수·융화 단결·신속 정확'을 사훈으로 제정하고 이를 실현하기 위해 부단한 노력을 기울여나갔다. 그러나 화려한 광고와 함께 인기 제약 품목을 시판하면서 눈부신 발전을 거듭하고 있던 일반 약품 생산 업체에 견줘 중외제약의 사세는 아직 미미한 것이었다. 인간 생명을 존중하고 제약을 통해 올바른 기업 이념을 구현하겠다는 경영진의 의지와는 무관하게 전쟁 직후의 여건은 중외제약에 이루 말할 수 없이 열악한 상황을 부가하고 있었다. 특히 보조 자재의 품질이 열악했기 때문에 앰풀을 충전하는 과정에서 파손율이 높았고, 원료의 구입도 어려웠다.

그러나 성천에게는 이러한 어려움보다 필요한 때에 맞춰 바로 제품을 생산·공급할 수 없다는 사실이 더 큰 안타까움으로 자리 잡고 있었다.

여러모로 어려운 일들이 계속되는 상황이었으나 중외제약은 성천이 경영에 참여하여 자본금을 증자시킴으로써 비로소 명실상부한 기업으로 도약을 다짐할 수 있게 되었다. 이전까지 가내수공업 형태에서 벗어나지 못했던 조선중외제약소는 사명을 대한중외제약으로 바꾸면서 현대적인 기업으로 새로운 출발점에 서게 됐다. 특히 중외제약의 뿌리인 수액 부문의 산실 충무로 공장 시대를 열면서 큰 전기를 이뤘다.

1964년 6월 30일 공장 건설을 마친 중외제약은 여러 차례에 걸친 시설 확장을 통해 생산 설비의 현대화를 실현해나갔다. 인원도 크게 늘어났다. 이에 따라 경영 조직의 새로운 개편이 필요해졌다. 결국 임용

합성 설비를 점검하고 있는 이기석 사장.

식이 회장에 취임하고 성천이 사장을 맡음으로써 회사 경영 전반의 지휘 체계에 탄력적인 변화를 가져왔다. 사장에 취임한 성천은 신제품 개발에 매진하고 추가로 항생제 생산에 대한 준비를 서둘렀다.

회사 살린 '쥐약' 포기한 이유

성천은 성품이 부드러워 다른 사람의 주장을 정면으로 반박하는 일은 드물었다. 대신 설득력이 매우 강해 자신이 옳다고 생각하는 일은 반드시 관철했다. 경영 전반의 업무에 대해 예리한 관찰력과 치밀한 계획성으로 여러 가지 난관을 극복한 그는 특히 초창기 경영진들과 함께 영업에 주력했다.

1960년대 중반 제3공화국이 들어섰지만 쌀이 귀하기는 그 전 시대나 마찬가지였다. 이즈음 전국적으로 극성을 부리는 쥐를 퇴치하기 위해 중외제약이 시장에 내놓은 쥐약 '고양이표 후라킬'은 날개 돋친 듯 팔려나가기 시작했다. 후라킬의 호황은 당시 심각한 경영난을 겪고 있던 회사 재정에 숨통을 터주는 역할을 하였다.

그런데 잘나가던 회사에 갑자기 뜻하지 않은 시련이 닥쳤다. 생활고로 쥐약을 먹고 자살하는 사고가 발생한 것이다. 바로 그 쥐약이 후라킬은 아니었으나 성천은 주사제 전문 메이커인 중외제약이 동물을 죽이는 약을 만들어서는 안 되겠다고 생각했다. 사람에게 해를 끼치는 쥐를 퇴치하는 것은 당연한 일이라고 할 수 있겠지만, 굳이 중외제약이 생명을 죽이는 약을 앞장서서 만들 필요는 없다고 생각하였다.

후라킬이 잘나가던 어느 날 성천은 긴급 임원 회의를 소집하고 후라킬 생산 중단을 선언했다. 그러자 반론이 거셌다.

"우리가 죽이는 것은 백해무익한 쥐가 아니겠습니까? 영화관에서 하는 〈대한뉴스〉에서도 전국적인 쥐잡기 운동이 전개되고 있습니다. 이처럼 쥐를 퇴치하는 국가 시책에 우리는 지대한 공헌을 하고 있는 셈입니다. 덕분에 회사 형편도 모처럼 좋아지고 있지 않습니까?"

성천은 지그시 눈을 감고 한동안 침묵을 지키고 있다가 입을 열었다.

"그런 사정이야 잘 압니다. 그러나 쥐도 생명이 아니겠습니까. 약을 만드는 것은 죽을 생명을 구하자고 하는 일인데, 우리는 지금 그 생명을 죽이는 독을 만들고 있지 않습니까. 자연은 자연에 맡겨야 합니다. 쥐에겐 천적이 있지 않습니까. 나는 더 이상 살생을 할 수가 없습니다."

독실한 불교 신자다운 발언이었다. 그리고 정통 약업인다운 발언이기도 했다.

그즈음 일류 제약 업체에서 내놓은 자양 강장제가 잘 팔리자 임원들은 그런 종류의 피로 회복 드링크를 만들어 보자는 아이디어를 모은 적도 있었다. 그러나 그런 상품 개발 계획을 보고하자마자 "야, 이놈들 아. 내가 약 만들랬지 사탕물 만들어 팔자고 했냐?"라며 당장 꾸중을 내릴 성천이 떠올랐다. 그것이 바로 살아 있는 성천의 모습이었다.

결국 성천은 1964년 의료 활동의 기초이자 필수인 수액·전해질류(電解質類)의 국산화에 앞장서 성공하여 의료 발전에 크게 기여하였다. 이는 오늘날 중외제약의 기반을 견고히 하는 계기가 되었다. 1968년에는 중외제약 성장의 기틀이 된 리지노마이신 합성 개발을 단행하여 이듬해 발명의 날에 국무총리 발명상을 획득하는 영광을 안기도 했다. 이는 영국 약전에도 기재되어 국제적으로 공인받는 쾌거를 달성하기도 했다.

1973년에는 막대한 투자를 무릅쓰고 세계적으로 앞선 신항생제 피바록신 원료 합성에 성공하여 세계를 놀라게 하였다. 이후 피바록신 원료를 대만에 제공함으로써 명실공히 우리 의약 기술의 우수성을 내외에 두루 과시하였다. 1972년에는 자회사로 의료 기기 전문 업체인 대한중외상사(현 JW메디칼)를 설립하여 오늘날 국내 의료 기관의 의료 시설 현대화에 크게 기여하였다.

버스 타고 다니며 종이 한 장도 아껴

성천에 대한 주위의 회고담은 아직도 생생하게 전해지고 있다.

"추운 겨울날이면 이따금 군밤, 호떡, 군고구마 등을 사 가지고 오셔서 함께 나눠 먹으며 대화를 나눈 적이 많았다. 주례를 맡았던 원앙의

학술 행사에 참석한 이기석 사장(앞줄 가운데).

가정은 반드시 찾아가서 돌보아줬다. 그런 따뜻한 생활 철학을 몸소 실천하며 살아가셨기 때문에 여러분들로부터 존경받는 사장님이 되셨다고 생각한다."[14]

"이 사장은 겸손하고 매사에 감사할 줄 아는 사람이었다. 술도 잘 못 마시고 골프도 잘 치지 못하면서 친구들이 가자고 하면 'No'라고 못 했다. 인간적 성품이 부드러워 타인의 주장을 정면으로 반대하지 못한다. 그러나 설득력이 매우 강했다. 자기가 옳다고 생각할 때는 이 설득력으로 자기 의견에 굴복하게 하는 힘이 강한 사나이였다. 한편 친구의 일이라면 자기 일보다 더 걱정했다. 때로 회사의 말단 사원이나 고향에서 올라오는 불우한 사람들이 병을 앓는다거나 하면 물심양면으로 도와

---

14   사원 민대흥.

줄 뿐 아니라 이러한 사실을 숨기려는 갸륵한 마음을 자주 보았다."[15]

"1965년 입사하여 처음 뵈었을 때부터 검소하신 분이라는 점을 느꼈다. 사장님의 위치라면 택시를 타고 다니셔도 지나치지 않으시련만 늘 버스를 타셨다. 종이 한 장이라도 아끼고, 문화인답게 화장실을 깨끗이 사용하고 공중도덕을 지키라고 지적하는 등 세심한 성품을 갖고 계셨다."[16]

이처럼 누구에게나 자상하고 친절하며, 부지런하고 정열적으로 생명 존중에 앞장서온 제약인 성천은 1975년 2월 26일 서울 서대문구 연희동 자택에서 별세하여 경기도 김포군 감정리 선영에 안장되었다.

성천 이기석의 가계

성천은 허준 씨와 사이에 장남 영호(작고) 씨와 JW그룹 명예회장인 차남 종호(90·동국대 법대 졸업) 씨를 두었다. 종호 씨는 삼락증권 총무이사로 재직하다 1966년 대한중외제약 기획실장으로 입사하여 이듬해 전무에 취임, 사실상 경영 전반을 주도해왔다. 그는 성천의 뒤를 이어 대한중외제약 사장, 회장직을 지냈다.

성천의 차남 종호 씨는 홍임선(85·이화여대 졸업) 씨와 결혼하여 3남 1녀를 두었다. 장녀 진하(61) 씨와 장남 경하(59·성균관대 약학과·미 드레이크대 경영학 석사) 씨와 차남 동하(57·개인사업) 씨, 3남 정하(51·개인사업) 씨

---

15 1977년 당시 순천향병원 민광식 박사.
16 1977년 당시 이용휘 경리부 차장.

가 있다.

성천의 장손 경하 씨는 JW그룹 회장으로 장선영(56·이화여대 졸업) 씨
와 결혼하여 슬하에 성은(27·대학원생), 민경(27·대학원생) 씨 자매와 아
들 기환(25·대학생) 씨를 두었다.

| 내가 본 성천 이기석 |

생명 존중의 길을 묵묵히 가다

김정규(전 JW중외제약 감사)

이기석 사장님은 팔기 쉬운 약을 만들기보다 환자가 필요한 약, 생명
을 구할 수 있는 약, 치료제의 제조가 중외제약이 할 수 있는 사명이라
는 신념을 바탕으로 아무도 가지 않는 길을 묵묵히 걸어오신 분이다.

평소 온화하고 겸허한 인품을 보였지만, 수익성이 박한 제품이라도
사람의 생명을 살리는 데 필요한 것이라면 서슴지 않고 생산에 착수하
는 결단력을 보였다. 또 경영이 악화되어도 치료제 개발을 위한 투자와
연구를 멈추지 않았다.

1959년 수입에만 의존해 오던 5% 포도당 수액제의 국산화에 성공한
후 1965년 우리나라 최초의 신장 이식 수술이 시도될 때도 복막 관류
액 인페리놀을 개발하겠다고 지원을 자청했던 일들은 아직까지도 기
억에 생생하게 남아 있다.

"깨끗이 살다 깨끗이 가겠다"라고 입버릇처럼 말씀하시던 사장님은
최고 경영자로서 누릴 수 있는 최소한의 사치도 용납하지 않았던 분이
기도 했다. 직원들을 위해 곰보빵 2개와 멸치국수로 국내 최초의 사내

급식을 시작하였으며, 회사가 부도 직전에 몰린 상황에서도 일수 빚을 내어서까지 직원들의 월급을 가장 먼저 챙겼다.

　이 같은 사장님의 인품과 업적은 우리 약 업계와 JW그룹의 발전에 디딤돌이 되었다고 생각한다.

08

한국 첫 화섬 엔지니어

[DI동일그룹] 정헌 서정익

정헌 서정익

> 1910년 4월 22일 경기도 인천시 청학동에서 태어남
> 1927년 배재고보 졸업
> 1932년 일본 나고야고등공업학교 방직학과 졸업
> 1933년 동양방적 입사
> 1955년 동일방직 창업, 대표이사 사장
> 1962년 대한방직협회 이사장
> 1968년 대한화섬 회장
> 1973년 5월 25일 서울 신당동 자택에서 별세

　정헌(靜軒) 서정익(徐廷翼)은 DI동일그룹 창업주로 한국 최초의 '섬유 전문 엔지니어'로 평가받는다. 합섬 기술을 개발·정착시킨 이른바 섬유 입국(纖維立國)의 주역 중 한 명이다. 그의 아호는 그가 평소 인생의 스승으로 섬겨온 3·1 독립운동의 민족 지도자인 위창 오세창 선생이 지어준 것이다.

　올해로 창립 66년을 맞는 DI동일은 '100년 기업'을 지향하면서 사업 다각화를 이뤄나가고 있다. 면방 소재 산업의 수직 계열화를 이룩한 복합 섬유 업체에서 최근에는 전기차 필수품인 2차 전지 소재 알루미

늪을 비롯해 태양광 유리섬유, 환경 엔지니어링(반도체 배기가스) 등 첨단 산업 분야에도 진출했다. 정헌 서정익은 1910년 4월 22일 경기도 인천시 청학동에서 부친 서병훈과 모친 초계 정씨 사이에 2남 2녀 중 장남으로 태어났다. 그의 고조부 서천보는 순조 때 선공감 감역(상공부 차관)을 지낸 인물. 인천 시사에는 정헌을 포함해 조부 서상빈과 부친 서병훈 3대가 '인천을 빛낸 인물 100인'으로 실려 있다.

부친 뜻 어기고 나고야공대 입학

조부 서상빈은 1889년 개항 초기에 한국 최초의 상인 단체이자 상공회의소 전신인 인천신상협회(仁川紳商協會)를 설립해 외국 상인들의 발호 속에서 민족 상인을 보호하고 육성하는 애국 운동에 앞장섰다. 또 국민의 자질을 높이기 위해서는 신학문과 영어 교육이 절실히 필요하다고 생각해 제녕(濟寧)학교를 설립하여 후진 육성에 전념하기도 했다.

정헌의 부친 서병훈은《동아일보》제2대 인천 지국장을 지내면서 일본인 기업주들에게 착취당하는 한국인 노동자들을 보호하기 위해 노동 운동에 적극 참여했고 언론을 통한 배일 사상 고취에 힘썼다.

정헌은 1927년 배재고등보통학교를 졸업한 후 집안 어른들의 만류를 무릅쓰고 일본으로 건너갔다. 그리고 얼마 후 나고야고등공업학교(현 나고야공대)에 입학했음을 어른들에게 알렸다. 그의 부친은 투철한 배일 사상 때문에 아들의 도일(渡日) 자체를 달갑지 않게 여기고 있었다. 더욱이 법문학계도 아닌 이공계, 그것도 방직학과란 전공이 못마

땅하였다.

그래서 처음에는 귀국을 종용하다가 마침내 용인하게 되었는데, 부친이 누그러진 데는 배일 운동 동지 곽상훈(건국 후 국회 의장 역임) 씨의 설득이 먹혔다고 한다. 곽씨는 자신도 경성고공(서울대 공대 전신)을 중퇴한 미완성 공학도로서 우리나라가 독립이 되면 많은 과학도, 공학도, 산업인이 필요하다고 역설했다. 정헌은 당시 집안 형편이 비교적 유복했으나 신문과 우유 배달 등으로 일본에서 고학 생활을 했다.

미 군정이 발탁한 섬유 엔지니어

정헌은 1932년 나고야고공을 졸업하자 바로 귀향하여 이듬해 인천에 건설 중이던 도오요방적(동양방적) 창설 사원으로 입사한다. 당시 한국인으로서는 유일한 정규 사원으로 생활은 안정되었으나 언제나 승진만은 일본인 사원과 차별 대우를 받아야 했다. 당시의 인천 공장장 하야가와는 정헌의 빼어난 자질과 성실성을 인정하면서도 공평한 승진 기회가 주어지지 못함을 안타깝게 여기고 미안함을 피력해왔다.

정헌은 1940년 서울여상을 졸업한 이영숙(서울여상 총동창회장 역임)과 결혼했고 1942년 북지개발공사로 자리를 옮겼다. 이 회사는 중국 베이징에 본사를 두고 산서성 일대에 26개 경공업 공장을 운영하던 일본의 국책 회사였다. 신혼 초기 부인과 첫돌 난 장녀를 안고 붕정만리(鵬程萬里) 중국 대륙 오지까지 가기로 용단을 내린 것은 인천 공장장을 사임하고 북지개발공사의 중역으로 부임해간 하야가와의 간곡한 부탁을 거절할 수 없어서였다. 북지개발공사에서는 산서성 태안에 있는 산서

1952년 동양방적(현 DI동일 인천 공장)을 시찰하고 격려하는 이승만 대통령(왼쪽).

산업의 기사 겸 공작창 차장, 붕대 공장 공장장 등을 역임하다가 광복을 맞이했다.

정헌이 수많은 귀환 동포 속에 끼여 선편으로 인천에 온 것은 1946년 1월이었다. 방직 기술인이 드문 때여서 미 군정 당국은 이미 도오요방적 사원 명부에서 정헌의 신상을 파악하고 귀국을 기다리고 있었다. 그는 여독을 풀 겨를도 없이 곧바로 인천 공장의 차장으로 복직, 그해 6월 공장장, 12월에 공장장 겸 이사로 승진하였다.

1947년 정헌은 서울대 공대 섬유공학과에서 방직학 강의를 하기도 했다. 당시 방직학과 전임교수가 사임하여 정헌이 그 후임자로 초빙되었는데 열강으로 인기를 끌었다. 보통 1시간 강의를 위해 10시간의 공부를 할 정도였다. 그가 동양방적공사에 재직할 때였으니 진지한 학구적 면모를 보여준 셈이다. 정헌은 1949년 동양방적공사 이사장에 취임했는데 이즈음 그의 인간적인 단면을 엿볼 수 있는 일화들이 전해지고 있다.

공사 이사장 시절 비서가 어쩌다 점심값이나 사적 교제비를 회사 판공비에서 지출하면 벼락을 내렸다. 그의 집을 손질하려고 회사의 목공이나 미장공을 보내도 "공비로 채용한 종업원을 사용으로 쓰는 것은 있을 수 없다"라고 야단을 치기 일쑤였다. 그 바람에 사장댁을 섣불리 손질해줄 수도 없었다. 단순한 겸손이 아니라 공사를 깨끗이 구별하지 않고는 오히려 불쾌감을 갖는 성미였다.

공장장 시절 가족들과 함께 인천에 거주하면서 회사 승용차로 서울 본사에 왕래하곤 했는데, 간혹 서울 친가에 다니러 가는 부인이 편승을 원하면 "회사의 공용이지 가족이 타는 차가 아니다"라면서 굳이 부인을 기차로 가게 하였다.

임원·사원에게 무상으로 주식 나눠 줘

어려운 일에 부딪히면 침식을 잊고 몰두하는 것도 그의 타고난 성미였다. 북지개발공사 근무 시 붕대 공장에서 붕대를 재단기 없이 일일이 가위로 자르는 비능률적인 작업을 보고 몇 달 동안 밤잠을 잊고 씨름하더니 붕대 재단기를 고안해낸 것이 그가 일에 몰두하는 성미를 잘 보여준다. 이것으로 북지개발공사에서 큰 상을 타기도 하였다.

정헌은 기술인답게 기계를 몹시 좋아하여 해외 출장 때도 가족들의 선물 따위에는 전혀 관심을 두지 않고 방직이나 가공 기계를 구경하고 다니는 것이 큰 낙이었다. 그러다가 탐나는 것이 있으면 어떻게든 손에 넣어야 직성이 풀렸다. 그러면서도 그가 물욕을 부리는 것은 평생 본

1955년 8월 5일 창립 주주총회에서의 서정익 사장.

적이 없다는 것이 주변의 말이다. 많은 수입으로 호화롭게 살기보다 적은 수입으로 검소하게 살겠다는 것이 청년 시절부터 그의 생활신조였다. 그는 주식을 독점하는 것도 있을 수 없다고 여겼다. 대주주가 있어서도 안 된다는 것이 그의 경영관이었는데 실제 그렇게 실천했다.

그는 배재고보 때부터 어학 공부를 즐겨 평생 새카맣게 때 묻은 영어 사전을 항상 옆에 두고 원서를 들여다보는 학구파 기업인이었다. "제가 대학 입시를 앞두고 섬유학과에 가겠다고 하면 선친께서 흡족해하시리라고 생각했으나 기왕이면 기계과가 어떻겠느냐고 하셔서 당황하기도 했지요. 그 때문에 음악을 좋아했던 동생이 대신 기계과에 가서 저는 지금도 동생에게 미안해하고 있습니다. 그토록 기계를 좋아하신 엔지니어였지요."[17]

17 정헌의 장남 서민석 DI동일그룹 회장.

정헌은 1949년 상공부로부터 국유 관리 기업체인 동양방적공사 이사장으로 임명됐다. 이어 1955년 동일방직㈜을 설립, 사장으로 취임하고 동양방적공사를 불하받았다. 회사 설립 후인 1958년 불하 자금 조달책으로 삼성물산을 주주로 영입하여(애초 삼성물산의 요구는 51% 지분이었으나, 38.75%와 임원 2명이 참여하는 선에서 결정) 자금을 조달하였으나 삼성물산은 결국 이듬해 철수한다.

이어 정헌은 동일방직 안양 공장에 모든 정열을 쏟아붓는다. 인천 공장은 일본의 적산을 불하받은 것이지만 안양 공장은 정헌이 염원하고 구상하던 방적부터 가공사까지 일관 생산을 완성한 필생의 작품이며 자부심이었기 때문이다.

회사 운영에 어려움도 있었지만 직원들의 애사심으로 이를 돌파해 나갔다. 1956년 동일방직 창립 이듬해 사원들은 자의로 월급 일부(임원 20%, 사원 6%) 사양 운동을 1년간 벌이기도 했다. 당시 박봉에 시달리던 상황에서 회사의 권유도 아니고 자의로 벌인 이 캠페인은 지극히 이례적인 일이었다. 종업원들이 사장을 전폭적으로 신뢰하기 때문에 가능했던 일로 봐야 한다.

정헌은 사원들의 애사심에 적극 보답한다. 동일방직 설립 후 그가 보유한 주식이 92.3%였는데 임원진에 32.5%, 유공사원 34명에 9.85%를 무상으로 나눠 주고 본인은 32.5%만 가졌다. 그는 "주식은 내 것이 아니라 그간 고락을 함께한 사람들의 몫"이라고 강조하곤 했다.

정헌은 한국 섬유 업계를 대표하는 엔지니어 출신답게 새 시대에 맞는 면방의 나아갈 방향을 제시하였다. 솔선해서 직물 가공 공장인 동인천 공장을 설립했고, 가공사의 일관 생산을 위하여 안양 공장을 건설하였다.

나아가 현대 섬유의 대종을 담당할 대한화섬이란 화섬 원료 메이커의 설립을 앞장서서 지휘하여 면방 업계가 선의의 경쟁과 합작으로 같이 살아가는 표본을 제시하였다.

화섬 시대 막을 연 선각자

그는 우리나라 화섬 시대의 막을 연 선각자이기도 했다. 당시 새로 등장한 폴리에스터는 강도, 내마모성, 탄력성, 열고정성, 촉감 등에서 다른 화학섬유보다 훨씬 뛰어날 뿐 아니라 수요 증가율도 비할 바가 아니어서 선진국에서는 이미 의류용은 물론 산업용으로도 광범위하게 사용되고 있었다. 하지만 우리나라에서는 급증하는 수요량 전량을 수입에 의존하는 형편이었다.

이런 상황을 일찍부터 예견한 정헌은 화섬의 국내 생산, 개발에 전력했지만 동일방직 단독으로는 힘겨운 사업이라는 것을 항상 강조했다. 한국 섬유공업계의 공동 과제라는 점을 업계에 일깨운 것이다.

이 무렵 대한방직협회 제9대 이사장으로 선임된 정헌은 동분서주한 끝에 대한화섬을 설립하여 초대 사장으로 선임되었다. 그사이 중앙염색가공회사도 설립하여 의류 염색 분야에도 기술 향상과 양산화를 꾀했다. 1969년에는 재봉사 가공 공장을 건설한 후 가공 시스템을 도입하여 재봉사 일관 생산 체제를 갖추기도 했다. 이는 수출에 상당한 기여를 했다. 당시 재봉사 양산 체제가 이뤄지지 않았다면 후일 대우그룹의 의류 제조 수출이 아예 불가능했을 것이란 평가도 나오고 있다.

"재봉사의 국내 판매 전개와 더불어 1971년부터 업무를 개시한 홍

라코스테 부산 광복점 전경.

콩 사무소를 중심으로 재봉사 판매를 시작한 동일방직은 우리나라보다 앞선 홍콩 시장에 재봉사와 심지를 선보이기 시작하였다. 소량 주문으로 만족할 만한 실적이 없었던 동남아 시장도 1973년을 맞이하여 홍콩과 싱가포르 등지에서 면 재봉사 중심의 거래가 이루어지기 시작하여 1973년 48만 7,000달러, 1974년 110만 달러, 1975년 105만 달러의 수출 실적을 올리게 되었으며, 동 수출품의 매출이익률도 1973년의 경우 50% 이상을 나타내어 유망 수출품으로 등장하였다."[18]

정헌은 과도한 업무 탓에 건강이 항상 위태로웠다. 1968년 고혈압으로 인한 일과성 뇌 허혈성 뇌졸중을 일으켰으나 다행히 적기의 치료로

---

18   동일방직(1982), 『동일방직사사』, 동일방직.

안정을 되찾기도 했다. 당시 발병도 과도한 업무와 스트레스 때문이었다. 1963년 설립한 대한화섬이 6년이라는 공장 건설 지연 사태를 빚었고, 품질 불량, 투자자의 기피로 인한 증자의 부진, 이에 따른 경영권의 이양 등 신경 쓸 일이 한둘이 아니었다. 거기다 안양 공장의 건설까지 겹쳐 그는 늘 노심초사할 수밖에 없었다. 결국 정헌은 1973년 5월 25일 서울 중구 신당동 자택에서 64세를 일기로 별세하여 경기도 용인 묘원에 안장되었다.

정헌은 경방 김용완 회장, 일신방직 김형남 회장, 대농 박용학 회장 등 업계에서 교유하는 인물들이 많았다. 경제 부총리를 지낸 장기영 한국일보 사장, 범양사 이성범 회장, 배재고보 동창인 세브란스병원 조동수 박사 등이 친구였다.

정헌 서정익의 가계

정헌은 이영숙(작고) 씨와의 사이에 3남 4녀를 두었다. 장남 서민석(78·미시간대학원 졸업, 산업경영학 석사) 씨는 DI동방 회장으로 여경주(74·이화여대 의류직물학과 졸업, 대한적십자 여성봉사특별자문위원장 역임) 씨와 결혼하였으며, 중남미 국가인 벨리즈 명예총영사, 대한방직협회장 등을 역임했다. 장인 여석기 교수(작고·도쿄제대 입학, 서울대 영문학과 졸업)는 고려대 대학원장, 한국영어영문학회 회장, 국제교류진흥회 이사장 등을 역임했다.

정헌의 차남은 대석(76·미 퍼듀대 공학박사) 씨, 3남은 준석(72·미시간대 MBA) 씨다.

정헌의 장녀 금원(86·세브란스병원 소아과) 씨는 김광덕(세브란스병원 외과) 씨와 결혼하였으며, 차녀 융자(80·이화여대 가정과 졸업) 씨는 조정완(서울대 전자공학과 졸업) 과학원 교수와 결혼하였다. 정헌의 3녀 혜석(70) 씨는 이화여대 불문과를 졸업하였으며, 4녀 은석(67) 씨는 조지워싱턴대 상업디자인 석사이다.

정헌의 장손 태원(47·보스턴칼리지 경영학과 졸업) 씨는 DI동일 대표이사 사장이다.

정헌의 부인 이영숙 여사는 남편의 인재 육성 뜻을 이루기 위해 사재를 출연, 1979년 정헌재단을 설립하였다. 정헌재단은 중·고·대학생 2,900명에게 장학금을 지급하였으며, 대학교수 등에게 연구 용역비도 지급하고 있다. 또 1980년부터 매년 정헌섬유산업상을 시상하고 있다. 2003년에는 정헌메세나를 창립해 유럽에서 활동 중인 한인 및 프랑스인 화가를 선정하여 창작 활동과 개인전을 지원하고 있다.

┃ 내가 본 정헌 서정익 ┃

일 즐기는 낙지자(樂之者) …
사람 끌어들이는 카리스마 지녀

이범경(전 동일레나운 사장)

정헌 사장님을 한마디로 표현한다면 낙지자(樂之者)라고 할 수 있다. 일을 즐기는 사람이었다는 뜻이다. 자기가 하는 일을 즐기는 사람이란 삼매(三昧)의 경지에 도달한 것이니, 좋아하는 사람보다 더 높은 경지다.

정헌 사장님에 대한 첫인상은 과묵하다는 것이었다. 따라서 접근하기 어려운 면이 있기는 했지만 사업을 추진하는 면에서나 사람을 끌어들이는 카리스마를 지닌 점에서는 전형적인 기업가 자질을 보였다.

사장님은 1973년 초 기획부장으로 있던 필자를 부르더니 중앙염색에 가보자는 지시를 내린 적이 있었다. 차 조수석에 앉으려고 하니까 뒷자리에 앉으라고 권했고 뒷자리에 앉아 여러 가지 이야기를 들려줬다. 비서로 있을 때의 실수와 재봉사 부도 사건에 대한 책임을 지고 일본 유배 조치를 당하면서 항상 사장님께 죄송한 생각을 갖고 있던 차에 돌연한 수행이었다. 전혀 예상치 못한 수행이었지만 이것이 마지막이라는 것을 사장님은 알고 계셨던 것이다.

사장님께서는 1970년대 초 미국이나 일본의 면방업이 이미 사양길에 들어선 것도, 1980년대 말이면 한국 면방업 또한 같은 운명에 처하게 될 것도 미리 알고 있었을 것이다. 사장님은 우리의 나아갈 방향도 구상하고 있었을 터이기 때문에 그분의 부재가 더욱 아쉬움으로 남는다.

반도체 신화의 주인공, 뚝심의 순간들

[삼성] 호암 이병철, 이건희

호암 이병철

1910년   2월 12일 경남 의령군 정곡면 중교리에서 태어남

1926년   박두을(박팽년의 후손) 씨와 결혼

1929년   중동중학 4년 수료

1931년   일본 와세다대 정경과 중퇴

1938년   삼성상회 설립

1951년   삼성물산 설립

1961년   한국 전경련 회장 취임

1969년   삼성전자 설립

1987년   11월 19일 서울 한남동 자택에서 별세

이건희

1942년   1월 9일 대구에서 태어남

1949년   서울 혜화초등학교 입학

1961년   서울사대부고 졸업

1965년   일본 와세다대 상학과 졸업

1966년   미국 조지워싱턴대 대학원 수료

1967년   홍라희 씨와 결혼

1966년   중앙일보·동양방송 이사

1987년   삼성그룹 회장 취임

2020년   10월 25일 서울 일원동 삼성서울병원에서 별세

호암(湖巖) 이병철(李秉喆)은 6·25 전쟁 후 폐허가 되다시피 한 한국을 첨단 정보 기술 국가로 도약시켜 '한국 재계의 얼굴'로 우뚝 선 기업인이다. 호암의 아들 이건희(李健熙)는 호암이 창업한 한국 제일의 삼성그룹을 이어받아 세계 굴지의 글로벌 기업으로 키운 주인공으로 꼽히고 있다.

이들 부자는 재계·언론계·학계 저명인사 200명이 선정한 '한국을 빛낸 23명'에 선정되었으며, 특히 호암은 대한민국 발전에 공이 큰 1등 기업인으로 추앙받기도 했다.[19] 호암은 호수처럼 맑은 물을 잔잔하게 가득 채우고 큰 바위처럼 흔들리지 않는 준엄함을 뜻하는 그의 아호이다.

호암은 1910년 2월 12일 경남 의령군 정곡면 중교리에서 이찬우(李纘雨)와 권재림 사이의 2남 2녀 중 막내아들로 태어났다. 조부 이홍석은 서문에 능해 문산정(文山亭)이라는 서당을 세웠는데 호암은 6세 때부터 5년여 동안 이곳에 다녔다. 남들은 두세 달이면 마치는 『천자문』을 호암은 1년여 만에 간신히 끝냈다. 서당 훈장은 학식이 높은 문산 선생의 손자답지 않다며 더 노력하라고 핀잔을 주었다. 훈장의 말이 끝나기가 무섭게 서당 아이들이 일제히 웃음을 터뜨렸다. 자존심이 상한 호암은 그때부터 열심히 공부했고, 5년 만에 『자치통감』과 『논어』, 사서삼경 등을 줄줄 외우게 되었다. 그중에서도 『논어』는 호암의 삶에 큰 영향을 미쳤다. 『논어』는 인간이 어떤 마음가짐으로 어떻게 살아가야 하는지 잘 알려주는 인생 지침서였다. 남에게 지기 싫어하는 호암은 한번 싸움이 붙으면 아무리 자기보다 나이가 많고 몸집이 커도 집에까지 쫓아가서 무릎을 꿇리고 말았다.

---

19 《월간조선》 2003년 설문 조사.

호암의 조부는 이재에도 소질이 있어 천 석의 가산을 모았다. 외아들 이찬우 대에 이르러서는 2,000석을 거둬들일 정도로 번성했다. 독립운동 자금도 댔던 이찬우는 일찍이 초대 대통령 이승만과 사귄다. 청년기에 상경해 독립협회 회원들과 행동을 함께하며, 기독교청년회에 출입하면서 동갑내기인 이승만 박사를 알게 된 것이다.

우남 이승만과의 인연

이런 인연으로 호암은 광복 후 우남 이승만과 자주 만날 수 있게 된다. 우남이 대구를 찾았을 때 호암은 자신이 이찬우의 아들임을 밝혔고 반갑게 맞이한 우남은 "서울에 오면 찾아오라"고 했다. 이듬해 호암은 이화장으로 우남을 찾아갔다. 약속된 만남이 아니었음에도 우남은 호암을 맞아 여러 이야기를 나눴다. 1960년 새해를 맞아 호암은 대통령이던 우남을 경무대로 찾아가 사업 지원을 요청하기도 했는데 이때도 이 대통령은 호암을 친자식처럼 반갑게 맞았다.

당시 호암은 이 대통령에게 5,000만 달러 규모의 비료 공장을 정부 돈은 한 푼도 안 쓰고 유럽에서 차관을 얻어 건립하겠다는 포부를 밝혔다.

"그거 아주 좋은 생각이군. 역시 이 사장이야. 훌륭해. 이 사장만 믿을 테니 반드시 성사시키도록 하게. 정부에서도 적극 지원해주겠네."[20]

이 대통령은 흔쾌히 호암이 들고 간 서류에 사인을 해주었다.

---

20 김찬웅(2010), 『이병철, 거대한 신화를 꿈꾸다』, 세종미디어.

호암은 1922년 3월 진주 지수보통학교에 편입했다가 같은 해 9월 서울수송공립보통학교로 전학한다. 둘째 누나인 이분시가 이발소로 데려가 긴 댕기 머리를 싹둑 자르면서 호암은 개화 공부를 시작했다. 1925년 서울중동중학교 속성과에 편입하며 이듬해 본과에 입학했다. 이 학교에 다니던 이듬해 가을 호암은 부친에게서 한 통의 편지를 받는다. "너의 혼담이 이루어져, 혼례를 올리게 되었으니 귀가하라"고 적혀 있었다. 18세를 맞던 해 겨울 호암은 경북 달성군 묘동에 사는 박기동의 4녀 박두을과 결혼한다. 사육신 박팽년의 후손인 신부에 대해 『호암자전』은 다음과 같이 적고 있다.

"처음 마주 본 인상은 건강한 여성이라는 것이었다. 유교를 숭상하는 가문에서 전통적인 부덕을 배우고 성장해서 그런지, 바깥 활동은 되도록 삼가고 집안일에만 전심전력을 다해왔다. 예의범절에도 밝아 대소가(大小家)가 두루 화목하다. 지금까지 몸치장, 얼굴 화장 한번 제대로 해본 일이 없고 사치와는 거리가 멀다."

호암의 장자 이맹희는 그의 자서전 『묻어둔 이야기』에서 외가에 대해 이렇게 적고 있다.

"친가 쪽도 이미 3,000석 지기에 가까울 정도의 부자였지만 외가 쪽의 지체가 높아서 한쪽으로 기우는 혼사였다는 말들이 있었다는 게 집안 어른들의 설명이었다. 어머니는 시집올 때 몸종을 비롯해 하인 몇 명을 데리고 왔다고 한다."

호암의 학창 시절 학업 성적은 50명 학급에서 35~40등 수준이었으나 산술만은 늘 상위였다. 이맹희 자서전에 의하면 호암은 3자리(100단위)의 곱셈 정도는 암산으로 했고, 임원들이 숫자를 한 번 보고하면 절대 잊는 법이 없었다고 한다.

일본인에 받은 굴욕을 사업보국으로

호암은 1929년 10월 부산항에서 시모노세키로 가는 배를 타고 일본 유학길에 오른다. 배 안에서 같은 고향 출신인 안호상(초대 문교부 장관 역임)을 만났다. 파도가 거세게 일면서 뱃멀미가 고통스러워 이등 선실을 나와 일등 선실로 다가서는 순간 입구에 있던 일본인 형사가 그들을 막아서며 "너희 조센징이 무슨 돈이 있어 일등 선실을 기웃거리느냐? 건방지구나"라고 야단쳤다. 이 순간 호암은 일본 형사에게 받은 굴욕감과 수치심을 반드시 갚겠다고 결심한다. 사업보국으로 반드시 풍족하고 강한 독립 국가를 이룩하겠다고 굳게 다짐한다.

1930년 4월 호암은 와세다대학 전문부 정경과에 입학한다. 이 시기 그는 그 어느 때보다 열심히 강의를 들으면서, 소설은 물론 마르크스의 『정치경제학 비판』, 『자본론』 등 다양한 종류의 책을 읽었다. 강의에 집중하려고 앞자리를 차지하기 위해 남들보다 일찍 등교하는 날도 많았다. 그런 한편 틈만 나면 일본의 크고 유명한 공업 시설을 견학하면서 후일 사업가로서의 안목을 키웠다. 그러나 각기병에 걸려 호암은 눈물을 머금고 학업을 중단하고 이듬해 9월 고향으로 돌아온다.

호암의 학력은 초등학교, 중학교, 대학 과정 모두 중퇴로 마감하는 바람에 정식 졸업 증서가 없다. 훗날 중동중학교에서 명예 졸업장을 받았을 뿐이다. 더 나은 삶을 위해 스스로 결정을 내리고 망설임 없이 행동으로 옮기는 호암에게 학교 졸업장은 큰 의미가 없었다.

그러나 유학 생활에서 우리의 잘못된 관습도 눈에 들어왔다. 그중의 하나가 노비 제도. 그는 집에 얽매어 있던 노비들을 풀어달라고 간청하여 이를 관철시켰다. 이후 고향에 돌아온 호암은 허전한 마음을 달래

1938년 이병철은 자본금 3만원으로 대구에서 삼성상회를 설립했다.

려고 친구들과 놀음판을 벌이면서 실의의 나날을 보냈다. 그러던 어느
날, 어느덧 세 아이의 아버지가 된 호암은 달빛을 받으며 잠들어 있는
아이들을 하나하나 둘러보다가 정신이 번쩍 들었다. 이제는 뜻을 세우
고 앞으로 나아가야 한다고 다짐했다.

호암은 부친에게 사업을 하겠다는 뜻을 밝히고 300석의 재산을 타
내 마산으로 가서 친구 두 명과 함께 1936년 3월 협동정미소를 차린다.
하지만 극심한 불황 때라 우선 곡물을 확보하기 위해 인천 곡물 거래
소 매매에 손을 댔다가 큰 손해를 본다. 호암은 왜 손해가 났는지 곰곰
이 따져보고 이전과는 반대로 값이 오를 때는 팔고, 내릴 때는 사들여
크게 이익을 남긴다.

정미소 사업에 성공한 호암은 이해 8월 히노데(日出)자동차를 인수해
트럭 20대로 운수업을 벌이며, 1937년 토지 사업을 확장하여 200만 평

(660만 ㎡)을 가진 대지주가 된다. 이듬해 자본금 3만 원으로 대구시 수송동에 삼성상회를 설립한 후 조선양조를 인수했다. 1945년 10월 광복 후에는《대구민보》경영에도 참여한다.

국내 첫 사원 공채 시험 실시

1948년 11월 서울 종로 2가에 삼성물산공사를 설립하고 홍콩, 마카오, 싱가포르 등지와 무역 거래를 했다. 사장인 호암이 75%의 돈을 대고 전무 조홍제(후에 효성그룹 창업), 상무 김생기(후에 영진약품 창업) 등이 나머지 25%를 냈는데 2년이 채 안 된 1950년 초 전국 무역 업체 중 랭킹 1위를 차지한다.

1950년 6·25 전쟁 중에 호암은 피란을 못 가고 복통으로 몸져누운 상태에서 피신했다가 12월에 대구로 돌아왔다. 이듬해 임시 수도 부산에서 삼성물산을 설립했고, 1953년 제일제당을, 1954년에 제일모직을 잇달아 설립했다. 전시 체제에서 국민 생활에 가장 긴요한 물품 생산이 뭔지를 깨닫고, 우선 수입 대체 산업부터 일으키기로 한 것이다.

1957년에는 국내 최초로 사원 공개 채용 시험을 실시했고 한일은행, 안국화재, 조흥은행 등을 잇달아 인수했다. 또 호남비료, 한국타이어, 삼척시멘트 등의 주식도 사들여 여러 기업의 대주주가 됐다. 이때부터 호암은 '한국 최초의 재벌', '한국 제일의 기업주'로 불린다.

1961년 5·16 군사정변이 일어나자 일본에 머물던 호암은 급히 귀국하여 군부 실세인 박정희 국가재건최고회의 부의장 등에게 재계 대표로서 경제 개발 계획 방안과 재계의 협조책을 제시해 적극적인 호응을

1983년 애플 사장 스티브 잡스(왼쪽 두 번째)가 최신 메모리 반도체를 구하기 위해 한국을 찾아 이병철 회장(왼쪽)을 만났다.

이끌어낸다. 이런 노력을 통해 부정 축재 혐의로 구속된 경제인 11명을 석방시킨 데 이어 한국경제인협회(지금의 전경련) 초대 회장에 취임한다.

공수래공수거

호암은 그 후 1964년에 동양방송 TBC를, 이듬해에는 《중앙일보》를 세우는 등 미디어 사업도 벌인다. 그러나 당시 가장 높은 시청률을 보였던 TBC는 1980년 전두환의 신군부에 의해 통폐합되었고, 《중앙일보》는 1999년에 삼성에서 떨어져 나왔다.

호암은 1966년에는 느닷없이 터진 사카린 밀수 사건에 휘말려 모든 것을 잃을 뻔한 위기에 처하기도 한다. 그때 호암은 자신의 돈으로 한국비료를 완공해 국가에 헌납하기로 한다.

"하지만 한 번도 나라를 원망해본 적은 없었다. 호암은 늘 '나라가 없으면 아무것도 없다. 캄보디아, 베트남을 보라. 나라가 부강해야 기업도 잘될 수 있다. 나는 항상 나라 걱정을 하면서 삼성을 경영해 왔다'며 사업보국을 강조했다."[21]

1970년대 두 차례의 석유 파동을 겪으며 호암은 우리나라의 취약한 경제 체질을 실감한 데다, 1976년 위암 수술 후 투병 생활을 하며 기업과 국가를 위한 마지막 봉사로 반도체 사업에 승부를 걸기로 한다. 호암은 선우휘《조선일보》논설 고문과의 대화[22]에서 다음과 같이 밝히고 있다.

"톤당 부가 가치를 보면 철은 340달러, 석탄 40달러, 알루미늄 3,400달러, 텔레비전 2만 1,300달러, 반도체는 85억 달러, 소프트웨어 426억 달러, 뭘 해야 할 건지 분명하게 안 나오느냐 이거지."

그러나 1983년 호암이 도쿄에서 만난 수많은 반도체 전문가와 사업가들 대부분은 반도체 사업에서 지금 손을 떼지 않으면 후회할 것이라고 경고했다. 당시 반도체는 생산 원가에도 못 미치는 선에서 거래가 이루어지고 있었기 때문에 재고품 처리에 골머리를 앓고 있었다. 그래서 삼성 임원들도 완강히 반대했다. 임원들이 위험한 선택이라고 반대할 때마다 호암은 강하게 말했다.

"사업에는 항상 위험이 따릅니다. 그 위험을 이겨내야만 삼성의 미래가 열립니다."

21   김찬웅, 앞의 책
22   《월간조선》 1984년 신년호.

1985년 반도체 생산라인을 둘러보는 이병철 회장.

호암은 반도체 사업 육성을 통해 국민 기업으로서 틀을 다지고, 세계적 기업의 위상을 확립한다. 호암은 1987년 11월 19일 서울 한남동 자택에서 별세하여 경기도 용인군 호암미술관 인근 선영에 안장됐다. 그가 숨진 내실 벽에는 "空手來空手去(공수래공수거·빈손으로 왔다가 빈손으로 간다)"란 액자가 걸려 있었다.

호암이 다지고 이건희가 꽃피우고

호암의 지인들은 호암의 판단에 공감하고 반도체·컴퓨터 사업에 열의를 보인 자식은 3남 이건희뿐이었다고 꼽고 있다. 관련자들은 오늘의 삼성전자가 메모리 반도체 분야에서 세계 1위 자리에 오른 것은 호암과 아들 이건희 회장의 합작품이라고 설명한다. 호암이 다진 기반 위에 이건희 회장이 꽃을 피웠다는 것이다. 다음은 강진구 삼성전자 전회장의 설명이다.

"1974년에 이건희 당시 부회장은 부도가 난 한국반도체를 인수하여 반도체 사업을 시작해야 한다고 선대 회장에게 건의했습니다. 선대 회장은 회사 규모가 너무 작아 인수를 꺼리자 이건희 회장이 '반드시 반도체 사업을 해야 한다'며 중요성을 역설했고, 개인 자금을 동원해 이 회사를 인수했습니다. 이건희 회장은 '전자 회사가 반도체를 안 하면 엔진 없이 자동차 사업 하는 것이나 마찬가지'란 생각을 가지고 있었어요."[23]

이건희는 1942년 1월 9일 대구에서 호암과 박두을 사이의 3남 5녀 중 셋째 아들로 태어났다. 유치원에 들어가서는 주로 까만 고무신을 신고 다녔는데, 어쩌다 흰 고무신이 생기면 아끼려는 마음으로 한구석에 숨겨 놓았다고 한다.

호암이 1947년 대구에서 상경하여 사업을 확장함에 따라 이건희는 1949년 종로구 혜화초등학교에 입학한다. 6·25 전쟁 후에는 집안을 따라 마산에서 다시 초등학교에 다니다가 대구로 전학했고 이어 부산에서도 두 번 전학했다. 부산사범부속초등학교 시절, 4~5학년을 함께 다녔던 권근술 전 한겨레신문 사장의 회고다.

"건희가 천장에 매달면 끈을 물고 빙빙 돌아가는 비행기, 레일 위를 달리는 모형 기차 등 당시로서는 구경하기도 힘든 장난감을 가져와서 함께 놀던 생각은 나는데, 말이 없고 장난도 잘 치지 않는 아이라 다른

---

23 조동성, 앞의 책.

기억은 거의 없다."[24]

어린 이건희에게 장난감들은 갖고 노는 데 그친 것이 아니라 뜯어보고 다시 복원하는 과학 탐구의 대상이었다. 이 같은 취미는 그가 반도체 사업을 떠맡아 경영할 때까지도 줄곧 지속되어 그는 카메라를 뜯어보기도 하고 VTR, 심지어는 자동차까지도 뜯었다가 조립할 수 있는 경지에까지 이르게 됐다.

이건희는 부산사범부속초등학교 5학년 때 도쿄로 유학을 가 와세다대학에 다니던 둘째 형과 생활하며 도쿄의 초등학교에 다녔다. 처음 1년 동안 일본어를 배우느라 고생했는데 객지 생활의 외로움을 영화 보기로 달랬다. 유학 시절 무려 1,200~1,300편에 이르는 영화를 본 꼬마 영화광이었다. 수요일이나 토요일 오후, 일요일이나 쉬는 날에는 종일 밤 10시까지 샌드위치를 사 먹으면서 영화를 본 날이 많았다.

이건희는 초등학교 2년과 중학 1년을 합쳐 3년간 일본에 머물면서 한국계 프로 레슬러 역도산에 심취했다. 일본에서 귀국한 후에는 서울사대부중에 편입했고 사대부고에 진학했다. 사대부고에서는 레슬링부에 들어가 2학년 말까지 웰터급 선수로 전국 대회에 나가 입상을 하기도 한다. 체육인으로서의 그의 꿈은 1996년 IOC(국제올림픽위원회) 위원이 되면서 화려하게 성취된 셈이다.

24 홍하상(2003), 『이건희』, 한국경제신문사.

레슬링으로 단련한 체력

그가 이틀씩 밤을 새우고 10시간의 마라톤 회의를 할 수 있었던 것이나 골프장에서 무려 1,500개의 공을 치면서 연습에 몰두할 수 있었던 것은 레슬링으로 단련된 체력 덕분이다. 그가 즐겨 하는 운동은 골프, 승마, 탁구 등이었다.

1987년 호암의 뒤를 이은 이건희 제2대 삼성그룹 회장은 과감한 투자와 혁신, 1등 품질주의로 삼성전자를 '세계 1위 전자 회사'로 이끌었다. 세계 경제에서 별다른 주목을 받지 못하던 변방 한국 기업이 글로벌 1위 기업이 될 수 있다는 자신감을 불어넣고 이를 현실화한 혁신적 기업인으로 평가받고 있다. 제2의 창업을 위해 1993년 독일 프랑크푸르트에서 삼성전자 임원들을 소집해 "마누라와 자식 빼고 다 바꾸라"라는 파격적인 신경영 선언을 하기도 했다.

"한 명의 천재가 20만 명을 먹여 살린다"며 '인재 경영'을 강조한 이회장은 IOC 위원으로 2018년 평창 동계올림픽 유치에도 큰 몫을 했다.

그러나 이 회장은 2014년 5월 급성 심근경색중으로 의식을 잃었고 6년 5개월 동안의 투병 끝에 2020년 10월 25일 서울 일원동 삼성병원에서 별세하여 경기도 수원시 선영에 안장됐다. 그는 유산 26조 원 중 60%를 사회에 환원하였으며, 감정가 1조 원이 넘는 국보·보물 문화재 60건 등 이건희 컬렉션을 내놓아 국민을 감동시켰다.

호암 이병철·이건희의 가계

호암은 박두을 씨와 사이에 3남 5녀를 두었다. 장남 맹희(작고·도쿄농대 졸업, 미시간주립대 공업경영학 박사, 삼성그룹 부사장 역임) 씨는 손영기 전 경기도지사의 장녀 손복남(작고·이화여대, 미시간주립대 아동복지학과 졸업) 씨와 결혼하여 2남 1녀를 두었다. 장녀 미경(63·하버드대 석사, 상하이 푸단대 역사교육학 박사) 씨는 CJ그룹 부회장이다. 장남 재현(61·고려대 법대 졸업) 씨는 CJ그룹 회장으로 김희재(61·이화여대 장식미술과 졸업, 김만조 전 연세대 교수 딸) 씨와 결혼했다. 차남 재환(59·재산커뮤니케이션즈 대표) 씨는 민재원(52·민기식 전 국회의원 딸) 씨와 결혼했다.

호암의 차남 창희(작고·와세다대 졸업, 새한미디어 회장 역임) 씨는 이영자(84) 씨와 결혼하여 3남 1녀를 두었다. 장남 재관(59) 씨는 전 새한그룹 부회장으로 김희정(56·동방그룹 김용대 회장 딸) 씨와 결혼하였으며, 차남 재찬(작고) 씨는 전 새한미디어 대표이사로 최선희(55·최원석 전 동아그룹 회장 딸) 씨와 결혼하였고, 3남 재원(56) 씨는 전 새한정보시스템 대표이사로 김지연(53·김일우 서영주정 회장 딸) 씨와 결혼했다. 딸 혜진(54) 씨는 래딕스글로비스 대표인 조명희(58·디엠퓨어텍 대표, 조내벽 전 라이프그룹 회장 아들) 씨와 결혼했다.

호암의 3남 건희(작고·와세다대 졸업) 씨는 삼성전자 회장으로, 법무부 장관과 내무부 장관을 지낸 홍진기 씨의 장녀 라희(76·서울대 응용미술학과 졸업) 씨와 결혼하여 1남 3녀를 두었다. 장남 재용(53·서울대 동양사학과 졸업, 게이오의숙대학원 경영학 석사) 씨는 삼성전자 부회장이며, 장녀 부진(51·연세대 아동학과 졸업) 씨는 호텔신라 사장이며, 차녀 서현(48·미 파슨스디자인스쿨 졸업) 씨는 삼성복지재단 이사장으로, 김재열(53·스탠퍼드대 MBA·동아일보 김병관 회장의 차남) 씨와 결혼했다. 재열 씨는 삼성경제연구소 글로벌전략실장 사장직을 맡고 있다.

호암의 장녀 인희(작고·이화여대 가정과 중퇴, 한솔 고문 역임) 씨는 조운해(96·경북대 의대 졸업, 강북삼성병원 이사장 역임) 씨와 결혼하여 3남 2녀를 두었다. 장남 조동혁(71) 씨는 한솔 명예회장으로, 이정남(68·이창래 서우통상 회장 딸) 씨와 결혼하였으며, 차남 동만(68) 씨는 한솔아이글로브 회장으로, 이미성(65) 씨와 결혼하였고, 3남 동길(66) 씨는 한솔그룹 회장으로, 안영주(63·안영모 전 동화은행장 딸) 씨와 결혼했다. 장녀 옥형(61) 씨는 권대규(64) HS창업투자 부사장과 결혼하였으며, 차녀 자형(60) 씨는 빈센트 추(62·대만계 미국인) 씨와 결혼했다.

호암의 차녀 숙희(86) 씨는 구자학(91) 아워홈그룹 회장과 결혼하였으며, 3녀 순희(83) 씨는 김규 전 서강대 교수와 결혼했다.

호암의 4녀 명희(78·이화여대 졸업) 씨는 신세계그룹 회장으로, 정재은(82·컬럼비아 대학원 졸업, 조선호텔 명예회장) 씨와 결혼하여 남매를 두었다. 아들 용진(53·미 브라운대 경제학과 졸업) 씨는 신세계그룹 부회장으로, 플루티스트 한지희(41·빈국립음대 예비학교 졸업, 한상범 전 대한항공 부사장 딸) 씨와 결혼하였으며, 딸 유경(49) 씨는 ㈜신세계 부사장으로 경기초교 동창 문성욱(49·시카고대 경제학과 졸업, 신세계인터내셔널 부사장) 씨와 결혼했다.

호암의 합리주의에 이건희 세계화 접목시켜

최종태 서울대 경영대 명예교수

호암 이병철은 기업을 통하여 국가와 인류 발전에 공헌해야 한다는 지사적 기업관을 가진 인물이다. 호암은 사업을 추구함에 있어 사업보국의 자세를 가짐과 동시에, 내적인 경영 관리에 있어서는 합리성에 바탕을 둔 제도적 관리를 강조하였다. 그 결과 '조직의 삼성'이라는 호칭을 얻게 되었다. 또 인재를 중시하는 경영 관리를 해왔다. "기업은 사람이다"라는 말처럼 기업을 움직이는 사람을 육성하는 데 남다른 노력을 기울였다.

호암이 합리주의적 경영자라면 이건희는 그러한 합리주의에다 기업의 세계화를 체계적으로 접목시킨 경영자라고 하겠다. 별세한 호암의 뒤를 이은 그는 기업의 수성에 그치지 않고 '매출액 50조 원' 시대를 열었다. 이 같은 실적을 바탕으로 1993년 이후 국내 전 부문에 큰 충격을 던진 '이건희 선언'을 주창했다. "마누라와 자식만 빼고 다 바꿔보자"라면서 신경영을 위한 발상의 대전환을 요구한 것이다. 21세기 세계에서는 세계 초일류, 세계 유일의 기업만이 살아남을 수 있다는 인식에서 출발한 것이다. 기업인으로서의 이건희는 호암의 보국 기업관에 이어, 기업의 이윤만을 추구하지 않고 소비자 대중의 행복과 건강한 사회를 지향해왔다고 본다.

10
한국 섬유 산업의 역사를 쓰다
[부방그룹] 묵민 이원갑

묵민 이원갑

1914년	2월 20일 경북 경주시 강동면 양동리에서 태어남
1926년	양동보통학교 졸업
1931년	중앙고보 졸업
1949년	부산방직공사 인수
1964년	부산방직공업으로 개칭
1976년	부산상공회의소 부회장
1989년	7월 13일 별세

 묵민(黙民) 이원갑(李源甲)은 부방그룹 창업주로 1914년 2월 20일 경
북 경주시 강동면 양동리에서 부친 이석면과 모친 조현고 사이의 4남
매 중 장남으로 태어났다. 묵민이란 아호는 생전에 절친했던 이동욱 동
아일보 주필이 지어주었다고 한다.
 일제의 귀속 재산인 섬유 회사 부산방직에서 출발한 부방그룹은 사
양 산업의 그늘에서 벗어나 전기밥솥 쿠첸을 만드는 전기 기자재 산업
과 선박평형수(船舶平衡水)를 다루는 첨단 환경 산업으로 환골탈태했
다. 특히 선박평형수 기업인 테크로스는 2015년 부산 공장을 준공하

고, 2019년 LG전자로부터 관련 환경 서비스를 인수하면서, 세계 최대의 선박평형수 제조 시설을 갖춘 세계 점유율(17%) 1위의 강소기업으로 부상하였다. 선박평형수는 배의 균형을 유지하기 위해 배 밑에 담는 물로, 해운 업계에서는 비용 절감을 위해 오염수로 채우고 이를 바다에 버려 커다란 오염원이 되어왔으나 근래에는 국제해사기구가 청정수로 선박평형수를 쓰도록 엄

1961년 연세대학교 졸업식장에서 이원갑 회장과 아들 이동건.

격히 관리하면서 첨단 환경 산업으로 발전하게 되었다.

묵민이 회재(晦齋)의 14대손으로 태어난 양동리는 유교식 양반 마을을 대표하는 곳으로, 1992년 영국의 찰스 황태자가 다녀가 세계적 명소로 부각되었고, 이후 유네스코 세계유산으로 등재되기도 하였다. 이곳은 조선조 5현의 한 분인 회재 이언적(李彦迪)의 출생지이며, 그의 외숙인 우재(愚齋)의 출생지이기도 하다. 회재는 여주(麗州) 이씨이고, 우재는 월성 손씨이다. 우재가 출생한 월성 손씨 대종가 서백당(西白堂)에서 외손인 회재가 태어났으며, 두 학자를 키워낸 마을로도 유명하지만 조선조 500년 국반(國班)의 위신을 지켜온 마을답게 마을 안에는 16개에 달하는 보물 또는 중요민속자료로 지정된 건물이 위치하여 운치를 더하고 있다. 특히 오늘날에도 월성 손씨 대종가와 여주 이씨 대종가에는 양반 대가의 품위를 오롯이 간직하고 있어, 1982년 방한한 세계 굴지의 인류학 석학 레비스트로스는 서백당에서 2박을 하면서 칠첩반상가의 정식 식사를 대접받았고 유교적 생활의 일단을 엿보기도 하였다.

인촌 김성수를 멘토로

묵민은 1926년 양동보통학교를 마치고 서울 중앙고보로 진학한다. 최두선(국무총리 역임) 교장 시절 담임 선생님은 변영태(외무부 장관 역임) 씨, 당시 교우로는 윤택중 전 문교부 장관, 김재열(김병로 전 대법원장 차남, 김종인 전 국민의힘 대표 선친) 씨 등이 꼽힌다. 묵민의 장남 이동건(李東建) 부방그룹 회장의 말이다.

"중앙고보 시절 인촌 김성수 선생의 사랑을 듬뿍 받으셨다고 해요. 저도 어머니 심부름으로 계동의 인촌 선생 거처를 찾아 우리 집에서 담근 김치며 된장을 이아주 사모님께 갖다 드려 귀염을 받기도 했지요. 그런 영향 때문인지 저도 인촌 선생님처럼 살려고 힘써왔습니다. 그분의 공선사후(公先私後), 신의일관(信義一貫) 정신을 제 인생의 지침으로 삼아왔지요. 인생살이에서 난관에 봉착할 때면 저는 주저 없이 인촌 선생님이라면 어떻게 하셨을까 하고 돌아보면 좋은 방안이 떠오르고 늘 든든한 등불이 됩니다. 인촌 선생님이 아호를 그분의 고향에서 따오신 대로 저도 제가 태어난 동네 이름대로 양촌(良村)으로 지었습니다."

묵민은 일본대학 법과를 중퇴하고 귀국하여 금융 기관에 몸을 담았다. 광복 이후에는 동해철공, 경주흥업, 조선제마방적 등을 경영하였고, 이런 경영 실적을 인정받아 1953년 귀속 사업체인 제마방적을 불하받았다. 제마방적은 원래 일제 강점기에 일본인이 세운 기업이었다. 일본 도쿄에 본점을 둔 제국제마(帝國製麻) 부산제포공장이 그것이며, 1934년에 일본 자본에 의해 설립되었다.

당시의 위치는 부산진구 가야구(현 가야 유림아파트 자리)에 있었다. 그러나 일본인들이 소유하고 있었던 기업들은 광복 직후 귀속 사업체로 관리되다가 한국인에게 불하되었다. 대체로 관리인들이 불하를 받던 당시 상황에 비춰볼 때 묵민은 불하를 받기 전 제국제마의 관리인으로 있었던 것 같다.

제국제마를 불하받은 묵민은 1949년 회사 이름을 부산방직공사로 바꿨다. 이어 1953년에 자본금 5억 환(당시 화폐 단위)으로 법인체를 설립하여 ㈜부산방직공사로 개칭하였다.

광복 직후 귀속 사업체로 있다가 불하된 기업의 경우 부침이 매우 심하였다. 중도에 없어진 기업도 많았으나 부산방직공사는 성공적으로 기업 가치를 유지하고 성장하였다. 사장인 묵민과 종업원들이 합심하여 열심히 노력한 덕분이었다. 제국제마는 일본인이 설립했지만 근로자 중에는 한국인이 많았다. 이들은 부산방직공사로 된 뒤에도 그대로 머물면서 일을 하고 기술을 발전시켰다.

노사 하나로 회사를 살리다

귀속 사업체들이 경영인과 종업원들 사이의 불화로 경영난을 겪었던 사례가 비일비재하였던 상황에서 부산방직공사는 노사가 일체를 이루어 회사를 살려 나갔다. 이 회사가 다른 귀속 사업체들과는 달리 회사 설립일을 불하받은 날로부터 설정하지 않고, 원래 일본인이 세웠던 연월일을 그대로 사용하고 있는 것도 그런 이유라고 하겠다.

부산의 귀속 섬유 업체로서 전국적인 시설 규모를 자랑했던 조선방직과 조선견직 등도 오래 버티지 못하는 상황에서 부산방직공사가 이처럼 꿋꿋하게 성장할 수 있었던 저변에는 설립자인 묵민의 경영 철학

1994년 5월 25일 부산방직공업 창립 60주년 및 공장 신축 이전 기념식.

이 비팀목이 되었다. 묵민은 '신뢰와 투명 경영'의 철학을 가지고 경영하였다. 단 한 번도 가공 비용이나 인건비를 미룬 적이 없었다. 묵민이 사장으로 있는 동안 단 한 차례의 물품 지급 지불 연장이나 노사 분규도 없었다. 회사에서는 담당자에게 전권을 위임하여 소신껏 일하게 하였다.

이러한 투철한 경영은 숱한 화제를 낳으면서 사회적 신뢰를 쌓아갔다. 정도를 걷는 경영이 외부에 널리 알려지면서 은행과 거래처들도 '부산방직공사는 절대로 부도가 나지 않을 것'이라는 믿음을 가지게 되었다. 심지어 부산방직공사에 소속된 회사 관계자의 지장을 찍은 어음이 재래 시장과 사채 시장에서 지불 수단으로 돌아다니면서 다른 기업들이 발행한 어음보다 인기가 높을 정도로 부산 지역에서 신용을 확보하였다.

묵민은 선비 정신이 몸에 밴 사람이었다. 근면과 검소가 그의 생활

신조였는데, 이러한 정신은 경영에 그대로 반영되었다. 묵민은 기업 규모가 너무 크면 좋은 경영을 할 수 없다고 생각하였다. 기업이 너무 커지면 한눈에 들어오지 않기 때문에 알맞은 경영을 펼칠 수 없다는 것이 그의 철학이었다. 이러한 생각을 가지고 양이 아닌 질 위주의 경영을 도모하였다. 묵민은 항상 무리하게 기업을 키우려 하지 말고 한 우물을 파면서 잘해나가야 한다고 강조하였다.

이처럼 무리하지 않는 경영 방식 때문에 부산방직공업의 외형은 오랜 역사에도 불구하고 크게 성장하지 않았다. 창립 60주년이었던 1994년에도 종업원 420명에 매출 300억 원 규모였는데 이후 종업원 규모는 오히려 더 작아졌다.

미국 유학 간 아들에 SOS!

그러나 생산 시설과 연구개발 투자는 과감했다. 꾸준히 시설을 현대화하고 제품을 개발하였다. 8·15 광복과 6·25 전쟁을 전후해서는 홍콩, 마카오 등지에서 밀수되던 파일 오바지(털코트)를 개발하여 외화 절약에 기여하였다. 캐시미어 앙고라 특수지, 특수모 이중지 등 고부가가치 제품을 잇달아 개발하였다. 1962년에는 모직물 가공 설비를 확충하여 방모직물 일관 작업을 시작하였다. 기술 개발과 시설 개체를 꾸준히 한 뒤 1964년에는 부산방직공업으로 개칭하였다.

그러나 회사 확장으로 부채가 늘어났다. 묵민은 미국에 유학 가서 막 자리 잡으려던 장남 양촌 이동건에게 급거 귀국을 명한다. 귀국해 수습에 나선 양촌은 부친을 포함한 4인이 회사 지분을 25%씩 분점하고 있는 암담한 사실을 확인했다. 양촌은 단계적으로 빚을 갚아가기로 하고 여러 해에 걸쳐 한 명 한 명 지분을 정리해 빚더미에서 벗어나게 되었다. 유학에서 돌아온 후 15년간 미국행을 하지 않고 노심초사한 결과였다.

묵민은 기술 개발의 성과로 1975년에 국제양모사무국 울마크 사용권을 획득하였다. 1984년에는 부산방직공업 마산 공장(방모기 5대)을 설립하였다. 아울러 묵민은 1976년 부산상공회의소 부회장에 선출되었으며, 방모협동조합 이사도 맡았다. 그러면서 2세 승계와 본사 이전을 준비하였다. 1981년 묵민은 경영 일선에서 물러나 회장에 취임하고 경영은 장남인 이동건 사장에게 맡겼다. 이때 부산방직공업 계열 기업으로는 삼신상사와 국제전열 등이 있었다. 묵민은 1984년 조세의 날 기념식에서 석탑산업훈장을 받았다.

경영 일선에서 물러나고도 사하구로 본사 이전을 독려하면서 아들의 경영을 지켜보던 묵민은 1989년 7월 13일 별세, 경주시 강동면 안계리 선영에 안장됐다.

"선친께서는 용두사미로 끝내는 것을 아주 싫어하셨지요. 특히 가족에 대한 책임감을 늘 강조하셨어요. 당신께서 성격이 급하시니까 '나를 닮지 말고 유하게 살라'고 하셨어요. 제 중학 시절에만 해도 TV는 없었고, 제 친구가 제니스 라디오를 훔쳐갔어요. 선친께서는 그 사실을 알면서도 발설하지 않았지요. 나중에 대학 때 그 친구가 잘못을 사과하더군요."[25]

묵민은 자신이 부회장을 맡았던 부산상공회의소 사무국 직원들을

---

25 묵민의 장남 이동건 회장.

위해 뜻있는 일을 하라는 유지를 남기고 작고했다. 그 뜻을 받들어 유가족들은 당시 장례식을 치르면서 모은 부의금 5,000만 원을 부산상공회의소에 기탁하였다. 상당한 기금이 조성됐지만 당시에는 구체적인 기금 운영 방안을 찾지 못하다가, 묵민의 손녀인 희정 씨가 1999년에 2,300만 원을 추가 기탁하면서 묵민장학회가 설립되었다. 이후 아들인 이동건 회장이 2002년에 2,350만 원을 추가 기탁하는 등 보완 노력을 통해 2010년에는 2억 4,000여만 원의 기금이 적립되었다.

1993년 부방은 사하구 신평 공장을 신축 완공하고 본사를 사하로 이전하였다. 묵민의 오랜 노력이 마침내 사하에서 결실을 본 것이다. 부방은 1995년에 코스닥에 등록하였으며, 장외시장 종목 중 주당 순이익이 가장 좋은 종목으로 꼽히기도 하였다.

부방은 모직물 직조업을 주요 업종으로 하여 순모와 캐시미어, 알파카, 앙고라, 모헤어, 카멜 등의 특수 모직물 및 기타 소모, 방모 직물을 생산하고 있다. '비비 퀀텍스'는 오랜 전통의 상표이다. 1996년부터는 의류사업부를 신설하여 고품질 의류 제품을 생산하고 있다. 의류 부문은 방글라데시 등 현지 임가공을 통해 남성복과 여성복, 니트, 다운 재킷 등을 생산하여 국내 판매 및 일본 수출을 병행하고 있다.

작지만 알차게

섬유 산업은 전성기를 지나 사양 산업이라는 말을 듣고 있다. 그런 목소리에도 불구하고 부방은 모직물 제조의 한길을 걸어오면서 중소기업으로서의 면모를 유지하고 있다. 이는 선비 정신을 바탕으로 다른 것

2009년 1월 21일 미국 샌디에이고에서 열린 국제로타리협의회에서 빌 게이츠 의장과 함께한 이동건 회장.

을 욕심내지 않고 작지만 알차게 일을 해야 한다는 묵민의 경영 철학 때문일 것이다. 부산에서 설립된 가장 오래된 기업의 하나로서 부방은 앞으로 100년 기업을 향해 나아가고 있다. 한길을 걸어야 한다는 묵민의 철학은 많은 부산 기업들의 귀감이 되고 있다.

"선친의 이런 창업 정신을 우리 후예들은 굳건히 이어갈 것입니다. 따라서 시대 추세에 맞는 업종 선택을 하면서도 창업 당시의 향토 기업으로서의 모습은 100년 기업으로 남겨질 것입니다."[26]

부방가는 이러한 기업 경영 정신을 기업 봉사로 이끌어가고 있다. 묵민이 로타리클럽 부산·경남 지역 총재를 지낸 데 이어, 아들 양촌은 국제로타리클럽 회장을 역임하였으며, 이어 손자 대희 씨까지 3대가 로타리클럽 회장직을 맡는 진기록을 남기고 있다.

26   묵민의 장남 이동건 회장.

묵민 이원갑의 가계

묵민은 정임순(작고) 씨와 사이에 남매를 두었다. 장남 동건(83·연세대 정치외교학과 졸업) 씨는 정영자(76·이화여대 생활미술과 졸업) 씨와의 사이에 2남 2녀를 두었다. 양촌의 장남 대희(50·미 클라크대 경영학과 졸업) 씨는 전 부방 부회장으로 고주희(46) 씨와 결혼하였으며, 차남 중희(47·미 컬럼비아대 MBA) 씨는 부방 전략기획 담당 사장으로 이의진(42) 씨와 결혼하였다.

양촌의 장녀 희원(53·조지워싱턴대 박물관학 석사) 씨는 스위스그랜드호텔 사장 이윤기(54·이우영 스위스그랜드호텔 회장 아들) 씨와 결혼하였으며, 차녀 희정(52·미 컬럼비아대 음악교육학 박사) 씨는 허세홍(52·허동수 GS칼텍스 명예회장의 아들) GS칼텍스 사장과 결혼했다.

| **내가 본 부방가** |

3대가 국제로타리 활동,
노블레스 오블리주의 본보기

유장희(경제학자·전 동반성장위원장)

《주간조선》에서 '한국의 명가'의 이번 순서로 이동건 회장 가문을 선정했다고 해서 나는 쾌재를 불렀다. 국내적으로나 국제적으로 이만큼 반듯하고 모범적인 집안을 발견하기가 쉽지 않기 때문이다. 일찍이 광복 후 해방공간에 선대 이원갑 회장께서 낙후된 한국의 섬유 산업을 과감히 일으키시고 이를 수출 산업으로까지 키웠으며, 나아가 우리나라 각종 의류 산업에 원단을 제공하는 산업의 기초를 다지신 분이라는 것은 잘 알려진 사실이다.

이 사업을 온전히 이어받아 잘 육성하였으며 방직 산업을 기반으로 하여 가전 산업, 환경 산업 등으로 회사를 발전시킨 2대 이동건 회장, 그 뒤를 이어 열심히 기업을 발전시키고 있는 3대 이대희 부회장·이중희 사장 등이 기 업계에서 타의 모범이 되는 집안이라고 생각한다.

이 집안의 업적 중 가장 돋보이는 것은 이동건 회장이 미국 시카고에 본부를 두고 있는 국제로타리 회장을 역임했다는 점이다. 110년의 역사와 전 세계 120만 명이 넘는 회원을 거느리고 있는 이 기구는 세계 평화, 복지, 보건, 재난 구호, 청소년 교육, 환경 보전에 이르기까지 많은 분야에서 눈부신 업적을 남긴 순수 민간 봉사 단체이다.

이 세계적 기구를 이끄는 수장에 우리나라 사람이 뽑혔다는 것은 여간 대단한 일이 아니다. 2006년 국제로타리 회장 지명 위원회는 까다로운 절차를 거쳐 이동건 한국 전 3650지구 총재를 전 세계 회장으로 선임한 것이다. 이 회장은 3년 동안 미국 시카고 본부에 주재하면서 많은 업적을 남겼다. 특히 제3 세계권 국가의 어린이들을 위해 수많은 교육 기관을 세워주고 그들의 건강도 지켜주는 데 눈부신 봉사를 하였다.

이동건 회장은 우리나라가 국격을 부쩍 높이는 데 큰 역할을 하였다. 지금도 후배 로타리인들이 로타리 설립 때의 초심을 잃지 않고 적극 매진하도록, 국내외에 걸쳐 정신적 지주 역할을 하고 있다. 기업인으로서 당연히 이윤 추구가 목적이겠으나 초아(超我)의 봉사를 통해 인류애를 구현하겠다는 이동건 회장 가문이야말로 노블레스 오블리주를 실천에 옮긴 좋은 본보기라고 생각한다.

'영화광'이 굴지의 기업을 일구기까지

[벽산그룹] 벽산 김인득

벽산 김인득

1915년	8월 17일 경남 함안군 칠서면에서 태어남
1932년	운현의와 결혼
1934년	마산공립상업학교 졸업, 마산 내서금융조합에 입사
1943년	진주상공회의소 업무과장으로 전직
1958년	전국의 영화 체인망을 장악한 영화왕으로 등극
1962년	숭동교회 장로 장립
1972년	벽산그룹 회장 취임
1974년	한국기독실업인회 회장
1997년	7월 10일 서울에서 별세

　벽산(碧山) 김인득(金仁得)은 다방면에 걸쳐 뚜렷한 족적을 남긴 기업인으로 평가받는다. 일제하 지방 금융조합 직원에서 출발한 그는 단성사, 중앙극장을 비롯한 전국 영화 체인망을 장악해 한때 '영화왕'으로 불렸다. 이어 동양물산, 한국슬레이트, 벽산건설 등 굴지의 기업군을 일구고 새마을운동 실업가로 농촌 진흥에 앞장서기도 했다. 만년에는 한국기독실업인회 회장으로 취임해 박정희 대통령 집권 말기 지미 카터 미국 대통령의 주한 미군 철수론에 맞서는 전미 순회강연을 감행했

다. 이로 인해 한미 동맹을 다지는 민간 외교에 앞장섰던 애국지사라는
평가도 받는다.

벽산은 1915년 8월 17일 경남 함안군 칠서면 무능리에서 농사를 짓
던 부친 김상수와 모친 박차연 사이의 4남 2녀 중 장남으로 태어났다.
그의 아호 벽산은 집안 어른이 '푸른 산처럼 기개 있게 살라'는 뜻에서
지어준 것이라고 전해진다. 그는 서흥 김씨 24세손으로 선조 중에는
동방 5현으로 꼽히는 김굉필이 있다. 김굉필은 조광조, 이황, 이언적의
스승이었던 조선조 정통 유학자이다.

어려서부터 터득한 집념의 삶

벽산은 다섯 살 때 맞은 3·1 독립운동에 대해 회고록 『내 집을 채
우라』에 이렇게 적고 있다. "어느 날 많은 사람이 손에 손에 깃발을 들
고 뛰어다니면서 '대한 독립 만세'를 외쳤던 것이다. 아직도 거풀진 땅
의 밑바닥 속에서 솟구쳐 나올 것 같은 3·1 만세의 함성은 눈을 감아
도 환히 보이는 것 같다. 그러면서도 일제 치하의 전통적 제사가 끊이
지 않는 집안에서 자란 나는 이 아름다운 씨앗들을 나도 모르도록 오
랜 세월 동안 가슴에 꽁꽁 동여매야만 했다."

벽산은 동네 서당에서 천자문을 배우다가 아홉 살 때 칠서보통학교
에 입학한다. 이후 3수 끝에 마산공립상업학교에 진학하면서 어려서부
터 집념의 삶을 터득한다. 그가 세 번째 도전했던 고교 입시는 어느 해
보다 경쟁이 치열하여 경쟁률이 15 대 1이나 됐다.

"마산상업에 입학하여 1학년 교과서를 펼쳤을 때 '남과 같이 해서는

남 이상이 될 수 없다', '네가 초목과 같이 썩을 수 있겠느냐?'는 글을 보며 큰 감동을 받았다."[27]

마산상업에 진학하고 1년쯤 지나 벽산은 동네 윤 부자의 딸 윤현의와 결혼한다. 아내는 열심히 하나님을 믿는 신앙인이어서 벽산의 생애에 큰 영향을 미쳤다. 마산상업 시절 벽산은 항상 단정하고 조용하게 행동하면서 힘 있는 억양의 미남 학생이란 평을 들었다. 학업 성적도 우수한 편이어서 전국 주산 대회에서 우승도 차지했고 서예 전시회에선 항상 최고의 영예를 안았다. 스포츠에서도 뛰어난 재질을 발휘하여 농구에서 센터, 축구는 키퍼, 탁구에서는 학교 대표선수로 활약하였다.

1934년 벽산은 학교 추천으로 마산의 내서금융조합에 입사한다. 7명의 직원은 거의가 전문학교 또는 갑종(5년제) 상업학교 출신이어서 그 역시 말단 자리에서 일을 시작했다. 조합 이사는 일본인 장교 출신으로 '불칼'이라는 별명이 붙을 정도로 성미가 급하고 강직한 데다 일밖에 모르는 위인이었다. 까다롭고 빈틈이 없어 밑에서 일하던 한국인들은 두세 달을 견디지 못하고 뛰쳐나갔을 정도였다.

벽산은 그곳에서 한국인이란 자각을 하기 시작했다. 당시의 현실은 조국의 비극을 생각하게 했다. 조국 잃은 설움에 무학산 기슭에 올라 봄날의 황혼을 바라보며 목놓아 울기도 했다. 그러던 중 문득 꿀벌의 발에 꽃가루를 묻혀 번식을 유도하는 식물의 지혜가 떠오르면서 식민지 시대와의 사생결단을 각오한다. 당시 그는 이런 각오를 했다.

"나는 이 사회에서 제1인자가 되어야 한다. 그래서 조국이, 그리고 미래의 세계가 나를 필요로 하는 사람이 되기까지 언제 어디서든지 없

---

27   김인득(1989), 『내 집을 채우라』, 홍성사.

어서는 안 될 사람이 되리라."[28]

금융조합 일에 매진하기 시작한 벽산은 조합 내에서 자신의 위상을 확보하기 위해 아내와 별거까지 감수하면서 규정과 실무 숙달에 열중했다. 조합원 모집, 예금 권유, 조합 내에 산적해 있는 연체 독촉 처리 등에서 모두 일등을 했다. 이듬해 조합 이사는 조합의 중요한 열쇠를 그에게 맡겼다. 자신의 각오대로 직장에서 '없어서는 안 될 사람'이 된 것이다. 벽산은 비로소 이때 부모님의 허락을 얻어 아내와 어린 딸을 직장이 있는 마산으로 데려왔다.

일본서 맺은 인연으로 영화 사업 도전

그 무렵 애국 단체들은 전국적으로 물산장려운동을 전개하고 있었다. 벽산 역시 이 민족운동에 적극 동참하기로 했다. 그는 내핍 생활이란 단순한 절약이 아니라 저축이 뒷받침돼야 효과가 있다고 여겨 당시 28원의 월급을 받던 처지에 10년 계획으로 1만 원 저축 목표 계획을 세웠다. 목표 달성을 위해 갓 분가해서 신혼살림이나 다름없는 상황인데도 하룻밤 숙직비 50전을 벌기 위해 숙직을 도맡아 했다. 출장 횟수도 어느 누구보다 많았지만 아예 구두 뒷굽에 말굽 징을 박고 새벽에 집을 나와 하루 80리 길을 걸어 다니면서 여비를 아꼈다.

벽산은 빼어난 업무 실적을 인정받아 1938년 금융조합연합회 경남 지부로 전출된다. 이어 전문학교 진학에 뜻을 두고 일본 유학을 위한

28　김인득, 앞의 책.

벽산이 1953년 매입한 서울 종로 단성사. 매년 1위의 실적을 보인 대한민국 대표 영화관이었다.

검정고시 준비에 몰두한다. 그러나 경제적 궁핍과 격무로 인해 신경쇠약에 시달린 끝에 결핵 3기 진단을 받는다. 휴직원을 내고 귀향하여 1년간의 투병 생활 후 건강을 회복해 1942년 진양금융조합 수석서기로 취임했지만, 이듬해 금융조합 생활을 청산하고 진주상공회의소 업무과장으로 전직한다. 당시는 제2차 세계대전 말기의 궁핍한 시대였다. 벽산은 전직과 함께 집 옆에 660㎡(200평)의 대지를 구입하여 밭을 일구기 시작했다. 밭에서 한 해 수확한 열한 가마니의 고구마와 철마다 거둬들인 채소로 집안 식구는 물론 이웃들의 굶주림을 다소나마 채워줄 수 있었다.

　1945년 8·15 광복 후 벽산은 가족을 진주에 남겨놓은 채 부산으로 가서 친구의 철공소를 맡아 공원들과 자취 생활을 해가며 사업 경영의 밑바탕을 다졌다. 그해 8월이 다 갈 무렵 사카모토 마사기 씨의 가족이 진주에 왔다는 연락을 받았다. 그는 벽산이 금융조합에 입사했을 때부터 신임을 주던 인물이다. 벽산이 진주상공회의소 업무과장으로 간 것도 사카모토 씨의 배려 덕분이었다. 사카모토 씨는 1945년 4월 육군에 소집되어 부산의 병사부에서 근무하다가 패전으로 고국에 돌아가야 할 형편이었다. 벽산은 그 가족의 이삿짐을 꾸려 일본에 발송하는 일을 도맡는 등 귀국을 도와줬다. 그날 밤 사카모토 씨와의 작별을 한 시대와의 단절로 인식한 벽산은 전혀 다른 운명을 만들어냈다.

"당시 다른 사람들은 일본에 의해서 짙게 파인 발자국을 보며 일본을 원수시하고 그들의 침묵에 만족해했다. 그러나 내 생각은 달랐다. 비바람에 씻겨난 자국만 봐서는 안 된다. 그것은 식민지 근성이다. 저들은 다시 일어설 저력이 충분한 민족이다. … 일본을 경계해야 한다. 대한민국의 부흥을 꾀하려면 서울이나 부산에 머물 게 아니라 일본을 알아야 한다."[29]

부산으로 돌아간 벽산은 새로운 꿈을 이루기 위한 단계로 신문사 총국을 운영한다. 마침 종이가 귀한 터라 신문 용지 구입을 위해 일본에 갈 기회가 생겼는데, 이때 고베에서 불이전기회사 사장인 재일교포 이현수 씨를 운명적으로 만난다. 일본에서 신세를 졌던 이현수 씨로 인해 그는 새로운 인생의 길을 열게 된다. 귀국한 이현수 씨는 당시 사재를 털고 빚을 내어 부산의 큰 극장들을 인수해 친척과 직원들에게 위탁 경영시켰는데, 좌경 세력이 개입하여 극장 쟁탈 분규가 벌어졌다. 실무 책임자가 구속됐고 이현수 씨 역시 구속돼 극장은 타인의 손에 넘어갈 위기에 처했다. 이때 벽산은 3개월간 이현수 씨 옥바라지를 하면서 진주의 집을 팔아 그를 석방시키고 그의 재산도 되찾아주었다.

29 김인득, 앞의 책.

단성사 이어 중앙극장까지 인수

석방 후 이현수 씨는 벽산에게 힘을 합쳐 극장 사업을 하자고 요청한다. 광복 직후라서 오락 시설이 별로 없던 시절이었기에 일반 대중에게 건전한 휴식 공간이 필요한 때였다. 사업 요청을 수락한 벽산은 난장판이 된 극장 운영을 회복시키기 위해 지배인 일을 맡았으나 실상은 사장, 경리, 선전 등 모든 업무를 도맡다시피 했다. 그러면서도 그는 고객을 위해 최대한의 봉사를 아끼지 않았다. 극장 청결 상태에서부터 공연물의 선택, 선전, 영사 효과에 이르기까지 세심한 주의를 기울였다. 심은 대로 거둔다는 법칙대로 극장 경기는 호전되어 성황을 이뤘다.

대단한 성황을 이루자 여러 유혹이 쏟아졌다. 영화 상영 일자를 확보하려는 업자들의 필사적인 요청을 허락하기만 하면 상당한 수입이 보장되던 때였다. 그러나 "불의의 재물은 망신의 근원"이라고 가르친 선친의 교훈은 벽산에게 물리쳐야 할 유혹들을 분별할 수 있게 해주었다. 극장이 정도를 걸으면서 평판이 오히려 좋아지자 극장 수입은 더욱 늘어났다. 이에 고무된 이현수 씨는 일본으로 돌아가서 불이무역주식회사를 설립하고 외국의 명화를 수입하는 일에 전념했다.

1950년 봄 벽산은 국내에 부족한 물자를 수입하기 위해 서울에 동양물산이라는 회사를 설립한다. 마침 이현수 씨의 불이무역도 일본에서 크게 번성하여 미국의 8대 영화사를 한 손에 쥐고 외국 영화 수입을 독점하고 있었다. 벽산은 이현수 씨와 제휴하여 무역과 영화 수입을 추진키로 하고 서울 소공동 삼화빌딩에 사무실을 차렸다.

6·25 전쟁 후 부산으로 피란 간 벽산은 식수난 해결을 위해 정부가 실시한 상수도 시설 확장 입찰에도 참여한다. 조국의 보람 있는 일에

조회 때 직원들 앞에서 이야기하는 김인득 사장.

기여하게 되었다는 자부심에 주야를 가리지 않고 열심히 뛰었다. 그는 영화 사업도 돈을 벌겠다는 생각보다는 전쟁에 시달린 국민을 위한 사업이라는 사명감으로 여겼다.

당시 극장에 걸리던 외국 영화는 일제 시대에 들여온 탓에 일본어 자막을 뭉갠 후 상영하는 낡은 영화가 대부분이었다. 이런 판에 우리 말 자막을 넣은 새 외화를 상영하니 그 효과가 대단하였다. 부산의 동양극장과 대구의 송죽극장에서 벽산이 수입한 외화가 개봉되었을 때 어찌나 관객이 밀려드는지 그야말로 인산인해였다. 부산의 동아극장 주변은 이중 삼중의 인파가 몰려들어 아수라장이 되었으며 기마 경관이 출동하여 정리해야 할 정도였다.

벽산은 외화 수입 사업 1년 만에 20여 편의 외화를 수입하면서 직원도 20여 명으로 늘리는 등 전국의 극장을 완전히 장악한다. 미국 8대

영화사 중 6대 영화사 작품을 독점 배급하는 놀라운 성장을 일궜다. 그는 수입 외화를 선정할 때도 명화만을 엄선해서 고객에게 봉사한다는 경영 방침을 지켰다. 미국 서부의 개척 정신에서 인내와 용기를 배우고 마음이 가난한 자들이 처절한 고난의 역경을 딛고 일어난 사례를 일깨운다는 생각이었다. 벽산은 영화 사업으로 전쟁의 소용돌이에 찌든 국민의 의식 구조를 깨우치는 전기를 마련하는 데 일조했다는 자부심을 가졌다.

"나는 해피엔딩으로 끝나는 영화를 좋아하였다. 인간애, 그 휴머니즘을 잘 반영하는 영화만을 속속 수입하였다. 〈누구를 위하여 종은 울리나〉, 〈우리 생애 최고의 해〉, 〈지상에서 영원으로〉, 〈노인과 바다〉, 〈십계〉 등 참다운 사랑과 우정을 위해 목숨을 버리는 인간의 고결한 의지와 이해타산을 떠난 인간관계에 나 자신이 먼저 심취하는 것이었다."[30]

1953년 서울 환도와 함께 벽산이 매입한 단성사는 외국 영화 전문관의 자리를 굳혔다. 실적 역시 매년 1위를 차지했다. 벽산은 1956년 서울 중앙극장까지 인수한 데 이어 이듬해에는 부산 대영극장도 인수했다. 1958년에는 대구의 만경관과 제일극장, 대전의 중앙극장, 인천의 동방극장, 광주의 동방극장, 진주의 시공관을 운영하면서 전국의 영화 체인을 장악한 명실상부한 한국의 '영화왕'으로 등극한다.

이 무렵 벽산이 운영하던 동양물산은 교통부, 체신부, 남조선전기(지금의 한전) 등에 기재를 납품하면서 전후 복구를 위한 사업으로 활기를 띠었다. 벽산은 이때부터 한국에도 컴퓨터 시대가 올 것을 예견하여 1954년 전산사업부를 설치한다. 그 첫 사업으로 보건사회부에 통계 기

---

30 김인득, 앞의 책.

양식기 공장을 둘러보는 김인득 사장.

기를 공급하며 미국 레밍턴사의 대리점을 맡아 전자계산기, 즉 지금의
컴퓨터를 취급한다.

　그 후 기독교에 귀의하여 1962년 숭동교회 장로가 된 벽산은 신앙생
활과 흥행 사업을 병행할 수 없다는 신앙적 결단으로 단성사와 피카디
리극장을 처분한다. 항간에는 그 무렵 발생한 증권 파동과 벽산의 극
장 처분이 어떤 관계가 있을 것이라는 억측이 떠돌기도 했지만, 이는
온전히 벽산의 신앙심이 만들어낸 결단이었다.

신앙심 때문에 영화 사업 포기

　"날마다 은행 직원들이 직접 나와서 극장 수입을 포대로 쓸어갈 정
도의 호황이 계속되는 극장을 처분한다는 것은 내가 장로로서의 분명

한 의지를 하나님께 받들어 올린 신앙의 쾌거였다. 정말 통쾌한 믿음의 승리였다."[31]

이어 벽산은 부실화한 건자재 기업 한국슬레이트를 인수하여 경영 정상화에 매진한다. 생산업 경험이 없던 벽산은 기술을 직접 배우고 익히면서 새벽 6시에 지프를 몰고 출근하여 밤 11시가 되어서야 퇴근하는 현장 경영에 몰두했다. 그는 부실기업을 성공적으로 이끌어가지 않으면 100여 명이나 되는 직원들의 생계가 위협받는다는 사실을 언제나 염두에 두었다. 이러한 노력의 성과가 나타나 한국슬레이트는 매년 2배 성장이란 기적을 낳았고, 이후 공장을 확장하면서 완전 자동화 시설을 도입함으로써 생산성 향상에 더욱 박차를 가했다. 마침 농촌 근대화 작업의 일부인 농어촌 지붕 개량 사업이 국가적 차원에서 시행되어 슬레이트 생산량은 수요를 충당하지 못할 정도였다. 한국슬레이트는 오늘날 다양한 건축 자재를 생산해내는 주식회사 벽산의 기초를 다졌다.

그사이 답보와 침체를 거듭하던 동양물산의 활로책으로 벽산은 금속 양식기 생산과 수출의 길을 마련하는 한편 농업 기계 사업에도 눈을 돌려 오늘날 주력 사업의 기틀을 다진다. 낙후한 농어민의 생활을 향상시키기 위해서는 기계화 영농으로 소득을 올리는 것이 급선무라는 판단에서였다. 이처럼 벽산은 모든 기업을 운영하면서 항상 소명 의식을 갖고 임하였다. 그가 이룩한 벽산그룹은 이미 언급한 기존 업체들 외에도 전자제품의 인희산업, 전선·코드 제품의 한창전기공업, 소프트웨어 전문의 벽산정보산업, 장치 사업의 벽산금속, 벽산특수화학

---

31   김인득, 앞의 책.

등 국내 유수의 계열사를 다수 거느릴 정도로 규모가 커졌다. 그러나 이들 기업군은 벽산 생전에 구조조정을 거쳐 현재는 건축 자재를 생산하는 벽산주식회사를 장남 희철 씨가, 농기계를 생산하는 동양물산기업을 차남 희용 씨가, 그리고 벽산엔지니어링을 3남 희근 씨가 담당해 각각 회장직을 맡고 있다.

"집안 기업은 전적으로 선친께서 일궈놓은 것이니 저는 무조건 선친의 뜻에 따라 살기로 했습니다. 제가 맡고 있는 동양물산에서 생산하는 농기계의 디자인을 제가 직접 맡아 그리고 있지요. 제 전공이 산업미술이라 안성맞춤입니다. 농기계 생산은 식량 자급의 근간이 되는 사업이니 매우 중요하지요. 현재 생산량의 60%를 수출하고 있습니다. 세계 농기계 생산 랭킹 12위인데 우선 10위 안에 올리는 것이 목표입니다. 자율 주행 트랙터도 내놓아 호평받고 있습니다. 기업은 능력 있는 전문 경영인이 맡아 운영해야 하지요. 자식에게 무조건 물려줄 생각은 하지 않습니다. 그것이 하늘나라에 기업을 이룩하라는 선친의 뜻이기도 하지요." (차남 김희용 동양물산기업 회장)

1974년 한국기독실업인회 회장을 맡은 벽산은 소원해지는 한미 동맹을 다지는 민간 외교에 앞장서며 이듬해 김장환 목사와 함께 미국에 건너가 각계각층의 영향력 있는 인사들을 상대로 반한(反韓) 여론을 순화시키기 위한 로비 활동을 벌인다. 벽산은 귀국 후에도 당시 지미 카터 미국 대통령 후보의 주한 미군 철수 공약에 맞서 설득전을 벌였고, 결국 카터 후보는 대통령이 된 후 주한 미군 철수 방침을 포기했다.

민간 외교가 빚은 만년의 고초

그러나 그의 민간 외교 활동은 뜻하지 않은 파장을 낳았다. 그즈음 박정희 대통령이 벽산그룹에 세무 사찰을 지시한 것이다. 세무 사찰의 발단은 미군 철수 저지 운동과 연관돼 있었다. 벽산이 그와 사돈 관계인 김종필 씨를 대통령으로 앉히기 위하여 1974년 이후 여러 차례 미국을 드나들면서 요로에 수백만 달러를 쓰며 로비를 했다는 혐의였다. 차남 희용 씨가 바로 김종필 씨의 아랫동서이다.

벽산은 1979년 10·26 사태 이후에는 중앙정보부에 끌려가 조사받기도 했는데, 세무 사찰 때와 동일한 혐의였다.

벽산 김인득의 가계

1997년 7월 10일 서울에서 별세한 벽산은 부인 윤현의와 사이에 3남 2녀를 두었다. 벽산주식회사 회장인 장남 희철(83·미 퍼듀대 원자공학박사) 씨는 허영자(80) 씨와 사이에 3남을 두었는데, 장남 성식(53) 씨는 ㈜벽산 사장으로 박성희(50) 씨와 결혼하였으며, 차남 찬식(51) 씨는 ㈜벽산 부사장으로 장현주(50) 씨와 결혼하였다. 3남 은식(48) 씨는 바이올리니스트로 양성원(43·연세대 교수, 첼리스트) 씨와 결혼했다.

동양물산기업 회장인 차남 희용(78·미 인디애나주립대 졸업, 산업디자인 전공) 씨는 박설자(75) 씨와 사이에 2남 1녀를 두었다. 장남 태식(47·미 유타대 졸업) 씨는 국제기계 사장으로 유혜영(43) 씨와 결혼하였으며, 차남 식(41) 씨는 동양물산기업 사업분석조정실장이며, 딸 소원(42·미 파슨스대 졸업) 씨는 최문성(43·동양미디어 대표) 씨와 결혼하였다.

3남 희근(74·미 마이애미대 졸업) 씨는 벽산엔지니어링 회장으로 양인(65·갤러리인 대표) 씨와 사이에 아들 중식(38·벽산엔지니어링 이사) 씨를 두었다. 중식 씨는 강여진(36) 씨와 결혼하였다.

벽산의 장녀 숙희(80) 씨는 정영현(작고) 씨와 사이에 1남 2녀를 두었다. 아들 순욱(54) 씨는 우수진(48) 씨와 결혼하였으며, 장녀 순미(56) 씨는 천마 대표로 김의석(57) 씨와 결혼하였으며, 차녀 순영(53) 씨는 목사인 김진봉(59) 씨와 결혼하였다. 벽산의 차녀 연숙(71·서울대 사회학과 졸업) 씨는 원영종(73) 씨와 사이에 2남을 두었다. 장남 치성(42) 씨는 문지연(37) 씨와 결혼하였으며, 차남 치열(40) 씨는 린다 심(38) 씨와 결혼했다.

| 내가 본 벽산 김인득 |

뜻있는 돈벌이 한 애국지사

김장환(극동방송 이사장)

기업인으로 성공한 벽산 김인득 회장은 돈벌이도 뜻있게 하였고 기업 활동도 절도 있게 했다. 하늘에 재산을 쌓는 덕 있는 분이었다. 벽산은 사별한 아내의 뜻에 따라 돈이 잘 벌리는 극장업에서 손을 떼고 생소한 건자재업에 개척자 정신으로 투신했다. 이후 전국 농촌 개량 사업에 앞장서는 새마을운동 실업가로 변신하였는가 하면, 숭동교회 장로로 장립하여서는 하늘나라를 위한 기업 활동에 매진하였다.

한국기독실업인회 회장이 되어서는 1970년대 유신 체제로 인해 삐걱거리던 한미 동맹을 바로 세우기 위해 미국으로 건너가 요로에 호소

하는 애국심을 발휘한 애국지사이기도 했다. 나는 그때 벽산 선생과 함께 방미하여 통역을 담당하였는데 그분은 겸손하게도 자기의 역할은 김 목사의 활동에 지장이 없도록 재정적으로 뒷받침하는 일, 즉 여비와 소요 경비 일체를 부담하는 일이라고 자신을 낮추었다. 만년에 벽산은 비가 줄줄 새던 극동방송 구건물을 새로 지으라며 당시 큰돈이었던 3억 원을 선뜻 내주기도 했다. 당시 극동방송은 하루 18시간씩 북한·중국·소련·일본 지역에 복음 방송을 내보냈는데, 건물이 낡아 비가 줄줄 새는 2층짜리 블록 건물이라는 사실을 아내를 통해 듣고서는 하늘나라에 그 뜻을 쌓는 큰 기부를 했다. 현재 극동방송국에는 이를 기념하는 벽산의 부인 고 윤현의 권사 기념관도 남아 있다.

12
견습공이 한국 강관 선구자로 도약
[세아그룹] 해암 이종덕

해암 이종덕

> 1915년 9월 14일 경기도 고양군 송포면 덕이리에서 태어남
> 1936년 서울 미나도금고상회 입사
> 1945년 해동공업사 설립
> 1954년 해덕철강상사 설립
> 1960년 부산철관공업(현 세아제강지주) 설립
> 1969년 기업 공개, 국내 최초 사원 지주제 도입
> 1971년 회장 취임
> 2000년 12월 11일 서울 삼성병원에서 별세

해암(海巖) 이종덕(李鍾德)은 한국 강관 산업의 선구자로 평가받는 인물이다. 그는 '초석 기업'들을 설립함으로써 민간인 신분으로 한국의 기간 산업을 다져왔다. 그가 창업한 세아그룹은 자동차, 에너지, 기계, 조선, 건설 등 여러 산업 분야에서 긴요하게 쓰이는 철강 소재를 생산하는 철강 전문 업체이다. 세아그룹은 2018년 세아제강이 투자(세아제강지주)와 제조(세아제강) 부문으로 분할되면서 특수강 사업을 중심으로 하는 세아홀딩스와 강관 사업이 주요 비즈니스인 세아제강지주의 두 개 지주사로 재편되었다. '세아'라는 사명에는 철강 생산으로 '세상을

아름답게'라는 뜻이 담겨 있다.

해암 이종덕은 1915년 9월 14일 경기도 고양군 송포면 덕이리에서 부친 이해욱과 모친 순흥 안씨 사이의 3남 3녀 중 차남으로 태어났다.

해암의 부친은 과묵하면서도 유가의 규율과 가풍을 존중하였다. 하지만 일제의 토지 수탈 정책에 밀려 농사에 의욕을 잃고 말았다. 결국 농사며 집안일은 모두 어머니 차지가 되었다. 해암의 어머니는 키가 크고 힘이 장사였다. 성격도 화통해 여장부로 불렸다. 모친으로부터 건강 체질을 물려받은 해암은 성격이 활달하고 한번 결심하면 밀고 나가는 추진력이 있었다. 어린 나이에도 '할 수 있다'는 강인한 의지를 지니고 있었다.

그러나 집안이 가난하여 하루 두 끼만 먹는 형편이었다. 형과 동생은 정규 교육을 받았지만 그는 어머니를 도와 집안일을 돕는 착한 아들이었다. 열심히 일해 종잣돈을 만들겠다는 마음을 품고 18세 때 박월선과 결혼하였다. 그러나 농촌에서는 꿈을 펼칠 수 없어 상경하여 식료품 상회를 열었다. 새벽같이 일어나 상품을 구입하고 낮에는 배달을 다녀야 하는 고된 서울 생활이 2년쯤 될 무렵 금고 회사에 다니는 형이 찾아와 함께 일하자고 권했다.

1936년 해암은 미나도금고상회에 입사해 신당동에 있는 공장에서 견습공으로 일을 시작했다. 매사에 근면하고 열심히 일하는 그를 알아본 사장은 얼마 후 공장장으로 발탁했다. 그사이 해암은 종잣돈을 마련하기 위해 무악재 고개에 살면서 신당동 공장까지 먼 길을 걸어 다녔다. 외식을 하지 않고 도시락을 싸 가지고 다녔다.

1945년 광복을 맞자 그를 신임해온 일본인 사장은 일본으로 떠나며 그에게 공장을 맡겼다. 그러나 해방기의 혼란을 틈탄 모리배들의 농간에 속아 귀속 재산을 빼앗겼다. 해암은 철강 재료를 수입해 팔기로 하고 형과 함께 서울 을지로 2가에 해동공업사를 설립했다. 당시 한국에서 철강재를 처음으로 수입한 덕에 철강재는 들어오기가 무섭게 팔려 나갔다.

철강재 수입으로 대박

환율 변동이 심해 자고 나면 가격이 올랐지만 해동공업사는 적정 이윤만 남기고 팔았다. 어떤 경우에도 상거래는 정직하고 성실해야 한다는 것이 이들의 신조였다. 그 덕분에 돈이 쌓이는 것보다 더 큰 신용이 쌓여 갔다. 그렇게 5년 동안을 지켜나가니 많은 수익이 생겼다. 1950년 6·25 전쟁이 터져 해동공업사도 부산으로 이전했다. 철강재를 부산으로 옮겨 가던 중 트럭이 전복되어 생명을 잃을 뻔한 사고도 있었다. 부산에서는 국제시장에서 운영했던 점포가 원인 모를 시장의 대화재로 불타 모든 것을 잃기도 하였다.

그러나 해암은 이에 굴하지 않고 재기하여 1954년 부산에 해덕철강상사를 설립, 본격적인 독자 경영의 길에 나선다. 형은 상경하여 해동철강상사를 차렸다. 당시 매일 판매되는 대금을 미처 헤아리지 못해 포대에 넣어 은행에 가지고 갈 정도로 사업이 잘됐다. 그러나 해암은 지금까지는 철강 수입 판매가 수익이 좋지만 어떤 사업이든 계속 좋을 수는 없다고 생각했다. 누구나 돈만 있으면 수입해 팔 수 있으니 갈수록 경쟁도 치열해질 것으로 여겼다.

이즈음 1960년대 초 한 공군 장교가 찾아왔다. 그는 서울대 상대 출신으로 공군 참모총장을 보좌하는 엘리트였다. 해암의 과묵한 듯하면서도 남의 이야기를 경청하는 자세에다 테이블 위에 올려져 있던 두툼하고 솥뚜껑만 했던 손이 특히 그의 눈에 들어왔다. '경영 일선에서, 생활전선에서 고생하며 몸소 부를 쌓아온 모습은 저런 것이구나!' 그는 감명을 받았다. 이야기는 이어졌다.

"앞으로 어떤 사업을 하면 좋겠나?"

"정부는 앞으로 산업 쪽을 전폭적으로 지원할 것입니다. 앞으로는 무엇을 하시든 특히 제조업 쪽으로 사업을 전환하셔야 합니다. 정부는 산업 시설을 증대시키는 쪽으로 모든 정책적 지원을 아끼지 않을 것입니다. 비즈니스가 지속적으로 성장하려면 흐름을 잘 타야 합니다."

"나는 강관 사업을 해보려 하네."

"저도 강관 쪽이 좋을 것 같습니다."

"자네는 왜 그렇게 생각하나?"

"제선·제강 쪽은 부담이 큽니다. 우리가 가진 자본으로 충분히 안정적으로 할 수 있는 것이 강관 사업입니다."[32]

이런 대화를 나눈 공군 장교는 후일 해암의 맏사위가 된 이병준 씨다.

그의 말에 따라 해암은 산업보국을 위한 새로운 도전에 나섰다. 절대 빈곤을 겪던 시절, 국가가 산업화되어야 한다고 판단한 그는 기간산업의 혈맹인 강관 제조업을 선택하여 상업 자본을 산업 자본으로 전환한다. 1960년 10월 세아제강의 전신인 부산철관공업이 설립되는 배경이다. 해암은 감만동에 공장을 지으면서 '포말 기업이 아닌 초석 기업을 만든다'는 창업 정신도 함께 정초(定礎)하였다. 해암은 부산철관공

---

32   유영수(2010), 『한국 강관 산업의 선구자, 해암 이종덕』, 홍익.

업 창업 이후 '초석 기업'을 향한 일념으로 그의 전 생애를 투자하였다. 그는 사업을 하면서 온몸으로 터득한 '부지런하자', '책임을 지자', '힘을 모으자'를 사훈으로 내걸었다.

해암은 기본과 원칙을 중시하였다. 무엇보다 기업을 개인의 축재 수단으로 삼지 않았다. 사업을 하면서 얻은 수익은 전액 자본으로 전입하여 재투자함으로써 사업을 성장시키는 데 혼신을 다했다. 이렇게 부산철관공업은 강관 업계의 선두 기업으로 부상하고, 국내 최대의 강관 공장인 포항 공장을 건설할 수 있었다.

기본과 원칙에 충실

해암은 한 벌 양복으로 한 철을 보내면서 짜장면을 최고의 음식으로 알고 지낼 만큼 검약의 산 표징이었다. 그와 가까이 지낸 사람들은 짜장면 곱빼기가 그의 애정이 담긴 음식 대접이라고 말한다. 외국 출장을 갈 때도 "일등석에 앉으면 비행기가 더 빨리 가느냐?"라며 이코노미석을 고집하였다. 해암은 회삿돈을 한 푼이라도 아끼기 위해 승용차가 없던 시절, 시간 절약을 위해 밤 열차를 타고 공장과 건설 현장을 찾아다녔다. 또 출장을 다닐 때도 모든 경비를 사비로 충당하였다. 아랫사람이 출장비라고 계산하여 가져오면 쓸데없는 짓을 한다고 야단쳤다.

또한 세아의 모든 공장은 달력 뒷면에서 설계가 시작되었다고 할 정도로 종이 한 장도 아꼈다. 레미콘 작업을 할 때는 차량 적재함에 남아 있는 마지막 자갈까지 쓸어내렸으며, 현장에 떨어져 있는 볼트 하나도

부산철관공업 공장.

그냥 지나치는 법이 없었다. 그것이 비싸서가 아니라 작은 것 하나라도 땅에 묻히면 그냥 사라져버리니 낭비라는 생각 때문이었다. 경영 일선에서 물러난 뒤에는 "이제 기름값만큼 일을 못 한다"며 승용차를 놔두고 지하철을 이용하곤 하였다. 그러면서도 신기술, 신설비 등 꼭 필요하다고 판단한 투자에는 만금을 아끼지 않았다.

사업에 대한 해암의 이러한 신념은 기업을 '무차입 경영'으로 이끌어 IMF 외환위기 때 빛을 발했다. 당시 세아는 다른 기업들의 부러움을 살 만큼 탄탄한 재무 구조로 이름이 높았다. 해암은 많은 기업이 빚을 내어 사업 확장을 도모할 때도 금융 기관에 손을 벌리는 것을 자제하였다. 남의 돈을 쓰면 간섭받게 되고 뜻대로 기업을 영위할 수 없다는 생각에서였다. 권력가, 투기 자본 등 외부 세력으로부터 독립하여 자력으로 사업을 이끈다는 것이 그의 신념이었다.

또 "공장에서 일하는 직원들이 국수를 먹고는 힘을 쓸 수 없다"라며 꼭 밥을 짓도록 구내 식당에 당부하는 등 아랫사람에 대한 자상함이 남달랐다. 새벽부터 자전거를 타고 공장 이곳저곳을 둘러보며 직원들의 등을 두드려주는 것도 일상이었다.

"부동산 투기는 나쁜 짓"

해암은 땅 투기에 대해서도 선을 그었다. 당장 쓸 목적으로 땅을 사는 것은 이해할 수 있지만, 투기해서 돈을 벌 목적으로 땅을 사들이는 것은 납득할 수 없다는 것이 그의 철학이었다. 그것은 땅이 필요한 사람의 몫을 빼앗는 것이라고 생각했다. 다른 사람의 고통이 바탕에 깔린 돈은 내가 노력해서 번 것과는 근본적으로 다른 것이라고 여겼다. 사세가 커지자 여러 곳에서 건설, 금융업 등에 투자하라는 권유를 받았으나 외면하였다. 특히 부동산 투자에는 눈길조차 주지 않았다.

기업인으로서 해암의 장점은 앞을 보는 직관력에 있었다. 산업화를 예견하고 자신에게 가장 적합한 업종으로 강관 제조업을 택한 것도 그러한 면을 보여준다. 또 전국 기업으로 나가기 위해 서울 고척동·개봉동 등의 대한제철 부지를 매입하여 서울 공장을 짓는 과정을 보면 철저한 준비와 탁월한 안목을 엿볼 수 있다. 그는 부산에 이어 서울 공장 가동으로 강관 업계 선두 주자로서의 위치를 확고히 다지게 된다.

서울 공장 증설에 박차를 가하던 1972년 해암은 또 한 차례 사운을 걸고 승부수를 던진다. 포항철강공업단지에 20만 8,200㎡(약 6만 3,000평)의 부지를 매입하여 신공장 건설에 나선 것이다. 특히 1차 석유 파동 후 강관 수요가 늘어날 것을 예측해 국내 유일의 고품질 강관 생산 체제를 확보하는 데 힘썼다. 이렇게 설립된 포항 공장은 성장의 도약대가 되어 오늘의 세아를 만드는 결정적 전기를 가져왔다.

혜안을 갖고 준비해온 이러한 생산 체제의 뒷받침 속에 1970년대 세계 경제를 요동치게 한 두 차례의 석유 파동은 기회로 작용하였다. 미지의 땅, 열사의 중동에 수출 시장을 개척하는가 하면, API 강관 등을 앞세워 북미 시장 수출을 확대하여 수출 비중을 매출의 70%까지 끌어올림으로써 석유 파동 위기를 비켜 갔다.

해암은 문제의 핵심을 쉽게 찾는 직관력을 지녔다. 해암을 최측근에서 보좌했던 세아스틸 아메리카의 이병준 회장은 "복잡하고 어려운 문제들도 그 핵심을 간단명료하게 정하여 지침을 내리는 심플리파이어였다"고 회상한다. 많은 사람의 뇌리에 남아 있는 해암의 특출했던 또 다른 면은 비상한 기억력과 수리 능력이다. 서울 공장, 포항 공장 등 전국에 산재한 공장은 직접 그의 손에서 설계되고 만들어졌다.

서울 공장을 건설할 때의 일이다. 해암은 대구의 태평파이프를 인수한 후, 이를 증설 중인 서울 공장 설비로 활용하기 위해 넉 달간이나 전기가 끊긴 어두운 공장에서 기계 해체 작업을 진두지휘하였다. 볼트 하나라도 분실되지 않게 하기 위함이었다. 각종 기계류를 화물차에 실어 보내면서 운송 기사에게 "이 차에 뭘 얼마나 싣고 가는지 아느냐?"라고 물어 기사가 대답을 못 하고 머뭇거리면 차에 실은 기계와 부품, 수량을 낱낱이 적어 넘겨주었다. 서울에 도착한 후 직원이 목록과 수량을 확인하면 종이에 적힌 것과 일치했다고 한다. 보좌하는 사람이 민망할 정도로 장부의 숫자까지 모두 외우는 비상한 기억력을 지녔다.

해암은 유난히 뭔가 짓는 일을 좋아하였다. 건설이 특기라고 할 만

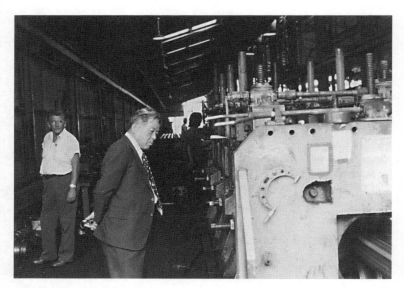

현장 경영을 중시했던 이종덕 회장.

큼 도형과 계산 능력이 뛰어나 사람들을 꼼짝 못 하게 하였다. 특히 평
생의 업적인 포항 공장은 설계에서 완공까지 구석구석 그의 손때가 묻
지 않은 곳이 없다. 경비 절약을 위해 포항 제1공장을 서울 공장 건설
경험을 바탕으로 강관으로 지은 것도 그의 아이디어였다. 하룻밤이면
그의 손에서 공장 설계도면이 뚝딱 나왔다. 원부자재는 물론 건설에
필요한 시멘트, 벽돌까지 정확하게 소요량을 계산해냈다. 계산기도 없
던 시절에 손으로 어떻게 그런 계산이 가능했는지 사람들은 놀라워할
뿐이었다.

　해암의 주머니에는 늘 줄자가 들어 있었다. 해덕강업 안산 공장을
건설할 때 복중 더위에 임원을 대동하고 현지에 나가 가장 먼저 꺼내
든 것이 줄자였다. 그리고는 어김없이 달력 이면에 공장 배치도를 그렸
다. 1980년 경영 일선에서 물러난 후에도 해암은 별세 전까지 현장을

1970년대 초 일본 가와사키제철(현 JFE) 방문 모습.

살피는 것을 즐겼다.

해암에게는 '세금을 잘 내야 한다'는 확고한 경영 철학도 있었다. 바로 이 같은 경영 철학이 있었기에 정권이 바뀔 때마다 수많은 기업과 기업인들이 부정 축재 비리 등으로 몰려 중도 탈락하는 비운을 맞는 와중에도 해암은 자유로울 수 있었다. 그는 또 고용 안정을 이루는 것을 기업인의 책무라고 생각하였다. 석유 파동으로 경영 압박을 받을 때, 일감이 없어 종업원들이 공장 부지에 돋아난 잡초를 뽑고 있을 때도 감원을 하지 않았다.

해암은 뜻한 대로 세아를 튼튼한 반석 위에 올려놓고 2000년 12월 11일 서울 강남 삼성병원에서 별세하여 경기도 용인시 처인구 이동면 선영에 안장되었다.

해암 이종덕의 가계

해암은 박월선 씨와 사이에 2남 4녀를 두었다. 장남 운형(서울대 건축공학과 졸업, 미시간대 MBA) 씨는 해암의 뒤를 이어 세아그룹 회장으로 재직하다가 2013년 남미 출장 중 사고사를 당했다. 철과 같은 마음으로, 그러나 늘 베푸는 인생으로 살아온 그를 많은 사람이 애도하였다. 특히 그가 생전에 이사장직을 맡았던 국립오페라단은 파격적으로 추모공연을 하여 화제가 되었다. 당시 공연 팸플릿에는 국립오페라단 임직원 명의로 "당신을 잊지 않겠습니다"라는 추모글이 실렸다.

운형 씨는 부인 박의숙(75·이화여대 불문과 졸업, 연세대 MBA, 세아홀딩스 부회장, 세아네트웍스 회장) 씨와 사이에 1남 3녀를 두었다. 장남 태성(43·세아홀딩스 전무, 세아베스틸 전무) 씨는 애경그룹 총괄부회장의 장녀 문선(36·애경그룹 과장) 씨와 결혼하였다. 운형 씨의 장녀는 은성(48) 씨, 차녀는 호성(47) 씨이며, 3녀 지성(46) 씨는 오승현(47) 씨와 결혼하였다.

해암의 차남 순형(72·한양대 경영학과 졸업) 씨는 운형 씨의 뒤를 이어 세아그룹 회장으로 취임했다. 이순형 회장은 "LNG 프로젝트 관련 수주, 스마트 공장과 기술 혁신을 통한 유연성 제고를 확대하며, 친환경차 및 해상 풍력 발전 소재 시장 개척에 적극 힘쓰겠다"라고 비전을 밝히고 있다.

순형 씨는 김혜영(67) 씨와 결혼하여 주성(43·세아제강 전무), 주현(41) 씨 남매를 두었다. 주성 씨는 민규선(43) 씨와 결혼하였으며, 주현 씨는 오문석(41) 씨와 결혼하였다.

해암의 장녀 복형(83) 씨는 이병준(84) 씨와 결혼하여 이휘령(60·세아제강 대표이사 사장), 이채령(56) 씨 남매를 두었다. 휘령 씨는 손성은(59)

씨와 결혼하였으며, 채령 씨는 클라우 에팬버거 씨와 결혼하였다. 해암의 차녀 미형(81) 씨는 김연상(84·서울대 공대 기계과 졸업, 세아 ENT 고문) 씨와 결혼하여 형제를 두었다. 장남 김병직(51) 씨는 임수연(50) 씨와 결혼하였으며, 차남 병욱(49) 씨는 조은진(48) 씨와 결혼하였다. 해암의 3녀 수형(76) 씨는 변진박(76) 씨와 결혼하여 아들 세인(48) 씨와 현희(50)·인희(43) 씨 자매를 두었다. 해암의 4녀 보형(71) 씨는 장종현(73·인하브파트너스 회장) 씨와 결혼하여 인혁(39)·지원(42) 씨 남매를 두었으며, 지원 씨는 전훈 씨와 결혼하였다.

| 내가 본 해암 이종덕 |

베푸는 것을 기업의 목적으로 삼으신 분

조영준(정동교회 원로목사)

이 회장님은 근검절약으로 기업의 기초를 마련하신 분입니다. 그분의 근검절약 정신은 가난의 경험에서 비롯된 것이고, 그분의 생활이 되어 늘 낭비를 경계하면서 사셨습니다. 스스로 작업복을 입고 기름때를 손에 묻히면서 기계를 정비하신 분. 이러한 이 회장님의 근검절약 정신이 오늘의 세아를 만드는 밑거름이 된 것입니다.

이 회장님은 정직과 성실로 일관하신 분입니다. 정직을 지키고 성실로 산다는 것이 사업하는 환경에서 얼마나 힘들고 손해나는 일입니까? 그러나 이 회장님은 사업에도 '정도'만이 가장 좋은 길임을 믿고 몸소 실천하셨고, 회사를 어떠한 유혹에도 휘말리지 않는 기업으로 성장 발전시키신 것입니다.

이 회장님은 베푸는 것을 기업의 목적으로 삼으신 분입니다. 정부보다 5년이나 앞서 사원 지주제를 도입하여 사원들이 좀 더 회사를 사랑하고, 풍요한 생활을 할 수 있도록 노력하셨습니다. "회사가 성장할수록 기회와 터전을 제공해준 사회에 감사해야 한다"라고 하셨던 이 회장님은 1992년 해암학술장학재단을 설립하셨습니다. 이 회장님의 사회 환원 신념은 현 경영진에게도 뿌리내려 지속적인 사회 환원 사업을 추진하는 원동력이 되고 있습니다.

13

'부유한 노동자'가 이룬 대역사들

[현대그룹] 아산 정주영

아산 정주영

1915년	11월 25일 강원도 통천군 송전면 아산리에서 태어남
1930년	송전공립보통학교 졸업
1946년	서울 중구 초동에 현대자동차공업사 설립
1947년	현대토건사 설립
1971년	현대그룹 회장 취임
1976년	사우디아라비아 주베일 산업항 공사 수주
1977년	전국경제인연합회 회장 취임
1981년	서울올림픽 유치위원회 위원장 취임
1989년	북한 방문, 금강산 공동 개발 의정서 제시
2001년	3월 21일 서울에서 별세, 경기도 하남시 창우동 선영에 안장됨

    아산(峨山) 정주영(鄭周永)은 한국을 가장 빛낸 기업인으로 꼽힌다. 정부 수립 50주년을 맞아 전경련이 실시한 설문 조사와 한국갤럽 여론 조사에서 '1위 기업인'으로 꼽혔고 '건국 후 큰 업적을 남긴 네 번째 인물'이라는 평가도 받았다. 가난한 농부의 아들로 태어나 막노동꾼, 쌀집 배달원을 거쳐 재계 1위 그룹 회장까지 오른 그는 스스로를 '부유한 노동자'라 칭했다.

아산은 1915년 11월 25일 강원도 통천군 아산리에서 농사를 짓던 부친 정봉식과 모친 한성실의 6남 2녀 중 장남으로 태어났다. 그의 아호 '아산'은 고향의 지명을 차용한 것이다. 아산은 5세 때부터 조부에게 『천자문』, 『동몽선습』, 『명심보감』, 『소학』, 『대학』, 『맹자』 등 한학을 배우다가 1930년 송전공립보통학교를 졸업한다. 이즈음 아산은 고된 농사일 틈틈이 고향을 떠나 다른 일을 해야겠다는 결심을 한다. 하지만 첫 가출에서부터 두 번째, 세 번째 가출에 이르기까지 매번 부친에게 덜미가 잡혀 귀향해야만 했다.

1933년 열아홉 살에 아산은 마지막 가출에 성공한다. 이후 인천부두, 보성전문학교 교사 신축공사장 등에서 막노동을 하다가 풍전 엿 공장에 취업한다. 그는 생전에 인천에서 막노동할 때 노동자 합숙소에서 빈대에 물려 밤잠을 설치다가 한 깨달음을 얻었다는 말을 했다. 빈대를 피하려고 물을 담은 양재기를 밥상 네 다리에 하나씩 고여놓고 그 위에서 잤는데 얼마 지나지 않아 빈대들이 벽을 타고 천장으로 올라가 자신을 상대로 '공중전'을 벌이고 있지 않은가. 미물인 빈대로부터 절대 포기하지 않고 전력 질주하는 인생을 배웠다는 것이다.

빈대로부터 배운 인생 교훈

이듬해 그는 쌀 가게 복흥상회 배달원으로 자리를 옮겨 쌀 한 가마니를 월급으로 받는다. 취직한 이튿날부터 매일 새벽 누구보다도 일찍 일어나 가게 앞을 깨끗이 쓸고 물까지 뿌려놓는 것으로 하루 일을 시작했다. 주인아저씨는 열심히 되질과 말질을 배우면서 몸 안 사리고 쓸고 치우고 배달하며 손님 응대도 싹싹하게 하는 아산을 기특하다고 좋아했다. 6개월쯤 지나서는 게으른 난봉꾼 아들을 제치고 아산에게 장부 정리를 맡겼다.

"그날로 나는 쌀과 잡곡이 아무렇게나 뒤죽박죽으로 어지럽던 창고 정리를 말끔히 해버렸다. 쌀은 쌀대로 10가마씩 한 군데로 몰아 줄지어 쌓아놓고 잡곡은 잡곡대로 또 그렇게 정리해서, 한눈으로도 쌀은 몇 가마, 콩은 몇 가마, 팥은 몇 가마 하는 식으로 재고 파악이 되게 만들었던 것이다. 장부도 원장과 고객별 분개장으로 나누어 갖추었는데, 아버님이 소 판 돈을 들고 나와 두 달 다니다 만 부기 학원에서 배운 공부를 요긴하게 써먹은 것이었다. 그랬더니 주인아저씨가 좋아하면서 새 자전거 한 대를 사주셨다."[33]

아산은 가출한 지 3년쯤 지나 1년치 급여가 쌀 20가마 정도 되었을 때 부친에게 편지를 띄웠고, 부친은 아들의 '성공'을 기뻐하는 답장을 보낸다. 쌀 가게에서 일한 지 3년 만에 아산은 주인의 신뢰를 받아 좋은 조건으로 쌀 가게를 인수한다. 단골을 그대로 물려받고 월말 계산만 하면 쌀은 얼마든지 대준다는 정미소의 약속을 받아 1938년 1월 서울 신당동 길가에 사글세로 새로 가게를 얻어 '경일상회'라는 간판을 내걸었다. 그러나 1937년 중일전쟁이 일어나고 일제의 전시 체제령이 내려지면서 1939년 12월부터 쌀 배급제가 실시됐다. 전국의 쌀 가게가 일제히 문을 닫는 상황이 된 것이다. 아산도 가게를 정리하고 그동안 벌어 놓았던 돈 일부를 갖고 고향으로 돌아가 부친께 논 6,600㎡ (2000평)를 사드린다. 그 참에 장가도 들었는데, 여섯 살 아래인 신부 변

---

33 정주영(1998), 『이 땅에 태어나서』, 솔.

중석(邊仲錫)은 변병권(邊炳權)의 9남매 중 맏딸이었다.

이듬해 아산은 다시 상경하여 아현동 고개에 '아도서비스'라는 자동차 정비 공장을 차린다. 수중에 있던 700~800원의 밑천과 쌀 가게를 운영할 때 쌓은 신용으로 3,000원의 사채를 내어 차린 공장이었다. 장사가 제법 잘되어 신바람이 날 때쯤 실수로 화재를 내 삽시간에 공장을 태우고 빚더미에 허덕이는 곤경에 빠졌지만, 전주(錢主)를 찾아가 진지한 설득 끝에 3,500원을 더 빌려 다시 신설동에 무허가 자동차 수리 공장을 차린다. 관할 경찰서의 무허가 단속이 빗발쳤으나 일본인 보안 계장 집을 끈질기게 다니며 사정을 거듭해 단속을 멈추게 하는 기지도 발휘했다.

부산 피란지에서 피어난 '캔두이즘'

당시 아산은 다른 정비 공장에서 열흘 걸리는 수리 기간을 사흘 정도로 단축하는 대신 높은 수리비를 청구하는 수완을 발휘했다. 빨리 고치는 게 반갑지 수리비가 문제가 아닌 고객들 덕분에 신설동의 무허가 공장으로 고장 난 차가 물밀 듯이 들어왔다. 공장이 눈코 뜰 새 없이 바쁘게 돌아가면서 빚도 다 갚고 돈도 꽤 많이 벌어들였지만, 전쟁 광풍에 휩싸인 일제는 1943년 아도서비스를 일진공작소와 강제 합병시켜 버린다. 혼신의 힘을 다해 굴리던 공장이 사실상 분해된 데다 동생 인영과 세영이 징용으로 끌려갈 판이었다. 군수 광산에서 일하면 징용이 면제된다는 말을 듣고 아산은 보증금 3만 원을 넣고 황해도 수안군 홀동광산에서 생산된 광석을 평양 선교리까지 운반하는 하청 계

1971년 영국 애플도어사와 조선소 건립에 관해 협의하는 정주영.

약을 맺는다. 하지만 일본인 광산주는 징용 면제를 빌미로 엄청나게 괴롭혔다. 결국 그는 2년 남짓 버티다가 1945년 5월 계약 보증금 3만 원과 하청 계약을 넘기며 받은 2만 원 등 5만 원을 들고 홀동광산을 떠난다.

"그런데 그것이 천우신조였다. 우리가 광산을 뜬 지 딱 석 달 만에 일본이 패망했다. 홀동광산은 그날로 폐광됐고, 그곳에 있던 일본인은 모두 소련군 포로로 끌려갔다. 만약 내가 그 자리에 뭉그적거리며 그냥 일을 계속하고 있었더라면 그동안 만들어졌던 5만 원의 재산은 그대로 물거품이 됐을 것이고, 운수불길했으면 일본인들과 도매금으로 시베리아로 끌려갔을지도 모른다."[34]

광복 이듬해 아산은 서울 중구 초동에 현대자동차공업사를 세운다. 초창기에는 미군 병기창에서 엔진을 바꿔 다는 일 등을 하다가 1년

---

34 정주영, 앞의 책.

쯤 뒤부터 낡아빠진 일제 고물차를 용도에 따라 개조하는 일도 시작했다. 사업이 날로 번창하던 중 관청과 미군 부대를 드나들던 어느 날, 아산은 건설 업자들이 공사비를 받아가는 것을 보았다. 자신이 받는 수금액은 고작 30만~40만 원 정도인데 건설 업자들은 한 번에 무려 1,000만 원씩 받아가는 것이 아닌가. 기왕이면 큰돈 받아내는 일을 해야겠다는 생각에 그는 당장 초동 현대자동차공업사 건물에 현대토건사 간판을 더 달았다. 이후 1950년 현대토건사와 현대자동차공업사를 합병해서 서울 중구 필동 1가 41번지에 현대건설주식회사를 설립했지만 6개월 만에 6·25 전쟁이 터진다.

아산은 전쟁의 시련을 사업 도약의 틀로 활용한다. '안 되면 되게 한다'라는 아산의 '캔두이즘(Can Doism)'이 이 무렵부터 본격적으로 발휘되기 시작한 것이다. 마침 《동아일보》 외신부 기자였던 아우 신영이 부산으로 함께 피란 와서 서면에 있던 미군 사령부에 통역으로 취직한 것이 아산의 사업 수주에 날개를 달았다. 두 달 만에 서울이 수복되자 일거리가 더 늘어 현대건설은 미 8군 발주 공사를 거의 독점했다. 1957년에는 한강 인도교 공사를 맡아 8개월이란 단기간에 완공시켜 6대 건설 업체의 반열에 오른다.

"현대건설이 급성장할 수 있었던 것은 정주영의 중장비에 대한 지식과 미군 부대에서 불하받은 중장비의 보유가 크게 작용했기 때문이다. 정주영은 오랜 경험의 축적으로 건설 장비를 갖추는 데 주력하였을 뿐만 아니라, 건설 인력을 관리하는 데 있어서도 지도력을 발휘하였다."[35]

---

35 조동성, 앞의 책.

430억 원으로 428㎞, 경부고속도로의 기적

아산은 1967년 소양강댐 공사에서도 주변에 널려 있는 자갈과 모래를 이용한 사력(砂礫)댐 공법을 창안해 공사비를 20% 이상 절감한다. 번뜩이는 그의 창조 공법은 1974년 부산항만 공사에서도 여지없이 발휘됐다. 부산항만 공사는 미국의 기술 회사가 설계했는데 설계자가 일본인 2세였다. 그의 설계는 바다 밑의 진흙을 퍼 올려 부지를 조성하는 것으로 되어 있었다. 그런데 지반이 약해서 부두로 쓸 수가 없으니 일본에서 기자재를 사다가 물을 뽑아서 지반 강화 시설을 하자고 했다. 세계은행에서 돈을 빌려 진행하는 공사에서 꽤 많은 돈을 아깝게 일본에 바치는 셈이었다. 아산은 대안을 제시한다.

"배가 정박할 수 있게 파낸 흙은 적당한 위치에 부려놨다가 나중에 부지 조성에 쓰기로 하고, 대신 낙동강 하구에서 모래를 파다가 항만 부지 조성을 해도 일본에서 기자재 사다가 지반 강화 시설을 하는 돈이면 충분하니까 그렇게 하자."

1965년 현대건설은 해외 건설 시장의 첫 번째 일거리로 태국 파타니 나라티왓 고속도로 공사를 수주한다. 이 공사 금액은 당시 현대건설 전체 연간 공사 금액보다 많은 액수였다. 그해 국내 건설 업체의 건설 수출 실적(1,522만 달러)의 33.4%에 이르는 액수로, 그때까지의 단일 공사로는 최대 계약 금액이었다.

그러나 최초의 해외 건설은 기술의 낙후성과 경험 부족에다 엄청난 열대 폭우와 나쁜 토질 등으로 온갖 시행착오를 겪으면서 값비싼 대가를 치르게 된다. 공사를 중단해야 한다는 주변의 만류를 무릅쓰고 아산은 또다시 특유의 뚝심을 발휘하여 기어이 완공한다.

1985년 포니 엑셀 신차 발표회.

아산은 1968년 2월 각계의 반대 속에서 박정희 대통령이 주도하는 단군 이래 최대의 역사(役事)인 경부고속도로 건설을 시작한다. 하지만 430억 원이라는 돈으로 428㎞의 고속도로를 건설한다는 것은 거의 무모한 일이었다. 아산은 공사 기간을 단축하는 것만이 현대를 살리고 국가를 살리는 길이라 생각했다. 지프를 타고 매일 전국 고속도로 공사 현장을 돌아다니며 일꾼들에게 사명감을 심어주며 공사를 독려한 끝에 마침내 1970년 7월 7일 경부고속도로 준공식의 테이프를 끊게 된다.

아산은 이어 자동차 산업에도 심혈을 기울인다. 1966년 단양시멘트 1차 확장 공사를 위한 차관 교섭을 하러 미국에 가 있던 아우 인영에게 당장 포드사와 자동차 조립 기술 계약을 맺으라고 지시한다. 당황한 아우가 난색을 표하자 아산은 "해보기나 했어?"라고 밀어붙인다. 1967년 말 마침내 포드사와 계약을 체결하고 현대자동차를 설립한다.

아산은 100% 국산 자동차라는 자신의 목표에 반대하는 포드사와

정몽구 현대자동차그룹 명예회장이 현대자동차 미국 앨라배마 공장을 방문하여 차량을 점검하는 모습.

결별한 후 1976년 최초의 국산 고유 모델인 '포니'를 생산한다. 1986년에는 자동차의 본고장 미국에도 진출한다. 아산의 '국산 자동차 세계화 전략'은 한국을 아시아에서 2번째, 세계에서 16번째로 고유 브랜드를 가진 자동차 생산국으로 밀어 올린다. 그 여세를 몰아 미국과 캐나다, 유럽 시장에까지 '한국 차'를 수출하는 쾌거를 이룩한다.

아산이 국산 고유 모델을 통한 자동차 산업의 기틀을 다진 데 이어 1998년 현대·기아차 대표이사 회장으로 취임한 아산의 차남 정몽구는 한국 자동차 산업을 세계적 반열에 올려놓은 주역으로 꼽힌다. 2000년 국내 최초의 자동차 전문 그룹으로 출범시킨 현대자동차그룹은 세계 5위 수준의 자동차 메이커로 올라섰다.

건설과 자동차에서 성공한 아산은 이어 선박 산업에도 도전한다. 1970년 3월 회사에 조선사업부를 설치하고 차관 도입에 몰두한다. 당시 영국의 은행장들이 선박 수주 주문서를 요구하자 거북선이 새겨진 지폐와 울산 미포만 사진 한 장만 들고 그리스로 날아가 리바노스 회장에게 26만 톤급 2척을 수주받는 '기적'을 일궈낸다. 1972년 3월 기공식을 한 현대조선소는 1974년 6월 조선소를 완공한다. 이후 200년 조선 역사를 지닌 유럽은 물론, 100년 역사의 일본 조선소 등을 제치고 세계 제일의 자리를 군힌다.

아산은 1976년 사우디아라비아에서 20세기 최대 건설 공사라는 평가를 받던 주베일 산업항 건설 공사를 9억 3,114만 달러에 따낸다. 그해 한국 총예산의 절반에 해당하는 금액이었다. 아산은 이 대역사에서도 공사 기간을 줄이기 위해 모든 기자재를 울산 조선소에서 제작하여 89개 바지선에 싣고 태그보트(tag boat)로 현장까지 끌고 오는 모험을 감행한다. 한 번에 35일이 걸리는 수송 작전을 19번이나 감행했다.

서산 방조제에 새겨진 '정주영 공법'

이어 아산은 1982년 바다를 메워 옥토를 만드는 대규모 서산 방조제 간척 사업을 시작한다. 6,470억 원이 투입된 이 공사에서도 그의 창의력이 발휘됐다. 고물 대형 유조선을 가라앉혀 조류를 차단하고 둑을 완성함으로써 세계 토목 공사 역사에 '정주영 공법'을 남겼다. 이 간척 사업으로 여의도 면적의 33배에 이르는 1억 5,537만 ㎡(4,700만 평)의 바다를 농지로 바꿔 연 50만 가마니의 쌀을 생산할 수 있게 되었다.

1981년에는 기업인으로는 최초로 올림픽 유치위원장직을 맡아 라이벌인 일본을 제치고 1988년 서울올림픽 개최를 성사시킨다. 선거를 앞두고 IOC 위원들에게 일본 측이 고급 시계를 선물하는 것에 맞서 매일 호텔 숙소에 정성이 가득 담긴 꽃바구니를 돌려 한국의 정감 어린 마음을 선물했다. 1977년부터 전경련 회장을 5번이나 연임하면서 '경제 대통령'의 칭호를 얻은 아산은 1992년 대통령 선거에 도전했지만 김영삼, 김대중 후보에 이은 3위로 낙선한다.

그의 도전은 이후에도 그치질 않았다. 1998년 6월 16일 서산 농장에서 기르던 소 500마리를 몰고 판문점을 거쳐 북한을 방문하는 감동을 연출한다. '북한을 개발시키는 일이 한반도의 통일을 앞당기는 길'이라고 생각한 아산은 이해 10월 다시 501마리의 소 떼를 몰고 가 김정일 위원장을 만나 금강산 관광 사업을 성사시킨다.

아산은 2001년 3월 21일 노환으로 별세하여 경기도 하남시 창우동 선영에 안장된다.

아산 정주영의 가계

아산은 8남 1녀를 두었다. 장남 몽필(작고) 씨는 적자 국영 기업인 인천제철을 인수하여 정상화에 힘쓰던 중 교통사고로 작고했다. 이양자(작고) 씨와 사이에 두 딸을 뒀으며, 맏딸 은희(50) 씨는 주현(54·현대IHL 대표) 씨와 결혼하였고, 차녀 유희(48) 씨가 있다.

장남의 별세로 차남인 정몽구(83·한양대 공대 졸업) 현대자동차그룹 명예회장이 사실상 장남 역할을 맡아왔다. 부인 이정화(작고) 씨는 새벽 3시면 일어나 아침 식사를 챙겼고, 19년간 시어머니(변중석)의 병 수발을 도맡았다. 몽구 씨는 정화 씨와 사이에 1남 3녀를 뒀다. 맏딸 성이(59·이노션 고문) 씨는 영훈의료재단을 설립한 선호영 박사의 아들 두훈(64·영훈의료재단 선병원 이사장) 씨와 결혼하였으며, 차녀 명이(57·현대

커머셜 총괄대표) 씨는 정경진 종로학원 설립자의 아들 태영(61·현대카드, 현대캐피탈 부회장) 씨와 결혼했다. 3녀로 윤이(53·해비치호텔 사장) 씨가 있다. 몽구 씨의 아들 의선(51) 씨는 현대그룹 회장으로 정도원 삼표그룹 회장의 딸 지선(48) 씨와 결혼하여 1남 2녀를 뒀다. 정몽구 씨와 정도원 씨는 경복고 선후배 사이로 교분을 쌓아왔다.

아산의 3남 몽근(79·경복고, 한양대 졸업) 씨는 현대백화점 명예회장으로, 우경숙(70) 씨와 사이에 두 아들을 뒀다. 지선(49·연세대 사회학과 졸업, 하버드대 스페셜스튜던트과정 수료) 씨는 현대백화점그룹 회장으로 황산덕 전 법무부 장관의 손녀 황서림(49·서울대 미대 졸업, 서울대 대학원 시각디자인 전공) 씨와 결혼했다. 교선(47·한국외국어대 무역학과 졸업) 씨는 현대백화점그룹 부회장으로 대원강업 허재철 회장의 장녀 허승원(56·이화여대, 미 컬럼비아대 치대 졸업) 씨와 결혼했다.

아산의 4남 몽우(전 현대알루미늄 회장, 작고) 씨는 이행자(76·숙명여대 졸업) 씨와 사이에 3남 1녀를 두었다. 장남 일선(51·BNG스틸 사장) 씨는 LS전선 사장의 딸 은희(46) 씨와 결혼했고, 차남 문선(47·BNG스틸 부사장) 씨는 김영무 김&장법무법인 대표의 딸 선희(47) 씨와 결혼했고, 3남 대선(44·현대B&C 사장) 씨는 노현정 전 KBS 아나운서와 결혼했다.

아산의 5남 몽헌 씨는 1998년 현대그룹 공동회장으로 취임했지만 '대북 송금 사건'에 연루돼 검찰 조사를 받던 중 2003년 8월 작고했다. 몽헌 씨는 신한해운 현영원 회장의 딸인 일곱 살 아래 정은(66) 씨와 결혼하여 1남 2녀를 뒀다. 맏딸 지이(44·서울대 고고미술학과, 연세대 대학원 신문방송학과 졸업) 씨는 현대무벡스 전무로, 신현우 국제종합기계 대표의 차남 두식(47·맥쿼리투자은행 전무) 씨와 결혼했다. 몽헌 씨의 차녀 영이(37·펜실베이니아대 경영학과, 와튼스쿨 졸업) 씨는 현대상선 대리이며, 몽헌 씨의 아들 영선(37) 씨는 미국 유학 중이다.

아산의 6남 몽준(69·서울대 경제학과, 존스홉킨스대학교 대학원 국제정치학 박사) 씨는 현대중공업 사주로 정계에 진출해 7선 국회의원의 관록을 쌓았다. 대한축구협회장으로 2002년 한일 월드컵대회를 성사시키기도 했다. 김동조 전 외무부 장관의 딸 영명(65) 씨와 결혼하여 기선(39·현대중공업 부사장)·남이(38·아산나눔재단 상임이사)·선이(35)·예선(25) 씨 등 4남매를 두었다.

아산의 7남 몽윤(66·현대해상화재보험 회장) 씨는 김진형 부국물산 회장의 딸 혜영(61) 씨와 결혼하여 남매인 정이(37)·경선(35) 씨를 뒀고, 8남 몽일(62·현대엠파트너스 회장) 씨는 권영찬 현대파이낸스 회장의 딸 준희(59) 씨와 결혼하여 현선(32)·문이(30) 씨 남매를 뒀다.

아산의 고명딸 경희(77) 씨는 정희영(81·서울대 상대, 하버드대 비즈니스스쿨 졸업) 전 선진종합 회장과 결혼하여 1남 2녀를 뒀다. 아들 재윤(52) 씨는 선진종합 대표이사이며, 장녀 윤미(50) 씨는 박승준 이건산업 사장과 결혼하였고 차녀 윤선(46) 씨는 전 남영비비안 남석우(49) 회장과 결혼했다.

아산의 형제자매는 아산의 동업자로 출발하여 각기 독자적 그룹을 이끈 범현대가의 주역들이다. 아산의 5살 아래 첫째 아우 인영 씨는 한라그룹을 창설하였으며, 둘째 아우 순영(1922년생) 씨는 성우그룹을 세웠다. 그 밑의 여동생 희영(1925년생) 씨는 김영주 씨와 결혼하여 한국프랜지공업을 세웠고, 넷째 아우 세영(1928년생) 씨는 현대산업개발 회장이 되었다. 아산의 다섯째 아우 신영(1931년생) 씨는 《동아일보》 기자로 독일 유학 중 작고했으며, 여섯째 아우 상영(1936년생) 씨는 KCC그룹을 창설했다.

"배 만드는 게 별거야?"…
그는 창조 경제의 선구자였다

박정웅(메이텍 대표)

아산 정주영은 창조 경제를 극적으로 실천한 선구자이다. "우리나라가 어떻게 어려운 조선 사업에 도전하겠느냐"라는 주위의 우려에도 아산은 "배 만드는 게 별거야? 설계도대로 만들어서 조립하고 엔진은 못 만들면 외국 것 사다가 달면 된다"고 말했다.

아산은 복잡한 일도 단순화하는 재주가 있어 상상력을 통해 무한한 힘을 발휘한 기업인이다. 아산이 지닌 불굴의 도전 정신은 중동 건설 진출 당시에도 단적으로 드러난다. 그는 "사막이 낮에 뜨겁다면 밤에 불 켜고 공사하면 되고, 물이 없다면 오아시스에서 길어 먹으면 된다"고 밀어붙여 끝내 성공했다. 1976년 사우디아라비아 주베일항 공사를 따낸 현대건설은 당시 9억 달러에 이르는 외화를 벌어들여 국가 경제에 큰 힘을 보탰다.

자동차·조선 산업이나 중동 건설 진출 등 아산의 업적을 조망해보면 당시의 상식과 통념으로는 상상조차 할 수 없는 기상천외의 경지였음을 알게 된다. 나는 1974~1988년 전경련에서 아산을 보필했다. 당시 경제인이나 전문가들은 아산이 그저 사업을 무작정 밀어붙이는 것으로 치부했으나, 아산은 획기적인 사업 실적으로 한국 경제를 급속하게 성장시키는 주역이었다.

14

전설적 상인, '마지막 송상'

[OCI그룹] 송암 이회림

송암 이회림

1917년	경기도 개성시 만월동에서 태어남
1930년	송도보통학교 졸업, 손창선 상점 입사
1934년	박화실과 결혼
1946년	서울 종로에 이합상회 설립
1948년	개풍상사 설립
1956년	대한양회 설립
1968년	동양화학 인천공장 준공
2005년	송암미술관 인천시에 기증
2007년	7월 18일 서울대병원에서 별세

　송암(松巖) 이회림(李會林)은 '마지막 송상(松商)'이라고 불리는 우리 시대 전설적 상인이다. 그는 초등학교 학력으로 개성 잡화상 수습 점원으로 출발하여 30세 때 서울 종로통에 굴지의 무역상사 개풍상사를 차려 재계의 주목을 받았다. 생전에 소나무와 바위를 매우 아꼈던 그는 아호처럼 사시사철 푸르른 삶의 자취를 남겼다.

40여 년간 화학 산업에만 매진

그는 OCI(The Origin of Chemical Innovation)그룹의 창업자이자 송암미술관의 설립자로 살다 갔다. 40여 년간 화학 산업 분야에 매진하며 오늘의 OCI를 글로벌 종합 화학 기업으로 성장시켰으며, 한국 고미술 애호가로서 평생 수집한 문화재 8,400여 점을 인천시에 기증하는 등 통 큰 사회 환원의 모습을 보여줬다.

그는 세수할 때 비누를 쓰지 않을 정도로 물자를 아꼈다. 신문에 끼어 오는 광고 전단지까지 잘라 메모지로 아껴 쓰는 알뜰한 삶의 전형을 보여줬다.

"그는 신용과 근면·성실을 중시하는 개성상인의 덕목을 따라 행동하는 리더로 존경을 받았으며, 새로운 사업에 대한 끊임없는 열정과 과감한 도전정신을 바탕으로 한국 화학 산업의 기틀을 세운 뛰어난 사업가로 평가받고 있다. 붓글씨를 즐기고 서화와 골동품에도 식견이 높았던 송암 이회림 회장은 전통문화와 예술의 보존에도 힘썼으며, 뛰어난 전통 예술품의 수집과 전시를 통해 또 다른 의미의 나눔을 실천하였다."[36]

기업인으로서 송암은 1960년대 이후 40여 년간 오로지 화학 산업에만 매진했다. 그 결과 오늘의 OCI그룹은 삼광글라스, 유니드, 유니온, 이테크건설, 오텍 등 22개의 계열사를 거느리고 미국, 중국, 일본, 독일, 베트남, 필리핀 등지에 현지 공장과 지사를 둘 정도로 성장했다.

송암은 1917년 4월 17일 경기도 개성 만월동 288번지에서 중국과 백

---

36 이홍구(전 국무총리), 「송암 선생의 탄생 100주년을 추모하며」.

삼 교역을 하던 이영주와 모친 윤효중 사이의 2남 3녀 중 장남으로 태어났다. 번창하던 사업이 1929년 대공황 때 순식간에 문을 닫자 선친은 그해 56세를 일기로 작고했다. 가족들의 충격은 매우 컸다.

"38세에 홀로 되신 어머니께서 철부지 5남매를 키우시느라 형언할 수 없이 많은 고생을 하셨다. 어머니는 집에다 솜틀을 놓고 밤샘을 하면서 솜을 타거나 남의 밭김을 매주고 뽕을 얻어와 그것으로 누에를 쳐서 어린 5남매의 생계를 이어갔다. … 내 생애에 가장 영향을 많이 주신 분은 역시 어머니였다. 서당 훈장을 지내신 외할아버지의 엄격한 훈도를 받은 어머니는 자애롭기 그지없었으나 우리 5남매에게는 매우 엄격하셨다.

내가 어렸을 적에는 겨울철 눈도 지금보다 훨씬 많이 내렸고 날씨도 더 추웠던 것 같다. 눈이 내리면 그 눈을 말끔히 치워야 하였는데, 마당은 물론이려니와 대문 밖 이웃집 문전의 눈까지도 치우게 하셨다. 눈을 치우지 못하면 밥상머리에 앉지 못하게 하셨다."[37]

송암의 모친은 친척 집에서 뜨물을 얻어다가 돼지를 키우고, 아침 일찍 남의 집에 가서 집을 치워주고 밥 두 그릇을 얻어다 다섯 식구를 나눠 먹었다. 할머니가 장만해 놓은 땅에서 쌀이 들어왔는데, 어머니는 제사에 쓸 쌀을 조금 남겨놓고는 정미소에 가서 좁쌀로 바꾸어 가면서 절약하였다고 한다.

---

37 이회림(1999), 『내가 걸어온 길』, 삶과꿈.

눈을 안 치우면 밥상에 앉히지 않은 어머니

송암의 할머니 또한 알뜰한 살림꾼이었던 듯하다. 역시 젊은 시절을 홀로 보낸 할머니는 집안에서 소규모로 소주를 만들어 판매했다. 이 덕분에 다소 축재해 장단역 근처에 전답을 매입하였다.

"개성에서 장단역까지는 기찻삯이 25전이었다. 할머니께서는 갈 때는 홀몸이고 거리가 약 30리밖에 안 되니 걸어가자고 하시기에 나는 돈을 아끼시려나 보다 하고 그저 따라만 다녔는데, 돌아올 때는 콩이나 녹두 같은 잡곡을 가져오게 되니 기차를 타고 온다. 이때에도 할머니께서는 '사람이란 한 푼이라도 아껴야 앞일을 도모할 수 있다'라는 말씀을 잊지 않으셨고, 나는 10살 전후의 어린 나이에도 크게 감명을 받아 성장해서 사회생활을 하는 데에도 큰 도움이 되었다."[38]

송암은 보통학교를 졸업하자 진학의 꿈을 접는 대신 서점에서 일하려고 했다. 일을 하면서 틈틈이 독서를 하면 상급 학교에서 배우는 것 못지않게 지식을 쌓을 수 있을 것으로 생각했다. 하지만 그의 계획은 어머니의 반대로 좌절됐다. 어머니는 "가족을 위해 돈을 벌겠다니 대견하다마는 장사를 배우고 익히려면 서점보다는 큰 상점에 취직해야 한다"라고 타일렀다.

당시 개성에는 큰 도매점들이 있었는데 이런 곳에 취직하면 처음 3년간은 월급 없이 일을 시켰다. 이 기간이 지나야 주인이 점원의 됨됨이를 평가해 장래성이 있다고 판단되면 본인 명의로 적립금 100원을 주는 게 관례였다. 바로 개성상인으로서 가능성이 있는지를 평가하는

---

38 이희림, 앞의 책.

절차였다.

"나는 빈한한 가정의 장남으로 3년간 보수 없이 일만 하는 것은 매우 어려운 일이라 생각하였다. 하지만 어머니는 '생활이 어렵다고 당장의 수익만을 좇지 말고 앞을 내다볼 줄 아는 생각을 가지라'고 말씀하시면서 내가 서점에서 일하는 것을 막으셨다. 그 후 나는 아버님 친구분의 도움으로 잡화 도매상인 손창선상점에 점원으로 취직할 수 있었고, 송상으로서의 자질을 갈고닦기 시작하였다."[39]

개성 상점서 수습 1년 만에 주문 일도 맡아

당시 개성 상점에는 잡화류 다음으로 화장품류가 많았다. 송암이 여기서 느끼고 자극받은 것이 있었다. 바로 백미 한 가마니가 5~6원할 때 한 타(打, 12개 단위)에 15원 하는 '제니와'라는 고급 화장비누가 있다는 사실이었다. 비누 6개가 쌀 한 가마니와 맞먹는 값이었다. 그는 이런 물건은 오직 화류계 여성, 즉 홍등야곡에 젖어 있는 족속들이 쓸 것이라고 여겼다. 남자가 그런 비싼 비누를 쓴다는 것은 경제적으로 용인되지 않을뿐더러 있을 수 없는 일이라고 생각했다. 그래서 그는 어려서부터 비누는 손 씻을 때나 머리 감을 때만 썼지 얼굴에는 쓰지 않는 습관을 들였다. 나이가 들어서도 비누 세수는 하지 않았다.

송암은 수습 점원 1개월도 안 돼 상점에서 취침할 수 있는 특혜를 받았다. 보통 수년이 지난 후에야 가능한 일인데 그에게는 일찍 허락됐

---

39 이회림, 앞의 책.

1968년 11월 8일 인천 소다회 공장 준공식에 참석한 박정희 당시 대통령에게 공장 시설을 안내하고 있는 이회림 사장.

다. 그러나 상점에 가지고 갈 만한 이부자리가 없었다. 없는 살림에 이부자리는 물론 의복까지 새로 만들려니 어머니는 걱정이 이만저만이 아니었다.

당시 수습 점원의 가장 어려운 일은 수사환(고참 점원)들이 시내에서 주문받은 물건을 배달하는 것이었다. 자전거나 자전거 뒤에 손수레를 달고 짐을 싣고 배달을 다녔는데 적재량이 무척 많아 애먹었다. 송암은 약골이 아니어서인지 배달을 도맡아 했다. 그랬더니 주인은 물론 선임 사환들도 부지런한 사람이라고 인정해 1년도 안 돼 수사환들이 하는 주문 일까지 맡았다.

"매일 시내를 일주하며 소매상에 주문을 받으러 다니거나 장단, 고량포, 구화장 등 약 100~200리 거리를 다니면서 주문을 받는 것이 주된 일이었고, 그 후 발전하여 자전거로 1박 2일 또는 2박 3일 코스를 다니면서 목표 이상의 실적을 올려 손 주인은 물론 큰 주인(자금 대여 후원자)까지도 칭찬이 자자했던 것이 기억난다."[40]

하지만 그는 손창선상점이 파산하는 바람에 3년 반 만에 그만두게 되었다. 상점은 파산했지만 소득은 있었다. 그가 다니던 상점에서 취급하던 잡화가 1,000여 종에 이르렀기 때문에 상품을 감별하는 안목이 생겼다. 또 좋고 나쁜 것을 알게 돼 후일 물정에 대한 이력을 터득하는 데도 도움이 됐다.

당시 개성 상점 점원의 일과는 아침 7시 전에 일어나 상점 문을 열고 조반 후에는 지방에서 오는 상인들에게 물건을 권하며 매매가 성립되면 짐을 꾸리는 일이었다. 짐 꾸리는 곳은 창고가 있는 청포전 도가였는데 이곳은 일종의 공동 창고였다. 아주 오래전에 건립된 옛 송도상인의 유물인 것으로 전해진다.

젊어서부터 이런 일과를 소화하던 송암도 대략 1주일 중 3~4일은 분주하고 그 외에는 시내로 주문을 받으러 다니거나 황해도 일대, 경기도 일대를 자전거나 기차 편으로 2박 3일 또는 3박 4일 출장을 다니면서 보냈다. 17~18세의 나이로 이렇게 출장을 다닌다고 해서 송암은 선망의 대상이 된 듯하다.

지방 출장을 나가지 않을 때는 상점에서 밤늦도록 초(草) 일기장을 기록하는데 수사환은 이를 수합·정리하여 장부에 옮겨 쓴다. 주인도 늦게까지 장부 정리를 하다가 점원들과 같이 잠을 자는 경우가 종종 있어 월 7~8회 정도 숙직하는 것이 보통이었다.

---

40 이회림, 앞의 책.

그가 실례를 들어 남긴 개성 장부

송암은 1934년 삼촌의 소개로 동갑내기 박화실(개성 정화여학교 졸업)과 결혼했다. 당시 개성 남대문 부근에는 포목 도매상이 세 곳, 잡화 도매상이 세 곳 있었는데, 송암이 손창선상점을 나오자 서로 경쟁이라도 하듯이 자기 상점으로 오라는 권유를 했다. 오히려 그는 선택을 고심하는 입장에 처했지만 높은 급여를 주겠다는 잡화상의 유혹을 뿌리치고 장래성이 있어 보이는 강형근포목상을 선택했다.

송암이 젊은 시절 익힌 '사개송도치부법(四介松都治簿法)'은 고려청자, 고려인삼과 함께 개성의 자랑거리였다. 세계 최초의 복식 부기인 이탈리아의 부기법보다 오히려 200년이나 앞선 것이었다. 송암은 자신의 실거래 내역을 인용한 개성 부기 실례를 자서전에 꼼꼼하게 기록해 '마지막 송상'으로서의 면모를 유감없이 보여줬는데 그중 한 대목을 인용해 본다.

"특히 개성 부기에서 가장 중요한 점은 초 일기를 매일 기록하는 것이다. 상점의 입출금 내역은 물론이려니와 상점 주인의 계획표, 물품 출입 상황 등을 적고, 특이한 점은 고객이나 이웃 상점에서 손님이 와서 한마디씩 하는 것도 일일이 적어서 장사의 정보로 활용하는 것이다. 상점주나 수사환은 초 일기를 매일 또는 2~3일 만에 분석하여 어떤 물품이 인기가 있고 어떤 상품의 가격이 어느 지방에서 내려가는지 감을 잡고 즉시 대처한다는 것이다. 불행하게도 개성상인의 배타적 보수성 때문에 오늘날까지 개성 부기가 보급되지 못하고 역사적 유물이 되어버린 것이 안타깝다."

당시 개성에는 상인 간의 수습 제도로서 차인제도(差人制度)가 있었

1986년 금탑산업훈장 수상 기념 사진.

는데, 부유한 집안 출신이라도 장차 기업을 계승할 자제는 반드시 다른 상점에서 수년간 수습을 거쳐 기업을 계승토록 하는 제도였다.

중일전쟁의 발발로 면화류가 전쟁 물자화 되자 그가 다니던 강형근상점이 급속히 신장했다. 덕분에 송암은 서울 북창동에 신설된 지점의 판매책으로 발탁된다. 그는 후일 "손창선상점에서는 상인이 개인적으로 갖추어야 할 성실성, 신용 등의 덕목을 배웠다면, 강형근상점에서는 장사의 기본 원칙과 방법 등을 습득하고, 상인으로 대성하려면 사고력, 즉 판단력과 책임감이 우선한다는 것을 터득했다"라고 술회하고 있다.

광복이 되자 송암은 사업 자금 마련을 위해 귀향해 이웃 과수원 주인에게 돈을 꿨다. 당시 과수원 주인은 차용 증서는 필요 없다면서 안

방에서 꺼내 온 100원 뭉치를 그에게 서슴없이 내놓았다. 당시만 해도 엄청난 거액을 이렇게 빌렸으니 그의 신용 정도를 가늠할 수 있다.

종로 최고의 무역상 개풍상사

그는 개성 시절의 장사 노하우를 살려 광복 후에도 거듭된 수익을 올리며 이재를 모았다. 그 결과 서울 관수동 입구 종로3가 1번지에 마침내 이합상회라는 간판을 걸게 된다. 이 가게는 1946년 장사를 시작한 이후 나날이 번창하여 불과 2년 만에 종로3가에서는 제일가는 점포가 되었다. 1948년 말 송암은 세든 점포를 매입하여 다시 무역상 개풍상사로 탈바꿈시키는데, 개풍상사는 대한중석에서 나오는 부산물 비스머스를 제련하여 독점 수출함으로써 1952~1953년 2년간 수출 실적 1~2위를 다투게 된다.

이어 1955년에 대한탄광을 인수하고 이듬해 대한양회를 설립하여 본격적인 사업가의 길을 펼친다. 대한탄광 시절에는 오늘날과 같은 장비가 없어 고생하는 광부들이 많았다. 송암은 광부들의 희생으로 탄광이 운영된다고 생각해 탄광촌에서 숙식을 함께했다. 또 장학회를 설립하여 직원 자녀들에게 장학금을 지급해주기도 했다. 이는 우리나라 산업화 초기에 회사를 운영하면서 장학 사업을 시작한 효시라고 할 수 있다. 이를 시발로 1979년에는 재단법인 회림육성재단을 설립하여 학술·문화 부문에 연구비를 지원했다. 1969년 군산의 청구목재를 인수하면서는 여공들에게 공부할 기회를 주고자 산업체 부설 학교인 청구여중을 개설하기도 했다.

이어 송암은 오늘날 OCI가 된 동양화학을 1959년에 인수하여 경영하게 된다. 동양화학은 애초 강원도 삼척에 소재한 일본인의 비누 공장을 불하받은 김승호 씨가 소다회를 생산하기 위해 설립한 것이었다. 그러나 김승호 씨는 AID 차관 560만 달러 조달이 어려워지자 송암에게 동양화학을 인수해달라고 요청했다. 당시 소다회는 섬유 산업, 판유리 제조, 중석 제련, 식품, 의약, 세제 등 많은 곳에 쓰였으나 일본과 미국에서 수입해 쓰는 형편이었다. 송암은 소다회를 만들면 수입 대체 효과를 가져올 수 있는 기간 산업을 일굴 수 있다고 판단해 동양화학을 인수했다.

직원 자녀 교육과 장학 사업에 쏟은 정성

송암은 이후 동양화학 제품의 수요처가 경인 지역에 몰려 있고 제품 수송과 항만 입지 등을 고려해서 인천을 가장 적합한 공장 부지로 선택한다. 인천 앞바다의 두 개 섬 사이 2,200m를 막아서 해수를 담수화하여 용수로 사용하는 큰 그림도 그렸다. 이는 중장비가 없던 당시 민간 기업이 대규모 간척 사업을 성공시킨 최초 사례로 기록됐다. 이 제방은 그 후 인천 도심에서 송도 신도시를 잇는 주요 도로가 된다.

그러나 1960년대 소다회 공장으로 성장하던 동양화학에도 위기가 닥쳐왔다. 1968년 소다회 공장의 실수요자는 대기업인데, 이들이 필요량 1년 치를 일본에서 미리 들여오는 바람에 동양화학에서 생산한 소다회가 팔리지 않은 것이다. 이때 송암은 개인 보유 부동산과 인천 매립지를 처분해 회사를 정상화하겠다고 자구안을 내놓았다. 당시 박정

2005년 6월 송암미술관 기증식에서 평생 수집한 고미술품을 둘러보았다.

희 대통령은 "자기 집까지 팔아서 회사를 정상화하겠다는 것을 보니 참다운 기업가다"라며 "경영 정상화에 정부도 지원하라"라고 지시할 정도로 진정성을 인정받았다. 이후 송암은 소다회 수입 금지와 사채 동결, 차관 상환 유예 등의 정책을 이끌어냈다.

OCI는 현재 태양광 발전의 핵심 소재인 폴리실리콘 사업을 말레이시아(태양광), 군산(반도체)의 투 트랙 생산지 전략을 통해 대응해나가고 있다. 최근 OCI는 세계 최대 태양광 웨이퍼 기업인 롱기솔라에 9,300억 원 규모의 폴리실리콘 장기 공급 계약을 체결하며 말레이시아 공장에서 생산하는 폴리실리콘의 안정적인 공급처를 확보하기도 했다. OCI는 제조 원가를 2020년 평균 대비 추가로 15% 절감하는 등 말레이시아 공장을 앞으로도 경쟁사 대비 원가 경쟁력이 있는 사업장으로 구축한다는 계획이다.

한편 6·25 전쟁으로 개성이 북한에 편입되면서 송도중학교가 사라진 후 인천에 사는 개성 출신 인사들이 뜻을 모아 1952년 송도중학교의 문을 다시 열었다. 개성상인으로서 배움에 대한 남다른 생각을 가진 송암은 1982년 송도학원의 이사장으로 취임하여 송도중·고교를 운영하면서 건물 건축과 복지까지 일체를 지원해왔다. 이 학교에는 '사람이 먼저 되라'는 교시가 있는데, 기업가이기에 앞서 후배들에게 항상 '사람'이 되기를 주문했던 송암의 얼이 오롯이 새겨져 있다.

송암은 2007년 7월 18일 서울대병원에서 별세하여 경기도 포천군 창수면 오가리 선영에 안장됐다.

송암의 가계

송암은 부인 박화실과 사이에 3남 3녀를 두었다. 장남 수영(작고·OCI 회장 역임) 씨는 김경자(79·송암문화재단 이사장) 씨와 결혼하여 2남 1녀를 두었다. 이 중 장남 우현(53·OCI 부회장) 씨는 김수연(44·김범영 전 국회의원 장녀) 씨와 결혼하였으며, 차남 우정(52·넥솔론 전 대표) 씨는 이성은(51) 씨와 결혼하였다. 또 딸 지현(47·OCI미술관장) 씨는 김성준(47) 씨와 결혼했다.

송암의 차남 복영(74·SGC그룹 회장) 씨는 박형인(69) 씨와 결혼하여 2남 1녀를 두었다. 이 중 장남 우성(43·SGC에너지·SGC이테크건설 부사장) 씨는 구은아(39·구자열 LS그룹 회장 장녀) 씨와 결혼하였으며, 차남은 원준(37·SGC에너지 전무) 씨이며, 장녀 정현(44) 씨는 김주용(53·제이 씨데코 코리아 대표) 씨와 결혼했다.

송암의 3남 화영(70·유니드 회장) 씨는 이은영(66·이철승 전 상공부 차관 딸) 씨와 결혼하여 1남 1녀를 두었는데 아들 우일(40·유니드 전무) 씨는 문영규(32) 씨와 결혼하였으며, 딸 희연(42) 씨는 한상준(49·유니드 부사장, 한승수 전 총리 장남) 씨와 결혼했다.

송암의 장녀 숙인(84) 씨는 김일(재미교포) 씨와 결혼하였으며, 차녀 숙희(81) 씨는 이웅선(85·전 국회의원) 씨와 결혼하여 주연(55)·우연(48) 씨 남매를 두었다. 송암의 3녀 정자(77) 씨는 이병무(80·아세아그룹 회장) 씨와 결혼하여 장남 훈범(52) 씨와 장녀 훈송(51) 씨, 차남 인범(50) 씨 2남 1녀를 두었다.

▌ 내가 본 송암 이회림 ▌

"정으로 쪼갤 수 있는 바위의 눈을 가르쳐주신 분"

김용정(전 동양화학그룹 유니드 회장)

회사에 입사해서 이회림 회장님을 한창 사업에 성공하고 계셨던 48세에 처음 뵈었다. 이후 회장님을 곁에서 보필하며 지내다 보니 어느덧 35년이라는 세월이 눈 깜짝할 사이에 지나갔다. 회사의 상사로서, 사업을 가르쳐주신 은사로서, 개인적으로는 부모님같이 많은 은혜를 입었다.

전통적인 개성상인의 도를, 그것도 33년간이나 가까이에서 모시고 일하며 배울 수 있었다는 것 또한 나의 일생에 큰 행운이라 생각한다. 사업이나 일을 잘 풀어나가는 사람과 그렇지 못한 사람이 있다. 이회림 회장님은 일의 핵심을 빨리 파악하여 가르쳐주신다.

처음에는 그 뜻을 잘 모르고 '왜 그렇게 어려운 일을 지시하는가' 의문을 갖는다. 그러나 오랜 세월 모시고 사업을 하다 보면 그 방법이 일을 푸는 데 핵심이라는 것을 알게 된다. 바위에도 눈이 있다. 그 눈을 찾아서 정으로 쪼개야만 쉽게 깨져서 훌륭한 조각품이 나오는 것이다. 그러나 바위의 눈을 찾는 것은 결코 쉬운 일이 아니다. 그것은 많은 경륜을 통한 심안(心眼)에서만 보이고 알게 된다.

많은 사람이 사업을 하지만 하는 사업마다 성공하여 커다란 기업을 형성하는 것은 참으로 어려운 일이다. 동양화학그룹이야말로 이회림 회장님이 이룩해놓은 큰 업적이다.

15

노블레스 오블리주의 대물림

[대림산업] 수암 이재준

수암 이재준

1917년   7월 30일 경기도 시흥에서 태어남
1929년   군포공립보통학교 졸업
1936년   한일정미소 운영
1939년   부림상회 설립
1963년   대림산업 대표이사 취임
1980년   대한건설협회 회장 취임
1995년   11월 29일 서울 용산구 한남동 자택에서 별세

수암(修巖) 이재준(李載濬)은 건설업 기반 국내 대기업 중 가장 오래
된 대림그룹 창업자이다. 대림은 경영 기반이 탄탄하기로 유명한 기업
이다. 2014년을 제외하면 창사 이래 적자를 낸 적이 한 번도 없으며,
1966년 해외 건설 시장에 진출한 이래 36개국에서 600개 이상 프로젝
트를 완수했다. 베트남, 태국, 대만, 캄보디아, 브루나이, 홍콩을 비롯
해 러시아, 핀란드, 이집트, 남아프리카공화국 등 전 대륙에 걸쳐 사업
을 진행하거나 완료했다. 그뿐더러 대림가는 기회가 있을 때마다 "공동
체·사회를 위해 써달라"며 개인 재산을 기부금으로 내는 데 앞장서 와

'한국의 록펠러'로 불리기도 한다.

수암은 1917년 7월 30일 경기도 시흥(현 산본 신도시 일대)에서 부친 이규웅과 모친 양남옥 사이의 5남 4녀 중 차남으로 태어났다. 전주 이씨인 그는 선조 왕의 일곱 번째 아들 인성군의 10대손이다. 그의 아호는 동네 뒷산 수리산 수암봉에서 따왔다고 한다. 이재형 전 국회의장이 바로 손위 형이며, 이재연 아시아스타 회장이 막냇동생이다. 부친은 장남에게는 공부를 시켰지만, 사업 기질이 보였던 차남에게는 장사를 배우라면서 보통학교만 졸업시킨 뒤 자기 밑에 두었다.

부친의 정미소에서 경영 수업

수암은 18세 때 부친이 상경하여 정미소를 경영하게 되자 그 일을 거들며 기업가로서의 수업을 쌓아간다. 부친이 경영하던 한일정미소는 서울 서대문구 충정로1가 62번지 옛 동양극장(현 문화일보사) 옆자리로 원래는 한성은행 터였다. 한일정미소의 자본금은 약 5만 원. 당시 500섬지기는 할 수 있는 큰돈이었다.

그때만 해도 우리나라에서는 수확한 벼를 그대로 매매해왔고 가끔 식용으로 백미를 내놓기는 하였으나, 이것은 방아로 찧은 쌀이어서 중백미(中白米)였다. 그러다가 19세기 말 강화도조약에 의해 개항이 강요된 이래 우리나라에도 정미 공장이 하나둘 생기기 시작했다. 서울·부산·인천 등 주로 개항장이 그 중심이었다. 정미소가 문을 열고 지방에서 벼를 사다가 동력기로 찧어서 시내 도·소매상에 넘겼다.

"직원이라야 20여 명에 불과했으므로 하루 평균 200여 가마를 찧어

1972년 3월 브루나이 천연가스액화 공장 현장 시찰 중인 수암(오른쪽 두 번째).

서 팔러 다니려면 여간 바쁘게 서두르지 않으면 안 되었다. … 그런데
물건을 팔러 다니던 영업사원이 사흘이 멀다 하고 결근을 하자 부친은
역정이 나셨던지 잔심부름이나 시키며 일을 배우게 했던 아들에게 그
일을 맡겼다. 영업사원이 하는 일이라야 매일같이 시내를 돌며 쌀 가
게에 물건을 대주고 수금을 하는 단순한 일이었지만, 몇몇 거래처에서
몇 달씩 물건만 받고 수금을 미루는 데는 어떻게 대처해야 할지 난감하
기만 했다. 자기 물건 내주고 대금을 받아오지 못한다고 꾸중을 들어
야 했기 때문이다. 그때 수암은 어떤 거래이건 서로에게 이익을 가져다
주는 것이어야 하며, 신뢰와 신용을 바탕으로 이루어져야 한다는 것을
깨닫게 되었다."[41]

부친은 그에게 매달 월급 45원에다 50전을 점심값으로 별도로 주었

41 대림(1999), 『대림 60년사』, 대림산업.

다. 점심을 건너뛰면 한 달에 60원은 되니까 그 돈을 받아서 식산은행에 3년 기한으로 2,000원짜리 적금을 부었다. 큰 집 한 채를 사고도 남는 돈이었다. 하루 두 끼니로도 돈 느는 재미에 배고픈 줄을 몰랐다. 수암의 근검·근면·절약의 생활 철학은 이때부터 다져진 신조였다. 사람은 우선 부지런해야겠다는 것을 체득한 것도 바로 이때였다. 거래처에 느지막이 수금을 나가면 만나야 할 사람이 자리를 비우거나 외출 중이라 허탕을 치기 마련이었지만 새벽같이 찾아가면 그런 실수가 적었다.

오전 4시 근무 시작 '새벽탕'의 탄생

"대림의 초창기 때 간부 사원들은 새벽 4시면 일어나 발주처의 담당자 집을 찾아 나서는 것이 일과의 첫 순서였는데, 이를 이른바 '새벽탕'이라고 불렀다. 실제로 식전에 두세 시간씩 일을 해보면, 아침 밥맛도 나고 건강에도 좋을뿐더러 엄청난 양의 일을 해낼 수가 있어서 일거양득이었다. 이러한 부지런함이 오늘의 대림을 일궈낸 원동력이 되었음은 물론이다."[42]

수암의 근검·절약을 잘 보여주는 사례가 1950~1960년대에 재계에 널리 회자되었던 '설렁탕 외교'다. 당시 대림은 외부 인사의 지위 고하를 막론하고 '대접했다' 하면 메뉴는 단 한 가지, 설렁탕이었다. 수암은 평생 자기 분수를 모르고 사치하고 낭비하는 것을 절대로 용납하지 않

---

42   앞의 책.

았다. 그렇다고 인색하게 살아야 한다는 것은 아니었다. 한때 대림은 어느 해외 현장에서나 식당 입구에 '마음껏 드시고 버리지 맙시다'라는 팻말을 붙여놓았었다.

실제로 그의 선친은 "사람은 널리 사귀되 쉽게 버려서는 안 된다", "손해를 보더라도 약속은 반드시 지켜라", "멀리 내다보고 일을 도모하라", "순리를 저버리지 말아라", "정직하고 솔직해야 한다" 등 상인이 갖추어야 할 자질을 익히도록 독려했다. 바로 이러한 자질 훈련은 훗날 수암이 사업가로서 대성하게 되는 밑거름이 되었고 경영 철학으로 굳어졌다.

수암은 1939년 10월 10일 대림그룹의 모체인 부림(富林)상회를 세운다. 그와 그의 고종사촌 형인 이석구 씨가 각기 1만 5,000원, 원장희 씨 (이석구 씨 둘째 매부)가 1만 원 등 4만 5,000원을 공동 출자하여 부평역 앞에서 시작한 건자재 판매 사업이었다. 때마침 일제가 대륙 침략을 위한 대규모 조병창 시설을 이 지역에 세우면서 일기 시작한 개발 붐으로 사업은 2년 만에 매출액이 100배로 늘어났다.

사업이 잘되자 단순한 건축 자재 영역에서 벗어나 본격적인 목재 생산에 들어갔다. 현재의 경기도 광릉보다 나무가 많은 수원 근방의 화산과 팔달산에 대규모 벌목장을 설치하여 수원비행장 건설 때 수백만 개의 레일용 침목 등을 납품하고, 경인 지방에 목재를 거의 독점 공급했다.

"부림상회는 급증하는 목재 수요에 맞추어 직접 원목을 생산·제재하기로 계획을 세워 그 첫 사업으로 수암의 생가인 경기도 시흥군 산본리 일대의 선산 70여 정보(1정보=1만 ㎡)와 화성군 매송면 원리의 야산 10여 정보의 벌채 허가를 받아 원목 생산에 착수하였다. 대부분의 목재상은 제재한 상품을 매입·판매했지만 부림상회는 초창기부터 '사업의 일관성'에 착안하여 제재공장을 세웠고 원목 생산에도 참여함으로써 이소성대(以小成大), 즉 '작은 것으로써 큰 것을 이룬다'는 창업주 수암의 경영 철학의 면모를 이때부터 보여주었다."[43]

부림상회 시절부터 쌓은 서비스 정신

그뿐이 아니었다. 원목의 생산, 수송, 제재 방법에서부터 섭외, 상품을 주문받고 배달하기까지의 전 과정에서 모든 직원으로 하여금 수암 특유의 정성과 훈련을 쌓게 하였다. 이를테면 누가 공장을 짓기 위해 목재를 주문해오면, 재고품 중에서 그냥 수량만 맞추어 배달해주는 것이 아니라 쓰임새가 어디이며, 공사는 어디까지 진척되었으며, 어떤 재료를 써야 좋은 건물이 될 수 있는지를 미리 따져 연구하여 거기에 알맞게 납품해주었다. 즉 같은 기둥이라고 해도 도면에 따라 전면이냐, 측면이냐, 후면이냐를 가려서 제재하여 납품하게 했다. 또 공사의 진척에 맞춰 그때그때 필요로 하는 용재를 대줌으로써 자재 보관의 장소와 수고를 덜게 해주었을 뿐 아니라 자재 대금이 한꺼번에 투입되지 않도록 함으로써 발주자에게 이익이 돌아가도록 하였다.

이러한 서비스 정신은 오늘에 이르기까지 대림의 변함없는 고객 제일주의로 굳어지게 되었다. 또 상대편과 거래를 함에 있어서 올바른 상도의를 지키는 데 진력해왔는데, 수암은 이때부터 원리·원칙에 어긋나

43 앞의 책.

1986년 8월 포항제철 1열 연학리화공사 준공식에서 박태준 회장과 함께한 수암(오른쪽).

는 일은 절대 용납하지 않는 것으로 유명하였다.

시기적으로는 민족 경제의 암흑기였지만 시류를 잘 탄 부림상회는 사업 영역을 전국으로 넓혀갔다. 전국 목재 업계를 제패하겠다는 야심만만한 꿈을 가지고 전 재산의 70%를 투자, 평북 안변 부근 신고산 일대에 서울 사대문 안 넓이와 맞먹는 100㎢(300만 평)의 대규모 벌목장을 설치했다. 대규모 제재소도 공사 현장에 세워졌고 인부 2,000여 명이 동원됐다. 또 목재 운반용 달구지를 끌기 위한 소 600마리가 현장에서 사육됐다. 당시로서는 엄청난 규모였다.

"그러나 벌목해서 제재한 목재의 첫 화차가 서울에 도착하던 날 광복이 됐다. 부림상회가 심혈을 기울여 개발한 고산 벌목장은 나중에 공산군에 몰수당했고, 부림상회 창업주들은 빈털터리 신세가 됐다."[44]

44 조선일보 경제부(1982), 『재벌 25시』, 동광출판사.

실의에 빠져 있던 부림상회 창업자들은 활로를 찾기 위해 건설업에 뛰어들기로 했다. 부평에서 닦은 기반을 이용, 첫 건축 사업으로 부평 경찰서를 지었으며 뒤이어 광주경찰서도 맡아 지었다. 군정청으로부터 원목을 값싸게 인수해 교실을 짓는 데 들어가는 목재 등을 만들어 팔기도 했다. 이후 사업이 번창해 1947년 건설업에 진출하면서 상호를 대림산업으로 바꾸어 오늘에 이르고 있다.

기존 건설 업체들의 '검은돈' 커넥션 거부

그러나 시련도 있었다. 국내 최대 공사였던 영암선 철도 공사를 하는 도중 6·25 전쟁이 터져 공사비 일부를 받지 못하게 된 것이다. 환도 후에도 시련은 계속되었다. 당시 큰 공사는 지명 입찰로 발주됐는데, 집권층 일부에서 3~10%의 커미션을 공공연히 요구했고 이에 불응하면 공사를 맡을 수 없었다. 이른바 '건설 업계 5인조'가 정부 공사를 거의 독점했다.

대림산업은 이에 가담하지 않았다. 이것은 대림이 정치 권력과 결탁하지 않고 독자적으로 사업을 끌고 가는 계기가 됐다. 그러나 대림의 이 같은 초연한 태도로 인해 같은 건설 업계에서도 모략을 당하기 일쑤였다. 당시 정계에서 야당계 의원으로 활동 중이던 운경(수암의 형) 이재형 때문에 피해를 보기도 했다. 국회에서 무소속으로 활동 중이던 운경이 족청계와 가깝다는 이유로 대림은 여러 차례 세무 사찰을 받았다. 서울 수복 후 부서진 미도파백화점을 대림이 수리해준 뒤 공사비 대신 소유권의 상당 부분을 갖고 있었는데, 권력층의 개입으로 소유권이 다른 사람에게 넘어간 것도 당시의 일이다.

대림이 그룹으로서의 발판을 굳히게 된 것은 1960년대에 들어와 경영 체제가 바뀌면서부터다. 1963년까지 사장으로 있던 이석구 씨가 별세하고 수암이 사장으로 취임하면서 경영 전략도 대폭 바꿨다. 국내 공사뿐 아니라 해외로 눈을 돌려 1966년 베트남과 일본 이오지마에 진출한 것을 계기로 본격적인 해외 건설 수출에 나섰다. 특히 중동에 진출하면서부터 원청 공사보다 이익이 많은 플랜트 하청 공사를 주로 맡아 노다지를 캐내기 시작했다.

그사이 국내에서는 경부고속도로, 소양강댐 건설 등 사회 간접 자본 건설 현장마다 대림이 참여했다. 서울 영동·반포 지구 개발과 광진교, 영동대교, 양화교 등 한강 다리 공사에도 대림이 큰 족적을 남겼다. 잠실종합운동장 주경기장, 포항제철 등도 대림의 손을 거쳤다. 하지만 1986년에는 개관 11일을 앞두고 독립기념관에서 화재가 발생하여 국민에게 엄청난 충격을 안겼다. 그러나 대림은 이듬해 8월까지 당초보다 더 완벽한 복구 공사로 전화위복의 계기를 잡는 저력을 과시했다.

1987년에는 이란·이라크 전쟁의 피해를 떠안기도 했다. 이란 캉간 가스 정제 공장 현장에서 이라크 공군기의 무차별 폭격으로 13명이 죽고 19명이 부상을 당한 사고가 발생했는데 이 사고의 가장 큰 피해자로 여론의 지탄까지 감수해야 했다.

수암은 1936년 수원 지역 대지주의 딸인 이경숙 씨와 결혼했다. 그러나 장남 준용(83·DL그룹 명예회장) 씨를 낳은 지 4년 만에 작고했다. 수암은 박영복(작고) 씨와 재혼하여 차남 부용(77·대림요업 사장) 씨를 두었다.

수암은 1995년 11월 29일 서울 용산구 한남동 자택에서 별세하여 경기도 화성군 남양면 선영에 안장됐다.

사업을 업그레이드한 2세 경영

장남 준용 씨는 선친과 달리 정규 교육의 혜택을 입고 착실히 경영 수업을 받았다. 경기고, 서울대 상대를 졸업한 뒤 미국 덴버대에서 통계학을 전공했으며, 귀국한 후에도 영남대와 숭실대에서 잠시 강의를 맡다가 1966년부터 대림산업에 출근했다. 이후 국내외 공사를 막론하고 창업주를 도왔다. 유창한 영어는 해외 공사 수주는 물론 각종 문제 해결사로 큰 도움이 됐다. 1978년 부사장 시절에는 건설 업계 최초로 업무 전산화 작업을 추진하는 등 경영 정보 시스템 구축에 앞장섰다. 이듬해 사장이 되면서는 건설과 양대 축을 이루는 유화 부문의 틀도 마련했다. 창업주가 목재상을 건설업으로 키웠다면, 이준용 명예회장은 건설과 석유화학의 양대 사업을 구축해 안정과 성장을 이루는 기업의 새 기틀을 마련했다.

'통일과나눔' 재단에 재산 2,000억 원 내놓아

이준용 명예회장은 노블레스 오블리주를 몸소 실천하는 재계의 대표적 원로 경영자로 꼽힌다. 2015년에는 조선일보사로 찾아와 2,000억 원 개인 재산 전액을 재단법인 '통일과나눔'에 선뜻 내놓아 세상을 놀라게 했다. 그를 아는 지인은 "자기에게는 엄격하지만 어려운 이웃은

2015년 부회장이었던 이해욱 현 회장(왼쪽에서 세 번째)이 폴리부텐 라이선스 수출 계약을 체결하고 악수를 나누고 있다.

절대 외면하지 않는 성격"이라고 칭송한다. 1995년 대구 지하철 가스 폭발 사고 당시에도 피해 복구비와 유가족 성금으로 20억 원을 기탁했다. 평소 수행 비서 없이 차 문을 직접 열고 직원용 엘리베이터를 직원들과 함께 탄다. 부인상을 당했을 때도 친·인척을 제외하고는 전혀 알리지 않았다. 심지어 1999년 3남의 결혼식 때는 날짜만 적혀 있고 시간과 장소가 없는 청첩장을 돌려 화제가 되기도 했다.

수암 이재준의 가계

수암의 장남 준용 씨는 한경진(작고·이화여대 졸업, 대림미술관 이사장 역임) 씨와 사이에 3남 2녀를 두었다. 준용 씨의 장남 해욱(53·미 컬럼비아 대학원 응용통계학 석사) 씨는 DL그룹 회장으로 LG그룹 구자경 명예회장의 외손녀인 김선혜(50·이화여대 졸업) 씨와 결혼했다. 해욱 씨의 장모는 구자경 회장의 장녀 구훤미 씨, 장인은 희성금속 회장을 지낸 김희중 씨다. 미국에서 개인사업을 하는 준용 씨의 차남 해승(52) 씨는 미주리대 물리학과 교수인 김현영 박사의 딸 경애(53) 씨와 결혼했다. 3남 해창(50) 씨는 대림켐텍 사장이다. 준용 씨의 장녀 진숙(55) 씨와 차녀 윤영(49) 씨가 있으며, 윤영 씨는 김동일(48·외국계 은행 근무) 씨와 결혼했다. 수암의 차남 부용(77) 씨는 대림요업 사장으로 이종수 서울주철 회장의 딸 이선희(73·경희대 졸업) 씨와 결혼하여 슬하에 해영(50)·해성(48)·해서(47) 씨를 두었다.

▎내가 본 수암 부자(父子)▎

사당동 25평 후생주택서 산 창업주

김정원(국제변호사·전 청와대 안보 담당 특별보좌관)

대림산업가와 접하면서 나는 문득 이 집안이야말로 '한국의 록펠러가'가 아닐까 생각했다. 미국에서 유학 시절 나는 마침 록펠러 3세와 대학 생활(하버드대)을 함께하는 행운을 누렸다. 잘 알려진 바와 같이 미국의 록펠러는 누구든지 선망하는 노블레스 오블리주를 생활 속에서 실현해 보인 세계적 명가이다. 록펠러가 기부한 거액으로 뉴욕 시민이 된 자는 누구든지 평생 수도 요금을 내지 않는다. 내가 사귄 록펠러 3세는 항상 상대방이 편하도록 배려하는 것을 잊지 않았다. 옷차림도 항상 검소하고 소탈하였으며 언제 어디에서 만나든지 친절히 대하는 것을 잊지 않았다.

귀국해서 대림산업의 창업주 아들인 이준용 회장을 만났는데 그의 일거수일투족이 록펠러 3세의 화신 같았다. 그를 만나면 늘 즐거웠다. 그의 꾸밈없는 겸손함을 배워보려고 늘 애썼다. 한번은 함께 운동하다 다치게 돼서 일행에게 미안해 숨듯이 혼자서 병원을 찾아 진료에 나섰는데 어느덧 이준용 회장이 나타나 자상하게 뒷바라지를 해줘서 감명을 받은 적도 있다.

대림의 이재준 창업주는 자신이 창업한 기업이 우수 기업으로 꼽힐 정도로 커졌는데도 사당동의 25평(82㎡)짜리 후생주택에 살아 주변 사람들을 놀라게 했다. 대림의 임원들은 생전에 회장과 식사를 할 때는 음식 찌꺼기를 남기지 않으려고 애를 썼다. 그가 음식을 먹다 남기는 것을 무척 싫어했기 때문이다.

선친의 근검과 절약 습성을 꼭 빼닮은 이준용 회장이 개인 재산 수천억 원을 남김없이 사회에 환원했다는 소식을 접하고 역시 그분답게 살고 있다고 또다시 돌아봤다.

16
최초의 교육보험으로 실현된 독서광의 꿈

[교보생명그룹] 대산 신용호

대산 신용호

1917년 8월 11일 전남 영암군 덕진면 노송리에서 태어남
1940년 중국 베이징에서 곡물 유통 업체 북일공사를 설립
1958년 대한교육보험(현 교보생명) 창립
1964년 한국생명보험협회장 취임
1976년 세계대학총장회의 왕관상 수상
1980년 교보문고 설립
1996년 세계보험전당 월계관상 수상
1997년 신용호세계보험학술상 제정
2000년 APO(아시아생산성기구) 국가상 수상
2003년 9월 서울대병원에서 별세, 충남 예산 선영에 안장됨

대산(大山) 신용호(愼鏞虎)는 교보생명의 창업자다. 창업 이념은 국민 교육 진흥과 민족 자본 형성이다. 그는 1917년 8월 11일 전남 영암군 덕진면 노송리 솔안마을에서 신예범과 유매순 사이의 6형제 중 5남으로 태어났다. 부친이 독립운동을 하며 잦은 옥살이를 하는 바람에 모친이 어렵게 집안 살림을 꾸려갔다. 형들도 애국 운동을 하는 바람에 어린 그였지만 모친의 뒷바라지에 힘써야 했다.

부친은 일찍이 개화 사상을 받아들여 영암에서는 처음으로 단발을 하고 신학문을 익혔다. 그러나 일제가 강제로 나라를 빼앗은 후에는 야학을 열어 젊은이들에게 민족의식을 일깨우고, 호남 지방을 돌며 일인 지주들의 농민 수탈에 항의하는 소작 쟁의를 주동하다 두 차례나 옥고를 치렀다. 출옥 후에도 요시찰 인물로 분류되어 일경에 쫓기는 몸이 되어 있었다. 대산의 맏형 용국도 부친의 영향을 받아 스무 살 때 3·1 만세 운동에 뛰어든 후 호남 지방의 항일 운동을 이끌다가 감옥에 갔고, 출옥 후에도 일경의 감시를 피해 객지로 떠도는 신세가 되었다.

월출산 자락에서 태어나 월출산의 바람과 숲, 계곡에서 솟아나는 물을 마시며 자란 신용호는 아호를 대산이라고 했다. 그가 우리나라에서 가장 좋은 곳에 가장 좋은 사옥을 짓겠다는 꿈을 꾸게 된 것도 항상 마음에 품고 있던 월출산을 세상에 쌓는 것이었다.

천일 독서와 현장 학습

그러나 대산은 태어난 지 얼마 안 돼 갑자기 덮쳐온 모진 병마와 싸우느라 집 바로 옆에 있던 서원에 나가보지 못했다. 열 살이 되었을 무렵 하숙으로 생계를 꾸려가기 위해 집안이 목포로 이사했다. 이사한 뒤 동생 용희는 마침 여덟 살 입학 정년이 되었기 때문에 이웃 보통학교에 무난히 입학할 수 있었다. 하지만 취학 적령이 네 살이나 지난 대산의 입학은 거절당했다.

하숙생들의 활기찬 모습과는 너무나도 대조적인 자신의 신세를 한탄하던 어느 날 그들 중 한 학생이 대산에게 진지한 충고를 해주었다.

"세상에는 보통학교도 못 다닌 사람도 크게 성공한 예가 얼마든지 있단다. 노예를 해방시킨 미국의 링컨 대통령도 가난해서 학교를 제대로 다니지 못했고, 세계적인 철강왕 카네기도 변변히 교육을 받지 않은 가난한 집 아이였지. 하지만 링컨과 카네기는 어릴 때부터 노동을 하면서도 부지런히 책을 읽어 학교 공부를 한 사람들보다 지식이 깊었단다."

용기를 얻은 그는 그날부터 보통학교 1학년 교과서와 씨름하기 시작했다. 어머니를 돕는 일을 제외하고는 한시도 허비하지 않고 공부에만 매달렸다. 모르는 문제가 있으면 하숙생들에게 물어가며 배움에 빠져들었다. 성취감과 자부심은 그를 한 단계 높은 수준의 독학으로 뛰어들게 했다. 중학교 3학년의 실력을 쌓았을 때 대산은 40대 후반에 접어든 모친이 힘겹게 하숙을 하고 있었으므로 성년이 되는 20세에 집을 떠나기로 다짐했다. 그때까지 남은 천 일 동안에 '천 일 독서'를 하기로 결심했다. 천 일 동안 10일에 한 권을 읽는 것으로 잡아 최소한 100권 이상을 읽겠다는 계획이다. 책을 빌려 읽고 바로 돌려주어야 하므로 시간이 걸리더라도 정독해 내용을 완전히 파악하고 반드시 독후감을 쓰기로 한다.

계획이 서자 하루 네 시간 이상은 절대 자지 않기로 결심한다. 남보다 덜 자고 덜 놀아야 성공할 수 있다고 다짐한다. 대산의 독서열은 매우 치열했다. 마치 책에 걸신들린 사람처럼 독서 삼매경에 몰입한다. 그중에서도 위인전 『헬렌 켈러』는 대산의 인생 항로에 등대가 된 책이었다. 생후 19개월 만에 열병으로 눈과 귀의 기능을 잃은 그녀는 암흑과 침묵의 세상에 버려졌으나, 가정교사인 설리번을 만나 신체 장애를 극복하고 세계 최초로 대학 교육을 받은 맹·농아가 되었다. 대산 자신에게는 눈과 귀가 있으니 무엇인들 못 할 것이 없다고 마음을 다잡는

1958년 8월 7일 대한교육보험 개업식에서 미래 비전을 선언하는 신용호 창업주.

계기가 되었다. 훗날 이 나라 보험 업계의 큰 산이 된 그는 기회만 되면 사원들에게 "사흘만 시력이 주어졌다는 마음으로 세상을 보는 눈을 유용하게 쓰라"고 가르치곤 한다.

『카네기 전기』 역시 대산의 마음을 설레게 했다. 이 책을 읽으며 대산은 비로소 사업가가 무엇인지 알게 된다. 하숙생들이 권하는 『죄와 벌』이나 『주홍글씨』와 같은 일어판 세계 문학 전집의 명작들을 읽고 감명을 받아 장차 문학가가 되겠다는 생각도 한다.

천일 독서 시절의 다양하고 광범위한 독서 체험을 통해 인생 최고 스승은 책이며, 책이 사람을 만든다는 진리를 깨닫는다. 이때의 깨우침은 훗날 교육과 문화 사업이라는 평생의 지침이 된다.

천일 독서와 병행해 실행한 '현장 학습'은 세상을 이해하는 데 도움이 된 스스로 터득한 실학 교육이었다. '책을 100번 읽으면 저절로 그 뜻을 알게 된다'는 이치와 마찬가지로 사물도 백 번, 천 번 자세히 관찰하고 부딪쳐보면 그 생성과 운행의 이치를 깨닫게 된다는 사실을 자신이 창안한 '현장 학습'을 통하여 체득한 것이다. 현장 학습은 성년이 되어 자립한 후 인생에 많은 도움이 되었다. 사물에 대한 직관력과 판단력은 서울과 중국 대륙에서 만난 사회 선배들의 신임을 받는 데 결정적인 역할을 한다.

길이 없으면 길을 만든다

20세 접어든 대산은 1936년 3월 사업의 길로 나서기로 다짐하고 목포역에서 경성(서울)행 야간 열차를 탄다. 부모님의 완강한 반대로 야반도주한 가출이었다. 인왕산 밑 효자동 변두리에 하숙을 정하고 며칠 동안 서울 곳곳을 둘러본 대산은 친척 아저씨인 신갑범을 찾아가 인사를 드린다. 그는 친구인 신용원(대산의 셋째 형)과 닮은 대산을 반갑게 맞아 주었다. 그 후 대산이 중국 진출을 결심하자 당시 거금인 100원을 선뜻 빌려주기까지 했다.

대산은 서울에 온 지 다섯 달 만에 중국 대륙행에 성공한다. 무에서 유를 창조한 것이나 다름없었다.

'길을 찾는다. 길이 없으면 길을 만든다.' 이후 대산이 인생 좌우명으로 새겨 자신의 행동 철학으로 삼은 인생 지침이다. 대산은 다롄에 도착해 신갑범이 소개장을 써준 그의 절친한 대학 동창인 후지다상사 사

서울 광화문의 상징이 된 교보생명 건물 전경.

장을 찾는다. 후지다상사는 알찬 종합상사여서 여기서 신뢰를 쌓은 대산은 탁월한 상사 운영 아이디어를 내 많은 돈을 저축한다. 목포를 떠난 지 1년 6개월 만에 짬을 내 우선 서울에 와서 신갑범의 빚부터 갚는다. 그는 크게 기뻐하며 독립운동의 동지 이육사에게 대산을 소개한다.

"모쪼록 대사업가가 되어 헐벗은 동포들을 구제하는 민족 자본가가 되기 바라네."

육사의 격려에 대산은 민족 자본을 키우는 민족 자본가가 되겠다고 다짐한다. 이어 목포집에 들렀다. 하숙을 치고 있는 전셋집을 매입하고, 고향에 논도 몇 마지기 사라고 드린 목돈을 어루만지며 어머니는 꿈이 아닌가 싶어 손톱으로 살갗을 꼬집어보기까지 했다.

1940년 베이징의 자금성 동쪽에 사무실을 마련하고 마침내 자신의 회사 '북일공사'를 세운다. '허베이(河北) 제일', '베이징(北京) 제일'이라는 뜻이었다. 창립 2년 만에 직원이 200명을 넘어서는 큰 성공을 거둔다.

대산은 1943년 어느 날 모친에게서 부친이 위독하다는 전보를 받는다. 급행 열차를 타고 집으로 달려간 대산은 마당을 거닐고 있는 부친을 만나 깜짝 놀란다. 돈 버는 것도 중요하지만 장가를 보내려고 혼처를 정해두고 오게 한 것이다. 대산은 신부 집에 가서 유순이와 전통 혼례를 올린다.

베이징으로 돌아온 대산은 육사에게 거액의 독립운동 자금을 기회가 닿는 대로 지원한다. 그러던 중 대산은 육사가 일제 경찰에 체포되어 고문을 받다 옥사한 비보를 접한다.

대산은 광복 이후 톈진발 부산행 배 안에서 박정희를 만나기도 한다. 계급장을 뗀 군복 차림에 기다란 군도를 차고 있던 박정희와 인사를 나누고 서로를 격려하는 대화를 주고받는다.

훗날 교보생명을 창업해 기반을 다져가던 대산은 5·16 군사정변을 접하고, 선글라스를 끼고 시청 앞 광장에서 군부대를 지휘하는 박정희를 떠올린다.

교육열과 보험을 결합

귀국한 대산은 민주문화사라는 출판사를 만들고, 1946년 말 『여운형 선생 투쟁사』를 펴내 18쇄를 찍는 히트를 친다. 하지만 당시 불합리한 서적 유통 구조를 간파하고 출판 사업을 접는다.

이어 군산직물, 한양직물, 동아염직 등을 잇달아 창업하나 6·25 전쟁 중에 좌초한다. 전후에는 산업은행에서 6억 원을 대출해주겠다는

한국을 대표하는 지식 공간 교보문고 광화문점.

약속을 받고 한국제철을 설립한다. 서울 영등포 오류동에 20만 평 부지를 매입하고, 국내 최초로 냉간 압연 시설을 도입한다. 그러나 건설 막바지에 갑자기 대출이 중단되고 1955년 초 시운전도 못하게 된다. 동업자 중에 야당의 중진인 양일동 의원이 있어 '야당 회사'로 낙인찍혔던 탓이다.

대산은 집은 물론 손목시계까지 팔아 치우고 빈털터리가 되었다. 하지만 대산은 좌절하지 않고 새 사업 아이템을 찾다가, 한국 특유의 교육열에 보험업을 결합하기로 한다. 그러나 우선 신규 보험 회사 설립을 불허한다는 벽부터 뚫어야 했다. 대산은 6개월 동안 하루도 빠짐없이 당시 김현철 재무부 장관 집 앞에 가서 출근길을 지킨 끈질김을 보인다. 마침내 김 장관을 독대한 대산은 그의 배려로, 1958년 8월 대한교육보험(현 교보생명)을 창립하고 곧이어 종로 1가 60번지의 2층 건물로 이사하며, 임원 7명을 포함하여 46명으로 조직 진영을 갖춘다.

대산은 교육보험 1호인 '진학보험'을 세계 최초로 내놓는다. 죽어야 혜택을 주는 게 아니라 부모가 돈을 적립해 자녀가 초·중·고교를 진학할 때마다 학자금을 주는 상품이다. 그리고 단체들을 공략한다. 군인 단체 저축성 보험인 '화랑보험'을 고안하며, 1967년 육군과 170억 원의 계약을 맺은 데 이어 해군, 한전 등 대형 단체들과 속속 계약을 올리며 승승장구한다.

암 상품도 처음 개발한다. 보편적인 성인병도 보험 상품으로 만든다. 보험 업계 전산화 발상을 최초로 추진한 인물도 대산이다. 이 같은 열성과 집념으로 창립 5년 만에 보유 계약 업계 3위, 1964년에는 업계 2위로 오른 뒤 1967년 설립 9년 만에 정상을 차지한다. '맨 손가락으로 생나무를 뚫은' 그의 인생 지침을 실현한 것이다.

어린 시절 꿈을 부의 사회 환원으로 실현

부동산 관리 회사인 교보리얼코, 교보증권 등 총 9개의 자회사를 세우면서 교보를 35조 원 규모의 금융 자본으로 성장시켰다. 이 중 특히 교보문고는 교육을 통한 민족 부흥이라는 창업 이념에 가장 걸맞는 대산의 분신과 같은 문화 기업이다. 매장 면적 1,692평에 178만 권을 비치한 아시아 굴지의 유니크한 '도서관형 서점'이다. 책을 살 뿐만 아니라, 군데군데 설치된 독서대 의자에 앉아 책을 읽게 배려한 도서관 구실도 한다. 광화문점은 연 판매 부수 782만 권에 하루 평균 4만 5,000명이 방문한다.

교보문고는 대산이 독학 시절에 하숙생들에게 빌려 읽은 책으로 세상에 눈뜨고, 인생을 설계했던 그의 오랜 꿈이 담긴 공간이다. 대산은 1991년에 대산농촌문화재단, 1992년에 대산문화재단을 설립하여 농촌 개발과 문학 작품을 번역해 알리고 대산문학상을 주는 등 사회 환원 활동도 활발하게 벌여왔다.

대산은 1983년 세계보험대상을 받으며, 미국 앨라배마대학에서 '보험의 대스승'으로 추대된다. 1996년에는 '세계보험전당 월계관상'을 받았고 1996년에는 금관문화훈장을 받았다. 2000년 아시아생산성기구(APO)에서 APO 국가상을 받은 대산은 "교육과 민족을 사랑한 기업가로 영원히 남고 싶다"라고 말했다.

대산은 2003년 9월 19일 서울대병원에서 간암으로 별세하여 충남 예산 선영에 안장된다.

대산 신용호의 가계

대산은 유순이와 사이에 2남 2녀를 두었다. 장남 창재(63·서울대 의대 졸업, 산부인과 교수 역임) 씨는 교보생명 회장으로 정혜원 전 봄빛여성재단 이사장(2010년 작고)과 사이에 중하(35), 중현(33) 씨 두 아들을 두었다. 신 회장과 2013년 결혼한 박지영(44) 씨는 이화여대 중어중문학과를 졸업하고 같은 대학 대외협력처에서 근무했다. 박씨의 부친은 조각가인 박병욱 전 한국미술협회 부회장이고, 오빠는 박지훈 건국대 예술학부 교수이다.

신 회장은 1993년 부친의 뜻에 따라 의사직을 떠나 대산문화재단 이사장으로 교보생명에 입사했다. 1996년 교보생명 부회장, 2000년 교보생명 회장으로 취임했다. 의사 시절 골프도 즐기고 술 담배도 많이 했지만 교보생명에 들어오면서 모두 끊었다. 신 회장은 서울대 의대 출신으로 병원 진료 외의 직업을 가진 동문 모임인 경의지회(境醫之會) 회장을 맡고 있다. 안철수 의원과 부인 김미경 서울대 교수, 박용현 두산연강재단 이사장, 신상진 전 의원, 김철준 한독 사장, 손지웅 한미약품 부사장, 이원식 한국화이자 부사장이 멤버다.

대산의 차남 문재(55·디자이너 이미지 대표) 씨는 이정숙(55) 씨와 결혼하여 딸 혜진(28) 씨를 두었다. 대산의 맏딸 영애(67) 씨는 함병문(69·전 서울대 의대 마취과 교수) 씨와 결혼하여 딸 현진(42) 씨와 지훈(42)·세훈(36) 씨 형제를 두었다. 차녀 경애(65) 씨는 박용상(72·언론중재위원회 위원장) 씨와 결혼하여 아들 지원(42) 씨와 딸(소현·39) 씨를 두었다.

| 내가 본 대산 신용호 |

국민 교육 진흥과 민족 자본 형성을 위한 교육보험을 설계

이건희(이화여대 경영학부 교수)

대산 신용호는 우리나라 경제계와 보험 업계에 생활 보험의 절약과 보상을 연계하는 경제적 마인드를 심어준 위인으로 추앙되고 있다. 대산이 세계보험대상과 세계보험전당 월계관상을 받은 것은 이와 무관하지 않다. 국민 교육 진흥과 민족 자본 형성을 위한 교육보험을 설계한 뜻은 우리 인류의 생존과 존속이라는 영혼 불멸의 보험 특성을 우리 국민에게 소박하고 가장 극명하게 보여준 사업 특성이라고 할 수 있다.

대산은 인재 양성과 부(富)의 사회 환원, 성실 경영, 사회적 책임, 사회봉사, 고객 만족을 위한 최우선 경영을 몸소 실천해왔다. 그는 우리나라의 기업 창립자, 기업 소유자, 전문 경영자, 윤리 경영자, 교육보험 전문가의 거인상으로서 우리나라의 금융 산업에 우뚝 서 있음을 알 수 있다.

대산은 문화면에서도 높은 이상과 꿈을 펼쳐오면서 노벨상을 수상하는 것을 한국인의 기상으로 기대해왔다. 대산문화재단을 통해 문학상과 번역상을 두어 한국의 문인들을 독려하고 있다.

17

소비자의 마음을 사로잡은 문학청년

[롯데그룹] 상전 신격호

상전 신격호

1921년	10월 4일 경남 울주군 삼동면 둔기리에서 태어남
1939년	울산농업보습학교 졸업
1946년	일본 와세다대학 화학과 졸업
1948년	일본 롯데 사장
1967년	한국 롯데 회장
2011년	한국 롯데 총괄회장
2018년	한국 롯데 명예회장
2020년	1월 19일 서울 아산병원에서 별세

상전(象殿) 신격호(辛格浩)는 1941년 혈혈단신으로 일본에 건너가 단돈 83엔(830원)으로 재계 5위의 롯데그룹을 일군 '열정의 개척자'이다. 우유 배달 고학생이 78년 만에 자산 115조 원, 매출 90조 원, 세계 20여 개국에 18만 명의 종업원을 거느린 글로벌 기업을 키운 것이다. 그는 특히 1960년대 이후 우리 산업이 중화학공업과 전자, 자동차 등 대규모 장치 산업을 중심으로 성장할 때 국민 실생활과 직결되는 유통과 식품, 관광 분야를 개척하고 발전시킨 생활 경제를 꽃피운 기업인으로 기억되고 있다.

상전은 1921년 10월 4일 경남 울주군 삼동면 둔기리의 농가에서 신진수와 김순필 사이의 5남 5녀 중 맏아들로 태어났다. 어린 시절의 그는 말수가 적은 소년이었으나 남다른 상상력을 지녀 머릿속에 새로운 세계를 그리기를 좋아했다. 특히 한 일본인 교사가 간간이 들려주는 일본의 신문물 이야기는 큰 자극을 준 것 같다. 한때 작가가 되는 꿈을 키우기도 했다니 어쩌면 소년 신격호의 상상력은 타고난 것인지도 모른다.

언양보통학교와 1939년 울산농업보습학교를 졸업한 후 함경북도의 명천국립종양장에서 1년간의 연수 과정을 마친 상전은 경남도립종축장에 취업한다. 그러나 그는 종축장 일에는 관심이 없었고, 일본에 유학하여 공부를 더 하고 싶다는 열망을 키우고 있었다. 하지만 그의 바람은 가족들의 완강한 반대에 부딪혔다.

고심 끝에 상전은 1941년 맨몸으로 가출하여 관부연락선을 타고 일본으로 건너갔다. 장남이자 가장이라는 중압감이 어깨를 짓눌렀지만, 더 큰 세상을 그리며 공부하고 싶다는 욕망을 억제할 수는 없었다. 뱃삯을 내고 나니 겨우 83엔이 남아 있었다. 어렵게 도쿄에 있는 동창생의 자취방을 찾아 여장을 푼 그는 이튿날부터 우유 배달을 시작했다. 그리고 대학 진학을 위해 와세다중학 야간부에 편입했다.

공부하고 싶어 맨몸으로 가출해 일본행

천성적으로 책임감이 강한 그는 우유 배달을 하는 동안 눈이 오나 비가 오나 어김없이 배달 시간을 지켰다. 고객과의 약속은 반드시 지켜야 한다는 것이 그의 첫 번째 신조였다. 그러자 얼마 지나지 않아 그가 신용 있는 청년이라는 소문이 나기 시작했고 그의 성실함을 알게 된 고객들로부터 주문이 급증했다. 혼자 힘으로는 감당하기 어려울 만큼 배달 주문이 늘어나자 그는 직접 배

1976년 12월 롯데호텔 상량식.

달원을 모집해 '배달 사업'으로 운영해나갔다. 그렇게 혼자 힘으로 사업의 방법을 체득해갔다.

6개월 뒤 그는 친구의 방에서 독립했다. 그리고 과감하게 인생의 진로를 바꿔 와세다고등공업학교 화학과(현 와세다대학 이학부) 야간부에 진학했다. 문학을 꿈꾸던 그가 문학과는 동떨어진 화학과를 선택한 것은 그의 인생을 바꾸는 전환점이 되었다.

대학 생활도 어려움의 연속이었다. 그러나 뜻하지 않게 운명적인 만남이 다가왔다. 어느 날 60대 노인이 찾아와 뜻밖의 제안을 내놓았다. 노인은 그가 고물상에서 아르바이트를 할 때 알게 된 사람이었는데, 남다른 성실함과 근면함을 눈여겨보았다가 믿을 수 있는 청년이라는 확신이 들자 일종의 동업을 제안한 것이다.

"지금은 전쟁으로 인해 군수용 커팅 오일(금속을 갈고 자르는 선반용 기

름)이 품귀 상태인데, 공장을 운영해볼 생각이 없나? 자금은 내가 대고 수요처도 알선하겠네. 운영은 자네가 알아서 해보게나."[45]

성실함이 이어준 한 노 투자자와의 만남

기회는 이렇게 왔다. 그때 상황에서 군수용 커팅 오일은 만들기만 하면 납품이 될 수 있는 수요가 보장된 사업이었다. 그러나 공장이 순조롭게 가동돼 납품을 시작할 무렵 갑작스럽게 종전이 되었다. 납품할 곳이 없어진 것은 당황스러운 일이었다. 그와 노인은 하루아침에 빈털터리가 되었다. 죄인이 된 심정으로 노인을 찾아갔다. 노인은 "자네 잘못이 아니지 않은가"라며 오히려 그를 위로했지만, 그날 청년 신격호는 이 돈을 반드시 갚겠다고 다짐했다. 돈을 벌기 위해 일본에 유학 온 것이 아니었지만 운명처럼 그에게 돈을 벌어야 할 당위성이 생긴 셈이었다.

1946년 3월 와세다대학 화학과를 졸업한 상전은 그해 5월 폐허나 다름없는 도쿄 스기나미구(區)의 군수 공장 기숙사 자리에 '히카리(光)특수화학연구소'란 간판을 내걸고 비누와 포마드, 크림 등의 화장품을 만들었다. 패전의 잿더미 속에서도 미(美)를 추구하는 게 인간의 본성임을 직시하고 화장품 사업을 시작한 것이다.

그의 예측은 적중했다. 그가 만든 화장품은 공급이 달릴 정도로 팔려나갔다. 공장 운영 1년 반 만에 노인의 투자금 6만 엔을 모두 상환하고 집 한 채까지 선물할 수 있을 정도가 되었다. 노인 내외는 몹시 기뻐

45 롯데(2017), 『롯데 50년사』, 롯데.

하며 이 집으로 이사하여 여생을 보냈다. 이때부터 그는 '다른 사람에게 폐를 끼치지 않는다. 투자도 그 범위 안에서 구상한다'라는 신념을 갖게 되었다.

그러던 어느 날 상전의 인생에 또 하나의 전환점이 될 만한 사건이 아주 우연하게 찾아왔다. 그것은 미군 부대에서 흘러나온 껌이었다. 그는 난생처음 껌이라는 것을 입에 넣어보고는 경이로움을 느꼈다. '세상에 이런 맛이 있다니.' 혀에서 느껴지는 달콤한 맛은 뭐라 표현할 수가 없었다.

그때 잠재해 있던 그의 상상력이 발동했다. 어른의 입이 이런 느낌을 받을 정도라면 아이들에게는 어떠할까 하는 생각이 떠오른 것이다. 내가 만든 제품이 아이들에게 행복한 웃음을 줄 수 있다면 큰 보람이 될 수 있을 것이란 생각이 들었다. 그는 전쟁으로 달콤함에 굶주린 사람들을 위한 껌 제조 사업을 하기로 했다. 그가 사업을 통해 사람들의 삶에 기여하겠다고 마음먹은 중요한 계기가 되었다. 이러한 기업의 사회적 역할에 대한 그의 생각은 훗날 그가 모국에 투자하겠다고 나서게 된 이유 중 하나가 되었다.

수백 개 업체 난립한 껌 시장에 뛰어들다

당시 껌 시장은 무허가 업자들을 포함하여 수백 개의 업체가 난립한 혼란한 상황이었다. 그런데도 상전은 과감하게 나섰고, 1947년 시험 생산에도 성공했다. 제품의 완성도를 높이기 위해 약제사까지 고용하며 원료의 정확성과 제품의 균일도를 높이기 위해 노력했다. 소비자

1980년대 초 롯데제과 양산 초코파이 라인을 순시하는 신격호 회장.

가 만나는 제품은 품질과 안전, 맛 등 다방면에서 최대한의 만족을 주
어야 한다는 것이 그의 소신이었다. 아이들을 생각하며 만드는 제품이
기에 더욱 그러했다.

그가 만든 껌은 시장에서 기대 이상의 반응을 얻었다. 시장에서는
그가 만든 껌이 맛과 품질에서 가장 뛰어나다는 평판이 돌았다. 입소
문은 빠르게 번졌고 언제부터인가 상점 주인들이 제품을 받으려고 공
장 앞에 줄을 설 만큼 인기가 높아졌다.

이듬해 6월 상전은 정식으로 껌을 주력 제품으로 하는 회사를 설립
하기로 하고 ㈜롯데를 창립했다. 이는 그가 문학청년의 꿈을 키우던
시절에 읽은 소설 『젊은 베르테르의 슬픔』에서 영감을 얻은 것이었다.
이 소설은 독일의 문호 괴테가 지은 작품으로 여주인공인 샤롯테의 애
칭이 바로 롯데였다.

"신격호 총괄회장은 '주목은 살아 천 년, 죽어 천 년'이라 했는데, 샤롯데란 이름도 문학이 존재하는 한 사랑을 나누는 상징이 될 것이 분명하다'고 생각했다. 주인공 샤롯데의 이미지는 자유, 사랑, 행복한 삶을 추구하는 자신의 이상과도 상통하는 것으로 판단했다."[46]

이를 계기로 상전은 본격적인 기업 경영 체제를 갖추고 롯데껌의 판로를 일본 전역으로 확대한다. 서구 문명의 상징인 껌에 대해 일본 성인들은 비난을 퍼부었지만, 그의 생각은 달랐다. 당시 일본에서 껌의 핵심 타깃은 바로 어린이라는 점을 정확하게 꿰뚫고 있었기 때문이다. 오히려 롯데는 풍선껌 사업을 강화해 아예 풍선껌을 작은 대나무 대롱 끝에 대고 불 수 있도록 풍선껌과 대나무 대롱을 함께 포장했다. 당시에는 변변한 장난감이 없던 터라 풍선껌은 그야말로 날개 돋친 듯 팔려나갔다. 껌이라는 상품 자체가 식품이라기보다는 심심한 입을 즐겁게 해주는 장난감이라는 제품의 핵심 가치를 간파한 것이다.

상전은 문학청년의 감수성과 상상력을 살려 마케팅에서도 새로운 바람을 불러일으켰다. '입속의 연인'이라는 감성적인 카피로 소비자들의 마음을 흔들었고, 미스롯데 선발대회를 열거나 동화적인 분위기의 환상적인 광고 차를 운영하여 관심을 끌기도 했다. 모든 것이 그의 아이디어였다. 때마침 일본에 컬러 TV 방영이 시작되자 가요 프로그램 광고 시간을 통째로 사들여 〈롯데가요앨범〉이라는 프로그램도 만들었다. 껌 포장 안에 추첨권을 넣고 당첨되면 1,000만 엔을 준다는 광고를 내놓기도 했다. 결과는 롯데껌을 사기 위해 어른이나 아이 할 것 없이 상점 앞에 길게 줄을 서게 만들었다.

46 롯데, 앞의 책.

값비싼 중남미산 천연 치클 고집

하지만 롯데껌의 성공이 단순히 마케팅에만 의존한 것은 아니었다. 그는 '좋은 원료와 최고의 품질'을 사업의 기본으로 삼았다. 대부분의 경쟁자들이 껌 원료로 인공 치클인 초산비닐을 사용했지만 롯데는 값비싼 중남미산 천연 치클을 썼다.

그 결과 롯데는 10년 만에 다른 경쟁사들을 모두 제치고 일본 최고의 껌 메이커가 되었다. 이어 1961년 상전은 일본 가정에서 손님 접대용 센베이가 초콜릿으로 대체될 기미가 보이자 초콜릿 생산을 결단한다. 초콜릿 산업은 과자 사업 중에서는 중공업이라고 일컬어진다. 그만큼 제조 방법이 까다롭다는 얘기다.

그는 유럽에서 최고의 기술자와 시설을 들여오면서 초콜릿 시장을 장악, 이것이 롯데가 과자 종합 메이커로 부상하는 발판이 된다. 이후 롯데는 캔디, 비스킷, 아이스크림, 청량음료 부문에도 진출해 성공을 거듭한다. 이어 무역업을 하는 롯데상사와 롯데물산을 설립하고 해외에도 공장을 건설하는 등 글로벌 시장으로 범위를 넓혀 사업 다각화를 추진한다.

일본에서 사업을 일으킨 상전의 꿈은 조국에 기업을 설립하는 것이었다. 기업보국(企業報國)이라는 기치 아래 폐허의 조국 어린이들에게 풍요로운 꿈을 심어주기 위한 계획에 착수해 한일 수교 이후 한국에 대한 투자의 길이 열리자 1967년 롯데제과를 설립해 모국 투자를 시작한다. 롯데제과에 이어 롯데그룹은 1970년대에 롯데칠성음료와 롯데삼강으로 국내 최대 식품 기업으로 발전했으며, 이어 롯데호텔과 롯데쇼핑을 설립해 불모지나 다름없던 국내 유통·관광 산업의 현대화 토대를 구축했다. 또 호남석유화학(현 롯데케미칼)과 롯데건설 등으로 국가 기간 산업에도 본격 진출하였다.

1973년 당시 동양 최대의 초특급 호텔로 장장 6년간의 공사 끝에 문을 연 롯데호텔에 붙여진 찬사는 '한국의 마천루'였다. 지하 3층, 지상 38층의 고층 빌딩으로 1,000여 개 객실을 갖춘 롯데호텔 건설에는 경부고속도로 건설비에 버금가는 1억 5,000만 달러가 투자되었다.

호텔 사업 구상은 상전과 롯데그룹에 대단한 모험이었다. 당시에는 국내 산업 기반이 취약한 데다 외국 손님을 불러올 국제 수준의 관광 상품도 개발되지 않은 상황이었다. 관광업 자체의 민간 투자가 저조한 데다 산업 정책의 우선순위에서 뒤로 밀려 거의 불모지나 다름없었다.

'한국의 마천루' 건설하며 관광입국 펼쳐

그러나 부존자원이 부족한 우리나라는 기필코 관광입국을 이뤄야 한다는 것이 상전의 신념이었다. 그 결단으로 탄생한 롯데호텔은 2010년 러시아 모스크바에 한국 호텔로는 처음으로 해외 체인을 오픈할 만큼 성장했다.

1970년대만 해도 우리나라 백화점은 대부분 영세하고 운영 방식 또한 근대화돼 있지 못했다. 이러한 상황에서 상전은 국가 경제의 발전과 유통업의 근대화에 앞장서야 한다는 사명감을 가지고 백화점 사업에 도전한다. 롯데쇼핑센터(현 롯데백화점 본점) 건립 공사는 1976년 시작해 1979년 12월에 완공됐다. 규모는 연 면적 2만 7,438㎡에 달하며 지하 1층 지상 7층으로, 기존 백화점 2~3배의 크기로 아직껏 한국 1위의 백

2015년 5월 롯데월드타워 공사 현장을 방문한 신격호 회장.

화점 위치를 지키고 있다.

상전은 애초 기간 산업에 투자해 모국의 경제 발전에 이바지하겠다는 뜻을 품고 있었다. 특히 제철 사업에 관심이 많았지만, 정부가 제철 사업은 국영화한다는 방침을 정하면서 그 소망을 접어야 했다. 이후 호남석유화학을 인수하면서 그는 비로소 중화학공업에의 꿈을 이룬다. 1979년 호남석유화학은 여천단지 내 3개의 공장을 완공하고 고밀도 폴리에틸렌, 폴리프로필렌, 에틸렌옥사이드와 에틸렌글라이콜의 상업 생산을 시작한다. 이어 케이퍼케미칼 등 국내 유화사와 말레이시아의 타이탄케미칼 등을 인수하며 롯데그룹 성장의 한 축으로 키웠다. 2012년 롯데케미칼로 사명을 바꾸고 글로벌 화학기업으로 도약하고 있다.

이후 서울 잠실에 테마파크를 포함한 대규모 관광 위락 시설인 롯데월드를 건설하는 동안 상전은 또 하나의 원대한 계획을 품고 있었다. 석촌호수 서호를 중심으로 건설되는 롯데월드와 함께, 석촌 동호를 중심으로 종합 관광 단지(당시 명칭 제2롯데월드)를 건설해 잠실 지구를 한국의 랜드마크로서 세계에 자랑할 수 있는 복합 관광 명소로 키워내겠다는 구상이었다.

이를 위해 롯데는 1982년 제2롯데월드 사업 추진 및 운영 주체로 롯데물산을 설립하고, 1988년 1월에는 서울시로부터 사업 이행에 필요한 부지 8만 6,000여 ㎡를 매입했다. 그 후 지난한 우여곡절을 거쳐 상전은 마침내 2011년 지상 123층 높이 555m의 초고층 빌딩을 포함하여 80만 5,000여 ㎡에 달하는 롯데월드타워 전체 단지의 건축 허가를 받아냈다. 공사는 순조롭게 진행되어 2017년 4월 3일 오픈하였다.

현재 우리나라 최고층 건물이자 최대 규모의 쇼핑몰로 탄생한 롯데월드타워는 서울의 랜드마크로 자리 잡았다. 외국인 관광객을 유치하는 관광 명물로 한국 관광 산업 활성화에 이바지하고 있다.

서울의 랜드마크 롯데월드타워 완성

상전은 2020년 1월 19일 서울 아산병원에서 별세했다. 상전의 뒤를 이은 신동빈 롯데그룹 회장은 새해 들어 '롯데 재도약'을 선언하고 "계열사 최고 경영자들은 각자의 업에서 1위가 되기 위해 필요한 투자는 과감히 진행하라"라고 주문했다. 특히 신 회장은 디지털 혁신을 위한 연구개발 투자와 ESG(환경·사회적 가치·지배 구조) 경영에 대한 전략적 집중을 당부했다. 그는 "사회적 가치는 기업 생존과 사업의 성패를 결정

짓는 핵심 사항"이라며 "규제에 대응하는 식의 접근보다 어떤 사회를 만들고 싶은지, 어떤 사회적 가치를 제공할 수 있는지 적극적으로 고민해야 한다"고 말했다.

상전 신격호의 가계

상전은 첫 부인 노순화(작고) 씨와 사이에 장녀 신영자(79·롯데복지재단 이사장, 이화여대 가정학과 졸업) 씨를 두었다. 신 이사장은 유통 업계 라이벌인 이명희 신세계백화점 회장과는 대학 동창으로, 업계 1위 롯데백화점을 일구는 데 기여했으며 1남 3녀를 두었다. 그중 장남 장재영(54) 씨는 류주영(47) 씨와 결혼하였다. 맏딸 장혜선(52) 씨가 있고, 둘째 딸 선윤(50·롯데호텔 전무) 씨는 양성욱(52) 씨와 셋째 딸 정안(47) 씨는 이승환(53·국제변호사) 씨와 결혼했다.

상전은 둘째 부인 시게미쓰 하쓰코(93) 씨와 사이에 두 아들을 두었다. 장남인 동주(67·컬럼비아대학원 MBA) 씨는 SDJ코퍼레이션 회장으로, 조은주(57) 씨와 결혼하여 아들 정훈(28) 씨를 두었다. 차남 동빈(66·컬럼비아대학원 MBA) 씨는 롯데그룹 회장으로, 시게미쓰 마나미(62) 씨와 결혼하여 아들 유열(35) 씨와 규미(33)·승은(29) 씨 자매를 슬하에 두었다.

세계 최초·최고를 고집한 파격의 경영인

오쿠노 쇼(일본건축연구소 소장·롯데월드타워 설계자)

　신격호 회장은 빼어난 선견지명을 가진 경영자여서 존경스럽다. 대
표적 사례로 서울 잠실의 테마파크 롯데월드를 꼽고 싶다. 지금은 평범
한 놀이공원 같지만 1980년대 도심 한복판 실내에 놀이공원을 짓는다
는 것은 너무나 파격적인 발상이었다. 신 회장이 늘 강조한 것은 돈을
벌거나 수익을 내는 것이 아니었다. 그분은 세계 최고·최초를 요구해
서 자주 당황스러웠다.

　나는 과거 미국 뉴욕 한복판에 실내 테마파크와 호텔, 백화점 등을
세우려고 부동산 개발 사업을 했던 도널드 트럼프 미국 대통령과 협의
한 일도 있다. 또 신격호 회장이 도쿄 디즈니랜드와 경쟁하기 위해 인
근에 테마파크를 세우려고 했던 일도 내 책에 소개했다. 내가 출간한
책에 '무모하다거나 상식 밖이란 혹평을 들었던, 도전을 성공으로 이끈
신 회장의 결단의 순간과 인재를 끌어들이는 인간미' 등을 많이 실으
려 애썼다. 항상 세계 최초·최고를 고집한 신 회장의 파격적인 발상은
늘 나를 놀라게 했다.

18

퇴학당한 후 화약으로 산업보국 이루다

[한화그룹] 현암 김종희

현암 김종희

1922년 11월 22일 충남 천안시 부대동 128번지에서 태어남
1935년 직산공립보통학교 졸업
1940년 경기도립상업학교 4년 중퇴
1941년 원산공립상업학교 졸업
1942년 조선화약공판주식회사 입사
1945년 광복 후 조선화약공판을 지배인 자격으로 인수
1946년 강태영과 결혼
1952년 한국화약주식회사 설립
1972년 그리스 정부로부터 금성십자대훈장 수훈
1974년 제11회 '수출의날'에 철탑산업훈장 수훈
1976년 학교법인 천안북일학원 설립
1977년 전경련 부회장에 취임
1981년 7월 23일 숙환으로 별세

현암(玄岩) 김종희(金鍾喜)가 1952년 설립한 한국화약은 한화그룹의 모태다. 재계 7위인 한화그룹은 현재 ㈜한화를 비롯해 한화솔루션, 한화에너지, 한화에어로스페이스, 한화생명, 한화건설 등 수십 개 계열사를 거느린 대기업 집단을 이루고 있다. 현암의 뒤를 이은 김승연 회

장은 2021년 신년사에서 "방산, 에너지를 비롯한 우리 사업들은 세계 시장에서 국가를 대표하는 브랜드로 성장하고 있으며, 혁신의 속도를 높여 K방산, K에너지, K금융과 같은 분야의 진정한 글로벌 리더로 나갈 것"이라고 다짐했다. 또한 모빌리티, 항공우주, 그린 수소 에너지, 디지털 금융 솔루션 등 미래 신규 사업에도 진출할 것이라고 강조했다.

현암은 1922년 11월 22일 충남 천안시 부대동 128번지에서 김재민과 오명철 사이의 7남매 중 차남으로 태어났다. 그의 아호 현암은 아득히 먼 피안의 경지를 상징한다.

현암은 1935년 직산공립보통학교를 졸업하였으며, 1940년 경기도립 상업학교(후에 경기공립상업학교로 바뀜) 4년 중퇴 후 원산공립상업학교를 졸업하였다.

농사를 짓던 그의 부친은 애초 차남까지 상급 학교에 진학시킬 형편이 되지 못했다. 그러나 중학 진학을 다짐한 현암은 야간 가출을 감행해 서울의 당숙을 찾아갔다. 현암의 사정을 들은 당숙이 부친을 설득하여 현암은 재수 끝에 꿈에 그리던 경기도립상업학교에 합격한다. 하지만 하숙비를 마련할 수 없었던 그는 매일 새벽 5시에 일어나 서울까지 기차 통학을 했다. 고달픈 기차 통학이었지만 현암은 1·2학년 내내 결석 한번 한 적이 없었으며, 성적 또한 학급에서 항상 5위권을 유지하였다.

그러나 1등을 꼭 한 번 하고 싶었던 그는 부친에게 소원을 하나 들어달라고 간청한다. "1등이 하고 싶으니 한 학기 동안만 하숙을 시켜달라"는 부탁이었다. 충청도 성환에서 서울까지 300리 길을 통학하는 데 뺏기는 시간이 하루 여섯 시간이니 현암의 요청은 매우 타당한 것이었다. 부친은 서울 안국동에 살고 있는 친구의 도움을 받아 그 집 문간

1959년 7월 한국화약에 이승만 대통령(가운데)이 방문한 모습.

방에서 현암이 3학년 1학기부터 하숙을 하도록 한 달에 쌀 한 가마니
씩을 주기로 했다.

　"그는 정말 자신의 능력을 시험하려는 듯 머리를 싸매고 무섭게 공부
하였다. 도상(道商·경기도립상업학교)에는 럭비부를 비롯해 농구부·정구
부·유도부 등이 있었으며 그밖에도 취미 활동 중심의 여러 서클이 있었
지만 그는 시간이 아까워 운동부나 서클 같은 데는 일절 참여하지 않고
토·일요일도 없이 학교에서 공부하는 시간 말고는 거의 대부분을 오직
하숙방에 틀어박혀서 책상하고만 씨름하였다. 그의 노력은 과연 헛되
지 않았다. 그는 3학년 1학기 말 당당히 학급 1위의 영예를 성취함으로
써 노력하면 된다는 자신의 끈끈한 잠재 능력을 확인할 수 있었다."[47]

47　전범성(1988), 『실록 김종희』, 서문당.

그는 교사들 사이에서도 항상 모범생으로 꼽혔다. 그러나 호사다마일까. 4학년 2학기 11월 어느 날, 현암이 학교 수업을 마치고 어둑어둑해진 효자동 길을 내려오고 있을 때였다. 옆 골목에서 학생 한 패거리가 일대 활극을 벌이고 있었다. 그들은 도상 4학년의 럭비부 일본인 학생 4명과 조선인 학생 3명이었다. 열세에 몰린 조선인 학생들을 보는 순간 현암은 앞뒤 생각 없이 무조건 조선인 학생 편에 가세해 일본인 학생들을 닥치는 대로 걷어차고 들이받으며 주먹을 휘둘렀다.

일본인 학생들에 맞서다

이윽고 순사들이 달려와서 학생 8명을 파출소로 연행했다. 다음 날 교장실 분위기는 침통했다. 학생 8명에 대한 징계 논의는 무기정학에서 퇴학 처분 쪽으로 기울기 시작했다. 현암이 조선인 학생 편에 가세한 것은 단순히 그들이 열세에 몰려 있었기 때문만은 아니었다. 오랫동안 억압돼오던 의분의 폭발과도 같은 것이었다. 충남 출신 도상 학생 중 공부 잘하는 학생들을 중심으로 1년에 몇 차례씩 충남회 서클 조직 모임을 가졌는데 그 모임에서 오가는 학생들의 대화도 주로 조선 민족의 장래에 관한 문제들이었다.

"김종희가 충남회 모임에 참석하기 시작한 것은 2학년 1학기부터였다. 그때 충남회를 이끌던 학생은 4학년에 재학 중인 천안 출신의 성백우를 중심으로 임현재, 이종하 등이었다. '중국에 있다는 대한민국 임시정부는 지금도 활동을 하고 있는 것인가. 만주를 무대로 활약하는 마적대는 조선 독립군인가. 일제의 조선 민족 말살 정책이 이대로 계속

되어 조선 민족은 끝내 독립을 못 하고 영영 일본에 예속되고 말 것인가.' 그와 같은 선배들의 열띤 토론은 김종희 소년의 마음을 사로잡기에 족했다."[48]

문제의 심각성은 일본인 학생들과 조선인 학생들 간에 일어난 패싸움이라는 데 있었다. 다음 날 조회 단상에 오른 교장은 어젯밤에 패싸움을 벌인 학생 전원에게 퇴학 처분을 내린다고 선언했다.

실의에 낙담하고 있던 현암은 동네 유지인 친척 아저씨와 가깝게 지내온 원산경찰서장 고이케 스루이치의 노력으로 한 달 후 원산공립상업학교 4학년에 편입되었다. 그러나 한 가지 엄격한 조건이 붙었다. 편입 후에는 반드시 원산경찰서 관사인 고이케 경부 집에서 통학해야 한다는 조건이었다.

화약에 대한 호기심을 키우다

"김종희의 고이케 경부 집 하숙은 그의 학교생활에 큰 장애 요인으로 작용했다. 원산상업에는 조선인 학생들이 대부분이었는데, 그는 학생들로부터 서울에 사는 거물급 친일파의 아들로 오해받게 되었던 것이다. 그렇다고 해서 김종희로서는 학생들에게 원산상업으로 전학해 온 사정을 얘기해줄 수도 없었다. 전학해 온 사정을 설명하자면 도상에서 퇴학당한 이유를 말하지 않으면 안 된다. 하지만 도상에서 퇴학당했다는 사실에 대해서는 고이케 경부로부터 절대 함구령이 내려져

48 전범성, 앞의 책.

2011년 G20 비즈니스서밋에 참가한 김승연 회장.

있었다. 만약 전학해온 까닭을 묻는 학생들이 있을 때는 도상에 다니
다가 건강이 나빠서 1년간 휴학을 했는데 도상에 그대로 복학하면 후
배들과 같이 공부하게 되는 것이 창피해서 학교를 옮겨온 것으로 둘러
대게끔 약속되어 있었다."[49]

그 후 고이케 경부가 경기도 경찰부로 전근하자 현암은 바로 하숙을
옮겼는데, 새 하숙집이 경찰서장 관사에 비하면 너무도 차이가 큰 아
주 초라한 집이라 학생들은 다시 놀랐다. 학생들의 궁금증이 풀린 것
은 여름방학이 끝나고 2학기가 시작되었을 때였다. 방학 동안 서울의
친척 집에 놀러 갔던 한 학생이 도상 학생을 만나서 현암이 일본인 학
생들과 패싸움을 했다는 이유로 퇴학당한 사실을 알게 된 것이다. 그
이야기가 곧 학생들 사이에 무용담이 되어 퍼졌다.

49   전범성, 앞의 책.

1941년 원산상업학교를 졸업한 현암은 고이케 경부의 추천으로 조선화약공판회사에 입사한다. 이 회사는 당시 조선에 있는 유명한 4대 화약 제조 회사와 2개 화약 판매 회사가 통합된 것이었다. 현암이 화약에 관심을 갖기 시작한 것은 그의 성실성에 각별히 주목한 마스무로 취체역(이사의 일본식 표현)의 배려로 숙소를 홍제동 기숙사로 옮긴 다음부터였다. 일요일이면 그는 자연히 연구소의 각종 시설을 돌아보게 되었다. 또 마스무로 취체역 사택으로 놀러 갔다가 화약이 근대 산업 발전에 끼친 영향이라든가 다이너마이트를 발명한 노벨의 집념 어린 생애에 관한 얘기를 들었다. 또 화약의 본질이 어떻고 화약의 역사가 어떻고 하는 얘기를 많이 듣게 되었다. 마스무로 취체역은 화약이야말로 인류 문명사에서 가장 큰 영향을 미친 동양의 3대 발명품 가운데 하나라고 그에게 설파했다.

1944년 현암은 마스무로의 추천으로 생산부 다이너마이트계 계장으로 승진한다.

"내가 너의 승진을 적극 천거한 것은 너에게 화약에 관해 폭넓은 수업을 시키고 싶어서다. 화약계에서 입신하려면 더욱 많은 화약 지식을 쌓아야 할 것이 아닌가. 생산 상태를 파악하기 위해서는 자연 여러 공장으로 직접 출장을 나가게 될 것이다. 그런 기회에 많은 것들을 보고 듣고 배워라. 네가 장차 화약 회사 사장이 되지 말라는 법은 없을 테니까."[50]

광복을 맞아 귀국을 앞둔 조선화약공판 중역들은 회의에서 현암을 지배인으로 선정하기로 결정한다. 그에게 '화약 안전' 업무를 맡기고 일

50 전범성, 앞의 책.

본인들은 귀국하기로 한 것이다. 당시 현암은 그를 취직시켜줬던 고이케 경부를 그냥 보낼 수가 없었다. 지난 설 시골집에서 가져와 먹다 남은 쌀을 팔고, 주머닛돈을 보태서 환불한 625달러를 봉투에 담아 그에게 귀국 비용으로 건넸다. 당시 공정 환율은 50원 대 1달러였으니 큰돈이었다.

이듬해 현암은 수원여고를 나온 강영선의 3녀 태영과 결혼했다. 이어 미 군정 법령 73호에 의거 조선화약공판㈜ 관리인으로 선임됐다. 이후 그는 군수용·민수용 화약 조달을 위해 미 군정청과 상공부, 재무부, 외자청 등으로 동분서주하며 바쁜 나날을 보냈다. 그러다가 6·25 전쟁을 맞게 되었다.

화약 국산화에 앞장

그 무렵 홍제동 화약고에는 5월에 들여온 다이너마이트 3,000상자가 보관되어 있었다. 전란 중 이를 방치할 경우 어떤 사고가 발생할지 모르는 상황이었다. 그런 위험물을 방치한 채 일신의 안전만 생각하고 피란길을 떠난다는 것은 화약인으로서의 양심이 허락하지 않았다.

전쟁이 터진 어느 날 아침 날이 밝자 서울 거리에는 공산군의 탱크가 육중한 모습을 드러냈다. 현암은 평소보다 일찍 출근하여 캐비닛 속의 서류부터 꺼내 파쇄한 후 우물 안에 쏟아붓고 종이가 물에 풀릴 때까지 막대기로 휘저었다. 그리고 직원들끼리 직함을 내려놓고 모두 화학 기술자라는 뜻에서 '기사'라고 부르기로 했다. 회사에 나타난 내무 서원에게 화약고의 문을 활짝 열어 보이면서 폭발 위험이 있는 물건

이라고 겁을 줬더니 별도
지시가 있을 때까지 잘
보관하고 있으라고 명령
했다.

　이후 서울이 수복되
었다가 유엔군이 후퇴할
때 현암은 심혈을 기울
여 화약 철수 작업을 지
휘하는 한편 대구를 거
쳐 부산으로 피란했다.

　"김종희는 업무 수행
을 위해 상공부에 자신
을 화약공판 관리인으로
임명해줄 것을 요청했다.

일본 화약 공장을 방문한 현암.

정부 수립 후에는 귀속
재산 관리인을 다시 주무 당국이 임명하게끔 되어 있었다. 이미 김종희
가 화약공판 업무를 집행해온 사실을 아는 상공부로서도 그를 관리인
으로 기피할 이유가 없었다. 오히려 화약공판이 8군의 화약 관리 용역
사업을 추진하고 있다는 것을 알고 상공부에서는 1951년 2월 7일자로
김종희를 서둘러 관리인에 임명했다."[51]

　화약공판과 8군 병참 기지 사이에 화약 관리 용역 계약이 체결된 것
은 1951년 2월 10일. 이로써 현암은 동란기 한국 화약계의 교두보를 확

51　전범성, 앞의 책.

보하고 이듬해 10월 한국화약주식회사를 창립한다.

　그가 이끈 화약 사업은 화약처럼 폭발적으로 번창해나갔다. 한국화약㈜은 창업 1년 만에 233% 성장이라는 기적을 이룩했다. 그 후 현암은 이승만 대통령의 화약 국산화 지시에 적극 앞장서서 불모 지대로 남아 있던 인천 화약 공장을 재건한다. 일제 때부터 다져온 인맥을 통해 일본 현지에서 뒤져내 인천 화약 공장 설립 당시의 설계도를 찾아내고 기술자들을 동원할 수가 있었다. 1958년에는 한국 최초로 다이너마이트를 생산했다. 이어 1964년에는 한국베어링공업을, 1965년에는 한국화성을 설립했고 경인에너지와 한국정공도 설립하였다. 그러나 한국화약그룹이 성장을 거듭하던 1977년 11월 11일 이리역에서 대규모 폭발 사고가 발생했다. 사망자만 59명에 달했고 재산 피해액이 80억 원에 달하는 등 광복 후 가장 큰 사고였다.

이리 폭발 사고 때 전 재산 털어 수습

　현암은 당시 그의 전 재산인 90억 원을 내놓겠다는 통 큰 결단으로 사태 해결에 나섰다. 정부는 현암에게 피해 보상금 90억 원을 30억 원씩 3년 분할로 납부하되 1977년도분은 연말까지 납부하도록 조치했다.

　"처음부터 김 회장이 처신을 잘한 거야. 그때 우물쭈물하지 않고 '이게 전부올시다' 하고 발가벗으니까 정부에서도 봐준 거지. 안 그랬으면 결딴났을 거라고."

　"하긴 그래. 그때 만약 김 회장이 쩨쩨하게 '몇십억…' 하고 나왔으면 회사가 날아가게 됐을지도 모르지."

"결국은 살신성인의 정신이 회사를 위기에서 구해낸 거야."

사람들은 그의 처신이 옳았다고 하면서 고개를 끄덕였다.

1972년부터 1980년까지 한화그룹은 주력 분야인 화약 산업을 비롯해 기계, 석유화학, 무역, 건설, 관광, 서비스, 금융, 식품, 전기, 전자, 운수, 육영 사업 등으로 사업 분야를 의욕적으로 확장했다. 그러다가 뜻밖에 이리역 폭발 사고라는 대형 암초를 만난 것이다. 폭발 사고 이후 국민의 피해를 최소화하기 위해 사고 수습에 노심초사하던 현암은 1981년 7월 23일 서울 가회동 자택에서 별세하여 충남 공주시 정안면 선영에 안장됐다.

현암 김종희의 가계

현암은 강태영과 사이에 3남매를 두었다. 장남 승연(69·드폴대 석사) 씨는 서영민(서울대 약대 졸업) 씨와 결혼하여 동관(38·한화솔루션 전략 부문 대표이사), 동원(36·한화생명 전무), 동선(32·한화에너지 상무) 씨 3형제를 두었다. 현암의 차남 호연(66·빙그레 회장) 씨는 백범 김구 선생의 손녀 딸 김미(64·백범의 차남 김신 전 공군 참모총장의 막내딸) 씨와 결혼하여 동환(38)·정화(37)·동만(34) 씨 3남매를 두었다. 현암의 딸 영혜(73) 씨는 이동훈(73·전 제일화재 회장) 씨와 결혼하여 재환(49)·석환(48)·준환(44)·지환(41) 씨 등 4형제를 두었다. 현암의 형 종철(작고) 씨는 국회의원과 국민당 총재를 역임했으며, 동생 종식(작고) 씨는 신민주공화당 의원을 지냈다.

현암의 뒤를 이은 장남 김승연 회장은 그룹 이름을 한국화약그룹에서 한화그룹으로 바꾸고, 제2 창업을 선언했다. 1981년 5,000억 원이던 한화그룹의 자산이 그의 취임 2년 만인 1983년에는 1조 원을 넘어섰다. 이후 그룹의 자산이 매년 늘어나면서 2020년에는 215조 원에 육박, 취임 때보다 430배로 급성장했다.

현암의 차남 호연 씨는 한미 간 상호 이해와 협력 증진에 기여한 공로로 2015년 밴플리트상을 받았다. 김호연 회장은 이사장을 맡았던 김구재단을 통해 미국 내 한국 역사 알리기에 기여한 공로를 인정받았다. 김구재단은 2005년 하버드대에서 김구 포럼을 열었고, 2010년에는 미 터프츠대에 한국학 프로그램을 개설했다.

| 내가 본 현암 김종희 |

화약 사업이 가르쳐준 의리와 사명, 한화그룹 관통하는 기본 정신 됐다

이광주 (한국경영사학회장)

현암 김종희 회장은 경기도립상업학교와 원산공립상업학교를 졸업한 후 첫 직장인 조선화약공판에 몸담으면서 화약과 인연을 맺었다. 그가 평생 추구했던 사업관은 '사업으로 국가에 보답한다(事業報國)'는 것이었다. 그는 기간 산업에 속하면서도 위험성 때문에 누구도 쉽게 진입하지 못하는 화약사업을 토대로 지금의 한화그룹의 토대를 쌓는 혜안을 보여주었다. 현암은 혼란기에 쉽게 돈을 벌 수 있는 소비재 사업을 외면하고 힘들고 어려운 기간 산업 육성에 주력했다. 나라의 틀이 갖추어질 무렵 화약을 통해 인생을 점화했다. 국가 경제가 오랜 질곡에서 벗어나는 과정에서 기간 산업의 한 부분을 일구어간 그의 삶은 사업보국 그 자체였다.

제품의 성격상 작은 실수와 방심도 용납되지 않는 화약 사업장을 운영하면서 자연히 의리와 사명을 강조하게 되었고, 이는 신용과 함께 오늘날까지 한화그룹을 관통하는 일관된 기본 정신으로 남아 있다.

현암의 뒤를 이어 29세의 김승연 회장이 그룹 경영을 승계할 때 걱정하는 사람이 많았다. 그러나 김 회장은 일부의 우려를 말끔히 씻고 한화그룹의 자산 규모를 430배 이상으로 성장시킴으로써 '제2의 창업자'로 일컬어지는 데 조금도 손색없는 모습을 보여주었다.

19
창업주의 지독한 화장품 사랑

[아모레퍼시픽] 장원 서성환

장원 서성환

1924년	7월 14일(음력) 황해도 평산군 적암면 신답리에서 태어남
1939년	개성 중경보통학교 졸업
1946년	일제 징병에서 제대 후 귀국해 모친이 세운 창성상회의 이름을 태평양상회로 바꿈
1947년	변금주와 결혼
1951년	국내 최초로 순식물성 ABC 포마드 출시
1959년	프랑스 코티사와 기술 제휴
1966년	세계 최초 인삼 화장품 ABC 인삼크림 출시
1989년	제1회 세계녹차심포지엄 개최
2001년	제주도 안덕면에 오설록 티뮤지엄 건립
2003년	1월 9일 서울 한남동 자택에서 별세

아모레퍼시픽그룹 창업주인 장원(粧源) 서성환(徐成煥)은 "태평양만큼이나 큰 기업을 만들고 태평양을 건너 세계로 진출하겠다"라는 큰 뜻으로 국내 화장품 산업을 이끈 선구자이다. 그의 아호 자체가 "다시 태어나도 나는 화장품이다"라는 굳은 의지를 함축하고 있다.

그는 광복 후 물밀 듯이 밀려드는 외제 화장품에 맞서 '아모레'라는 국산 화장품 브랜드를 창출하였다. 또한 쇠퇴해가는 우리의 차(茶) 문화를 안타까워하며 스스로 일군 차 재배 단지에서 설록차를 생산해 전통 녹차의 대중화에도 기여했다.

장원은 1924년 7월 14일(음력) 황해도 평산군 적암면 신답리에서 농사짓던 서대근과 윤독정 사이의 3남 3녀 중 차남으로 태어났다. 부친은 온후하고 욕심 없는 성품의 소유자였으나 살림살이에 마음을 두거나 심지가 굳은 사람은 아니었다. 장원의 17대조인 서보(徐補)는 고려 말에 전서(典書) 벼슬을 지내다 고려가 문을 닫고 조선이 새 하늘을 열자 벼슬을 버리고 은둔의 길을 택한 올곧은 선비였다. 반면 이웃 마을 생금리에서 출생한 장원의 모친은 이목구비가 뚜렷하고 군살 없는 외모처럼 성품 또한 곧고 생활력이 강한 여성이었다. 가장을 대신해 집안 살림을 책임진 억척 어멈이자 이웃을 돌아볼 줄 아는 심성을 지닌 여인이었다.

모친이 개성서 화장품 사업 시작

1930년 장원의 가족은 좀 더 나은 생활을 찾아 개성으로 이사했다. 이후 가족의 생계는 모친이 책임졌다. 개성에 정착해 서당에서 글을 익히던 장원은 1936년 중경보통학교 4학년으로 편입했다. 장원이 화장품에 눈을 뜬 계기는 가족이 전 재산을 털어 마련한 작은 상점 덕분이었다. 이 상점은 처음에는 잡화를 취급하다 화장품 제조에 눈을 돌렸다. 특히 장원의 모친은 대부분의 여성들처럼 정규 교육을 받지 못했지만 사업가로서의 자질은 뛰어났다. 개성에는 인삼 매매업에 종사하는 사람들이 많아 소득 수준이 높았고, 그래서 상류층의 머릿기름으로 동백

기름이 잘 팔렸다. 그래서 장원의 모친은 직접 동백기름을 짜 만든 머릿기름을 팔았고, 이를 기화로 사업을 확장했다.

"윤씨는 1932년부터 민간에서 전해 내려오던 미안수를 자가 제조법으로 만들어 판매했으며, 구리무(크림), 가루분(백분) 등으로 화장품 제조의 종류와 품목을 넓혔다. 솥을 걸어놓고 그 안에 물과 기름을 섞어 손으로 만든 가내수공업 화장품은 품질이 우수하다는 입소문을 타 큰 인기를 끌었다. 윤씨는 여기에 자신감을 얻어 창성상회(昌盛商會)라는 생산자 명칭을 표기했다."[52]

모친의 사업을 돕던 장원은 1939년 중경보통학교를 졸업한 뒤 화장품 사업에 본격적으로 뛰어들었다. 한 해 남짓 자전거로 개성과 서울을 오가면서 머릿기름이나 화장품 원료 전반에 관한 식견을 쌓았다. 모친으로부터 화장품 제조법도 직접 배웠다. 1941년 개성 최초의 3층 양옥건물 '김재현백화점'이 문을 열었다. 선망의 고급 제품이 가득하던 그곳에서 도매상을 통해 납품된 '창성당 제품'도 판매되기 시작했다. 장원은 모친의 권유에 따라 아예 백화점 화장품부에 매장을 개설한다.

하지만 장원은 1945년 1월 일제의 징병에 동원되어 고향을 떠나 북만주의 황량한 평원에서 혹독한 훈련을 받았다. 소속 부대를 따라 베이징으로 간 그는 일본의 항복 소식을 듣고 1945년 9월 5일 베이징에서 현지 제대를 한다. 그곳에서 그는 동료들과 귀국할 형편이 될 때까지 장사를 해 귀국 비용을 마련했다. 제대할 때 받은 쌀을 팔아 산 염색약으로 군복을 염색했고, 이를 비싼 값에 팔아 장사 밑천을 마련했다. 장사를 하면서 베이징 시장에 진열된 각양각색의 진기한 물건들과

---

52 서울신문 산업부(2015), 『재계 파워 그룹 58』, 나남.

중국인들의 극성스러운 상혼에 자극받았는데 이는 훗날 기업가로서의
영감을 키운 밑천이 된다.

징병 갔다 중국서 키운 기업가의 영감

귀국한 장원은 모친이 세운 창성상회의 이름을 '태평양상회'로 바꿨
다. 태평양은 사람들이 알고 있는 가장 큰 바다이자, 모성을 닮은 생명
의 근원이자 한없이 넓고 깊은 바다이기도 하다. 그는 원대한 뜻을 품
은 상호를 택하면서 다시금 힘을 얻는다. 아울러 그는 개성을 떠나 서
울에서 새로운 사업의 둥지를 틀기로 결정했다. 그는 남창동에 '태평양
화학공업사'라는 간판을 내걸었고 이어 1948년 1월 중구 회현동에 새
로운 사업장을 열었다. 그러는 한편 김재현백화점에서 판매원으로 근
무하던 변금주와 1947년 결혼했다.

새 사업장을 열 때부터 가장 염두에 둔 것은 바로 화장품의 품질이
었다. 그는 광복 이후 혼란스러운 시기를 틈타 위조 화장품이 기승을
부리던 때에도 모친에게 물려받은 품질 경영을 강조했다. 그는 혼신의
힘을 쏟아 태평양상회의 제1호 제품으로 '메로디 크림'을 내놓았다. 인
쇄소와 일본 브로커를 찾아다니며 어렵게 구한 포장 재료로 완벽한
'옷'을 입힌 제품이다. 화장품이라면 없어서 못 팔던 당시의 시대 상황
에 안주하지 않고 고집스러우리만치 남다른 품질을 다진 제품이기도
했다.

메로디 크림과 이어 출시한 메로디 포마드의 선풍적 인기로 사업이
번성해나갈 즈음 6·25 전쟁이 터졌다. 장원은 피란길에도 화장품 원료

를 가지고 부산으로 내려갈 정도로 화장품 사업에 집념을 보였다. 피란지에서도 제품에 대한 그의 열정은 더욱 뜨거워졌다. 특히 남성용 포마드는 만들기 무섭게 팔려나갔다. 미군의 영향으로 긴 머리를 포마드로 정돈해 좌우로 갈라 붙이는 헤어 스타일이 유행하던 때였다. 그 무렵 그는 국내 최초로 번들거리지 않으면서 자연스러운 윤기를 내는 식물성 포마드를 선보였다. 현대적 감각이 돋보이는 디자인으로 장식한 이 제품이 'ABC 포마드'였는데, 출시 반년 만에 확대 생산에 들어가야 할 정도로 인기를 누렸다.

선풍적 인기를 누린 ABC 포마드

1956년 장원은 부산에서 서울 후암동으로 복귀한 지 불과 2년 만에 지금의 본사 사옥이 있는 서울 용산구 한강로2가로 본사 공장을 옮겼다. 이후 장원의 태평양은 외형 성장에 비례하여 빠른 속도로 내실을 갖춰갔다. 장작불로 크림을 제조하던 가마솥을 대신해 스테인리스 용기를 사용하게 되었고, 냉각을 위해 사다 쓰던 한강의 얼음 대신 냉동기를 도입했다. 또 크림을 배합하는 기계도 새로 설치했다. 생산 라인은 반자동화를 거쳐 빠르게 자동화 단계로 발전해갔다.

장원은 아울러 미용 재료상인 화성사를 설립했다. 화성사는 미용 기술 학교이자 이·미용 업소에서 필요로 하는 각종 미용 재료와 미용 기구를 제공하는 회사였다. 여기에 겸하여 태평양이 생산하는 ABC 시리즈를 취급하는 재료 공급상이자 대리점 역할도 했다. 이곳에서 취급하는 물품의 소비처인 미용 학교나 이발소, 미용실은 입소문의 진원

1960년 유럽 시찰을 떠나는 서성환(맨 앞).

지였다. 당시 포마드를 애용하던 대부분의 남성들은 이발소에서 이발
사의 손을 빌려 포마드를 바르곤 했기 때문에, 이발사들의 말에 따라
얼마든지 소비 형태가 달라질 수 있었다. 말하자면 미용 기술 학교와
이발소의 운영자나 종사자들은 화장품 시장에 적잖은 영향을 미칠 수
있는 여론 주도층이었다. 화성사 설립은 적극적인 시장 침투 전략의 선
구적 사례로 지금도 거론된다. 이후 태평양이나 화장품 업계에서 전개
한 현대식 마케팅의 시발점이었다. 마케팅의 귀재로서 장원의 능력은
이처럼 여러 형태로 발현되고 있었다.

　장원은 전문가들에게도 늘 마음이 열려 있었다. 한 예로 그는 애써
영입한 기술자 구용섭 씨에게 염색약을 만들어보라고 주문한 적이 있
었다. 구씨는 염색약을 만들면 "집 한 채는 사주셔야 합니다"라는 말로
자신감을 표현했다. 실제 구씨가 염색약을 만들어내자 장원은 그에게
작은 집 한 채를 마련해줬다. 장원은 그를 독일로 유학도 보냈다. 구씨

가 독일에서 보낸 성실한 정보와 냉철한 제안에 따라 장원은 사업에 필요한 사출 기계, 플라스틱병 제조기, 유화 기기 등 유럽의 최신 설비를 수입했다.

프랑스 코티와 기술 제휴를 맺다

장원은 1959년 봄 화장품 사업의 큰 스승이었던 모친을 여의었다. 그 무렵 ABC 분백분을 출시했는데 이것도 도발적인 광고와 적극적인 마케팅으로 시장에 선을 보이자마자 히트 상품이 됐다. 하지만 당시 명성을 떨치던 프랑스제 코티분의 아성에는 접근할 수 없었다. 장원은 ABC 분백분을 세계 수준으로 끌어올리기 위해 결국 프랑스 화장품 회사 코티와 기술 제휴를 맺는다. 코티와의 기술 제휴는 태평양의 새로운 역사가 시작되는 출발점이었고, 국내 화장품사에서 유례가 없는 대형 사건이었다. 태평양의 사명에 걸맞은 큰 세상이 열리는 순간이었다.

장원은 1960년 7월 6일부터 8월 17일까지 40일간 유럽 여행길에 올랐다. 기술 제휴사의 초청을 받은 여행이어서 더욱 감회가 깊었는데 초청을 받아 방문한 기술 제휴사 코티는 그에게 멋진 신세계였다. 당시 센 강변에 위치한 코티사는 3층 건물로 3만 3,000㎡(1만 평)가 훨씬 넘는 넓은 땅 위에 우뚝 서 있었다. 100년 가까운 역사의 공간 속에서, 세계적인 품질과 우수성을 뽐내는 갖가지 화장품을 무한정 쏟아내고 있는 생산 현장은 그에게 경이로웠다. 그곳은 장원의 눈에 공장이라기보다는 차라리 유서 깊은 대학 캠퍼스처럼 보였다. 모든 생산 공정을 자동화한 최신 시설과 수십 개의 원료 저장 탱크를 보며 장원은 부러운 마

1980년대 직원들과 담소를 나누는 장면.

음에 눈을 뗄 수 없었다.

"마치 다른 별에 와 있는 듯한 이 기분을 누가 이해할 수 있을까? 우리는 언제쯤 이처럼 근대화된 공장을 갖게 되고, 어떻게 기계화된 설비를 갖출 수 있을까? 놀라움과 부러움의 또 다른 한편에서는 이런 생각들이 밑도 끝도 없이 피어올랐다. 그래도 길은 있을 것이었다. … 놀라움과 부러움, 그리고 커다란 숙제를 받아 쥔 것마냥 가볍지 않은 심정을 아울러 간직하면서 장원은 사흘에 걸친 코티사 공장 견학을 마무리했다."[53]

파리 일정을 끝낸 장원은 남프랑스에 위치한 작은 도시 그라스를 방문했다. 그라스는 세계적으로 유명한 향수의 고장이다. 안내자는 이곳이 세계 최대의 방향제와 향수 비누, 향료 제품의 생산지이자 교역 거

53 한미자(2015), 『나는 다시 태어나도 화장품이다』, 알에치코리아.

점이라고 소개하면서 그라스가 성장한 것은 따뜻한 기후와 풍부한 물을 품고 있기 때문이라고 설명했다. 그는 라벤더를 비롯한 각양각색의 꽃이 끝없이 펼쳐진 농장을 돌아보며 사람과 자연이 이렇게 만날 수만 있다면 축복이 아닐까 생각했다. 당시 유럽 방문은 국내 화장품 업계의 발전을 위해 그의 새로운 역할을 찾는 중요한 계기가 됐다.

인삼 화장품을 향한 집념 어린 연구

장원은 연구실에 대한 애착이 강했다. 연구실은 뿌리 깊은 나무와 같다는 것이 그의 소신이자 집념이었다. 개성이 고향이었던 장원은 1964년 연구원들에게 개성에서 유명한 인삼으로 화장품을 만들어보자는 과제를 제시했다. 특히 그는 그라스를 여행하며 얻게 된 '식물 재배로 경제와 문화를 함께 키울 수 있다'는 구상을 실현하고 싶었다. 그러나 당시만 해도 인삼의 약효와 관련해서 사포닌 성분 외에는 별로 알려진 것이 없었다. 인삼 화장품에 대한 그의 의지가 펼쳐지면서 백지 상태에서 인삼의 미용 효과에 대한 연구가 시작되었다. 연구원들은 인삼의 추출물을 모두 뽑아 효능을 샅샅이 연구했다. 그 결과 2년 뒤 드디어 ABC 인삼크림을 제품화하는 데 성공했다.

하지만 문제가 있었다. 인삼 특유의 냄새나 피부에 발랐을 때의 자극을 제거해내는 단계까지는 못 갔던 것이다. 연구는 다시 시작되었다. 인삼 화장품이 제대로 결실을 보게 된 것은 연구를 시작한 지 10년째인 1973년. 드디어 세계 최초로 사포닌을 원료로 한 '진생삼미'가 탄생했다. 이 제품은 일본과 영국, 캐나다 등으로 수출되기 시작했고,

1975년에는 고려청자를 응용한 디자인으로 용기를 바꿔 '삼미'라는 이름으로 세계 시장에서 선보이게 됐다. 특히 이 제품에 대해서는 서양인들의 관심이 컸다.

문화 산업의 꿈 녹차로 영글다

이렇게 쌓은 기술력을 바탕으로 장원은 인삼에서 더 나아가 다양한 한방 식물로 관심의 폭을 넓혔다. 적지 않은 시행착오와 실패가 뒤따랐지만 1987년에는 피부에 아름다운 눈꽃을 피운다는 뜻을 담은 '설화'가 개발되어 식물과 화장품의 조화라는 그의 소망을 실현했다. '설화'는 율무, 당귀, 치자, 감초산 등의 여러 한방 약초들에서 효능 물질을 추출하여 만든 제품으로, 본격적인 내용과 모양을 갖춘 한방 화장품이었다.

장원은 화장품 업계의 전근대적인 유통 구조 개선에도 노력을 아끼지 않았다. 이를 위해 방문 판매 제도를 도입했는데 방문 판매의 핵심은 제품, 조직, 인력이었다. 아울러 전 사원을 대상으로 상금을 내걸고 새로운 브랜드도 공모했는데 100여 편의 응모작 중에 아모레(Amore · 이탈리아어로 사랑)가 채택됐다. 아모레는 1959년 이탈리아 영화 〈형사〉에 삽입된 주제가의 첫 구절이기도 하다. 그는 인간을 영원히 젊게 만드는 '사랑'이야말로 아름다움을 지향하는 화장품 이미지와 어울린다고 생각했다. 새로운 브랜드를 정한 다음에는 판매망 구축에 전력을 기울였다. 전국을 행정 구역에 따라 바둑판처럼 나누고 특약점을 설치했고, 그 밑에 구역을 세분해 거미줄 같은 영업소 조직을 만들었다. 이

1980년대 제주 녹차밭을 돌보는 모습.

리하여 1980년에는 특약점과 영업소가 전국에 총 664곳, 판매원은 1만 6,571명에 이르렀다.

이 무렵 장원은 '녹차 사업에 성공해 국민 기업이 되자'는 야무진 문화 산업의 꿈을 실현하기 위한 '아름다운 집념'을 펼쳐간다. 1979년 한라산 남서쪽 중턱에 위치한 도순다원을 개척한 데 이어 1983년부터는 서광다원도 개간했다. 돌덩이만 가득했던 황무지에서 시작한 개간 작업은 험난하기 짝이 없었다. 식수도 구하기가 힘들어 물탱크를 설치하기 위해 손으로 돌덩이를 부수며 땅을 팠고, 퇴비를 구하기 위해 오물이 넘쳐나는 양계장을 드나들었다. 천신만고의 노력 끝에 2001년 9월 남제주군 안덕면에 '오설록 티뮤지엄'이 문을 열었다. 녹차 사업은 장원의 오랜 신념과 뚝심이 일궈낸 문화 산업이라 할 수 있다.

장원은 이런 여러 업적을 남기고 2003년 1월 9일 서울 용산구 한남동 자택에서 별세하여 경기도 벽제 선영에 안장되었다.

장원 서성환의 가계

장원은 부인 변금주(91) 씨와의 사이에 2남 4녀를 두었다. 장녀 송숙(74) 씨와 차녀 혜숙(71) 씨는 이화여대 사회생활과 출신으로, 혜숙 씨는 김일환 전 내무장관의 3남인 김의광(72·목인갤러리 운영) 씨와 결혼했다. 3녀 은숙(68) 씨는 최두고 국회 건설위원장의 차남 상용(69·고려대구로병원 간담췌외과 교수) 씨와 결혼했다. 4녀로 미숙(63) 씨가 있다.

장남 영배(65·와세다대 경영대학원 졸업) 씨는 태평양증권 부사장을 거쳐 토목·건축 사업을 하는 태평양개발 회장을 맡고 있으며, 조선일보 방우영 회장(작고)의 장녀 방혜성(61·이화여대 졸업, 태평양학원 이사) 씨와 결혼했다.

차남 경배(58·코넬대 경영대학원 졸업) 씨는 아모레퍼시픽그룹 회장으로, 신춘호 농심 회장의 막내딸인 윤경(53) 씨와 결혼했다.

| 내가 본 장원 서성환 |

정부 감시 시퍼럴 때 『기자협회 10년사』 제작비 후원

김병익 전 한국기자협회 회장

1975년 무렵 우리 언론은 많은 제약과 간섭, 통제 상황에 놓여 있었다. 몇몇 기자들이 언론자유를 외쳤지만 찻잔 속의 태풍일 뿐이었다. 그런 상황을 보다 못한 기자들이 나섰다. 『기자협회 10년사』를 제작해서 기자의 사명이나 역사를 널리 알리자는 취지였다. 나는 그 책의 출간을 맡아 동분서주했다. 그중에서도 가장 고역스러운 일은 편집과 인쇄에 필요한 돈을 구하는 것이었다. 급한 대로 기업들을 찾아다녔다.

"책에 광고를 실어 드릴 테니 광고비를 좀 주십시오."

정부에서 눈에 불을 켜고 지켜보는 기자협회에 광고할 기업은 없었다. 광고가 어려우면 밥 한 끼 샀다 치고 돈을 달라 해도 고개를 젓기 일쑤였다. 그런 어려운 시기에 나는 장원도 찾아갔다. 다른 기업인들의 반복되는 거절에 큰 기대를 하지 않고 찾아갔는데 놀라운 일이 벌어졌다. 취지를 전하자 장원은 흔쾌히 돈을 내준 것이다. 적지 않은 금액이었다. 나는 돈을 받아들고 나오며 약속했다.

"고맙습니다. 책이 나온 다음 한 권을 들고 찾아오겠습니다."

어려움이 있었지만 많은 이들이 노력을 기울인 끝에 『기자협회 10년 사』는 세상에 모습을 드러냈다.

20

형제 경영의 전통을 쌓다

[SK그룹] 최종건·최종현

최종건

> 1926년 1월 30일 경기도 수원시 평동에서 태어남
>
> 1944년 경성직업학교 기계과 졸업, 선경직물 수원공장 입사
>
> 1953년 선경직물 인수, SK그룹 창업
>
> 1972년 워커힐호텔 인수
>
> 1973년 11월 15일 서울대병원에서 별세

최종현

> 1929년 11월 21일 경기도 수원시 평동에서 태어남
>
> 1959년 미국 시카고대학교 대학원 졸업
>
> 1970년 선경직물 사장
>
> 1974년 선경그룹 회장
>
> 1987년 한국경제연구원장
>
> 1993년 전국경제인연합회 회장
>
> 1998년 SK 대표이사 회장
>
> 1998년 8월 26일 서울 광장동 워커힐 자택에서 별세

    최종건(崔鍾建)·최종현(崔鍾賢) 형제는 선경(鮮京)직물을 창업하여 재계 랭킹 3위의 SK그룹으로 성장시킨 '경영 기적'의 주역들이다.

    최종건은 1926년 1월 30일 경기도 수원시 평동에서 부농인 최학배

와 이동대의 4남 4녀 중 장남으로 태어났다. 그는 어릴 때 조부의 뜻에 따라 동네 서당에서 한학을 배웠으며, 1944년 경성직업학교 기계과를 졸업하였다. 이어 선경직물 수원공장에 입사하여 제직 기술에 대한 전반적인 지식과 경험을 쌓았다.

최종건은 선경직물에 일개 직원으로 입사하였으나 직물 생산에 대한 애착이 남달라 6·25 전쟁을 겪으면서 폐허나 다름없이 파손된 공장의 직기를 일일이 매만지고 수리하여 공장 재건에 앞장섰다. 그는 1953년 4월 8일 선경직물 공장 부지를 매입했는데, 선경직물에 뿌리를 두고 성장한 SK그룹은 이날을 창립일로 정하여 기념해오고 있다.

동생의 유학자금 보태 선경직물 인수

당시 최종건은 관재청(管財廳)으로부터 공장을 불하받을 자금이 없어 어려움을 겪었으나 동생 최종현이 자신의 미국 유학 자금을 선뜻 내놓아 선경직물의 역사가 시작되었다. 선경직물은 이후 최종건의 저돌적 추진력과 최종현의 치밀한 기획력이 조화를 이루며 성장해간다.

최종현은 1929년 11월 21일 경기도 수원시 평동에서 4남 4녀 중 차남으로 태어났다. 부친은 공부하기를 좋아하는 차남에게 더 넓은 세상에 나가 공부하기를 권하였다. 최종현은 1950년 수원농림고등학교를 졸업한 후 그해 서울대 농화학과에 입학해 3년간 수학하다 1954년 미국 유학길에 올랐다. 당초 자신의 유학 자금을 보태 인수한 선경직물이 자리를 잡기 시작한 후였다.

이후 선경직물의 경영을 혼자 떠맡은 최종건은 회사 규모가 커지면

SK를 창업한 최종건 사장(오른쪽에서 세 번째)과 동생 최종현 부사장(오른쪽 두 번째)이 1969년 수원 폴리에스테르 생산 현장을 둘러보고 있다.

서 점점 업무량에 부담을 느끼기 시작했다. 이는 곧 선경직물이 질적 변화를 이뤄야 하는 시점에 와 있다는 것을 의미하였다. 최종현이 선경 직물 경영과 인연을 맺은 것은 미국 유학 중이던 시절 "귀국하여 형의 사업을 도와라"라는 부친의 편지를 받고 나서였다. 당시 선경직물의 위기와 자금난은 그만큼 심각했다.

최종현은 위스콘신대 화학과를 졸업한 후 시카고대에서 경제학 석사 학위를 취득했다. 그와 비슷한 세대의 경영인에게서는 찾기 힘든 사례로, 탄탄한 경제 이론으로 무장한 손꼽히는 경제인으로 성장하는 밑거름이 됐다. 실제 경제 이론에 관한 한 그는 나중에 대학교수들의 연구사례가 될 만큼 이론과 실무를 겸비한 모범적 경영인으로 평가받는다.

1962년 10월 부친이 급작스럽게 별세하자 최종현은 유학 생활을 정리하고 귀국해 곧바로 선경직물의 부사장으로 취임한다. 이후 빠르게 선경직물의 자금난을 해소하고 관리 체계를 확립해나간다. 특히 그는 원사에서 직물, 봉제로 이어지는 섬유 산업의 수직 계열화를 담은 '선경 5개년 사업 계획'을 발표했고, 최종건 사장은 이를 적극 지원했다.

최종현 부사장은 이어 선경화섬을 설립하고 아세테이트 원사 공장과 폴리에스터 원사 공장의 병행 건설이라는 모험에 나서 1968년 아세테이트 원사 공장을 준공하고 이듬해 폴리에스터 원사 공장을 완공한다. 이로써 선경은 한국 최초로 폴리에스터 원사와 아세테이트 인견사를 동시에 생산하는 국내 1위 메이커로 도약한다.

난제들 타개하며 경영 이론 정립

1970년 선경직물 사장으로 취임한 최종현은 현장에서 부딪히는 난제들을 타개해나가며 이를 자신의 경영 이론으로 정립하기 시작한다.

섬유 산업의 수직 계열화에 매진하던 선경은 사업 다각화에도 눈을 돌려 1972년 12월 최종건 회장이 워커힐호텔 인수에도 성공한다. 하지만 최 회장은 이듬해 11월 15일 서울대병원에서 별세해 경기도 화성군 봉담면 선영에 안장된다.

형이 별세한 후 최종현은 선경직물에 이어 1973년 11월 24일 선경합섬과 선경화섬의 사장으로 취임하면서 선경의 경영권을 정식으로 승계한다. 이미 승계에 앞서 경영 합리화를 통해 선경직물의 자금난을 빠르게 해소했고 관리 체제 확립과 신제품 개발을 통해 회사를 안정시켜나갔는데, 이러한 실적에 더해 최종건 사장의 남다른 우애가 원만한 기업 승계로 이어졌다고 할 수 있다. 기업을 이어받은 최종현은 조카들을 친자식처럼 돌보겠다는 다짐을 저버리지 않았다. 최태원 현 회장(최종현의 장남)도 사촌들에 대한 배려를 제대로 잘하고 있다고 친지들은 말하고 있다.

경영권을 정식으로 승계하면서 최종현 회장은 선경을 세계 일류 에너지·화학 회사로 키우겠다는 원대한 목표를 천명한다. 자본, 기술, 인재가 부족했던 당시 섬유 회사에 불과한 선경이 원유 정제는 물론 석유화학, 필름, 원사, 섬유 등에 이르는 수직 계열화를 선언한 것인데, 많은 이들이 '불가능한 꿈'으로 치부했다. 1973년 정부로부터 정유 공장 설립 허가서를 받아냈으나 그해 1차 오일 쇼크가 일어나 정유 공장 설립이 무산되는 등 크고 작은 고비도 찾아왔다. 그러나 최 회장은 사우디아라비아 왕가 등 고위 석유 네트워크를 구축해 안정적인 원유 공급선을 확보하는 등 석유 사업 진출을 위한 기반을 다져나갔다. 특히 최 회장은 유공(대한석유공사)의 합작선인 걸프 사의 철수를 예상하고 비밀리에 인수팀을 만들어 직접 팀장을 맡아 지분 인수를 모색하다가 1980년 드디어 인수에 성공한다.

재계 판도를 바꾼 유공 인수

당시 선경의 유공 인수는 재계의 판도를 바꾼 일대 사건이었다. 이 덕분에 재계 10위 안팎을 맴돌던 선경이 일약 재계 5위로 도약했다. 유공 인수 후 최 회장은 국가 전체가 흔들렸던 오일 쇼크를 교훈 삼아 해외 유전 개발에도 적극 나선다. 진정한 수직 계열화 완성은 석유 개발이 뒷받침돼야 한다는 점을 누구보다 잘 알고 있었기 때문이다. 1970년대 두 차례 오일 쇼크를 겪으면서 자원이 곧 무기이고 국력이라는 것을 뼈저리게 느낀 것이다.

하지만 유전 개발은 성공 확률이 5%에 불과해 사내에서도 반대가 많았다. 그럼에도 최 회장은 "석유 개발은 한두 해에 이루어지는 것이 아닌 만큼 실패에 대해 거론하지 말라"면서 담당자들을 격려했다. 연이은 실패를 딛고 SK는 1984년 북예멘 유전 개발에 성공함으로써 한국을 어엿한 산유국 대열에 올려놨다. 이후 SK는 9개국 13개 광구에서 일 평균 5만 배럴의 원유를 생산하고, 4개의 LNG 프로젝트를 일구며 무자원 산유국의 꿈을 이뤄낸다.

최 회장이 집요하게 추구하던 수직 계열화 경영은 당시로서는 대단한 성과였다. 이에 대해 당시 한 일간지는 다음과 같이 논평하기도 했다.

"1973년 친형 종건 씨로부터 경영권을 넘겨받은 직후 최 회장이 착수한 '단순한 사업 다각화'도 철저히 현재의 이익을 보다 늘릴 수 있는 '시너지 효과'에 근거했다. 직물 제조에 필요한 섬유를 원활히 조달하기 위해 원사 공장을 차렸고, 원사를 만드는 데 필요한 화학 원료가 공급자의 농단으로 값이 올라가자 석유화학에 손을 댔다. 이어 석유화학에 필요한 원유 확보를 위해 석유 회사, 나아가 원유 정제 회사를 차리는 식이었다."

최종현의 수직 계열화 경영의 꿈은 1991년 6월 유공 울산 콤플렉스에서 새로 지은 9개 공장의 합동 준공식이 열리면서 가시화됐다. 제4정유 시설, 신규 휘발유 제조 시설, 파라자일렌 제조 시설 등의 준공으로 유공은 휘발유와 기초 유분에서부터 합성고무, 합성섬유의 원료에 이르기까지 석유화학의 필수 제품을 위한 생산 시설을 완전히 갖추게 된다. 당시 서울대 조동성 교수는 "원유 개발부터 석유화학 제품 생산

까지 일관 생산 체제를 갖추는 것은 우리나라에서 유례가 없는 일일뿐
더러 전 세계적으로도 극히 드문 일"이라면서 수직 계열화의 경영 전략
적 의미에 대해 이렇게 말했다.

세계 기업 사상 최초의 완전 수직 계열화

"원유에서 최종 상품에 이르는 완전 수직 계열화는 세계 기업 사상
최초의 일이지만 이와 함께 선경이 비관련 계열 기업을 정리하여 그룹
전체를 하나의 거대한 연관 산업 콩글로메리트(복합 기업)로 통합시켰다
는 데서 더욱 의미가 깊다. 이 조치로 선경은 우리나라 그룹 기업의 고
질적 병폐인 문어발식 확장을 지양하고 경영 효율을 극대화할 수 있게
된 것이다."[54]

조동성 교수가 최 회장을 처음 만난 것은 1977년 가을이었다. 당시
조 교수는 미국 보스턴 컨설팅그룹의 컨설턴트로서 걸프오일회사의 국
제 전략 개발 프로젝트를 담당하고 있었는데 그 프로젝트 중에 신규
석유화학 공장을 한국에 세우는 방안이 있었다. 당시 투자 파트너 후
보 중에는 선경을 비롯해 여러 대기업이 포함돼 있었지만 조 교수가 만
났던 최 회장은 여타 그룹 회장들과 여러 면에서 차이를 보였다. 최 회
장은 조 교수가 제시한 걸프오일과의 석유화학 공장 합작 투자에는 별
관심을 보이지 않았고 오히려 걸프오일이 한국의 유공 경영에서 언제
손을 떼려는가를 물어봤다. 그는 전혀 그만둘 계획이 없는 듯하다는

54　SK그룹 사보.

답변에도 불구하고 "걸프오일은 언젠가 한국을 떠나게 될 테니 두고 보라"면서 "선경은 이미 걸프오일의 유공 지분을 인수하는 것을 포함해서 석유 사업에 진출할 준비를 하고 있다"라는 얘기를 했다. 이미 몇 년 전부터 유공 인수를 내다보고 있었다는 것이다.

최 회장의 선견지명과 결단력이 가장 돋보이는 대목은 정보통신 사업 진출이다. SK그룹은 1994년 한국이동통신(현 SK텔레콤)을 인수함으로써 에너지 · 화학 부문과 더불어 그룹의 양

1975년 최종현 회장(오른쪽)이 '선경연수원' 현판식 중 직접 간판을 걸고 있다. '선경연수원' 은 국내 최초의 기업 연수원으로 기록됐다.

대 축 가운데 하나인 정보통신 부문을 구축한다. 이를 위해 최 회장은 유공 인수 때와 마찬가지로 치밀한 정지 작업을 다져간다. 최 회장은 1984년 산업 동향 분석을 위해 미국에 미주경영실을 세우고, 여기에 텔레커뮤니케이션팀을 신설한다. 정보통신 산업 선진국인 미국이 보유한 정보와 기술을 습득하기 위해서였다. 이후 1990년대 초까지 미국과 한국에 유크로닉스, 선경정보시스템, 대한텔레콤 등을 잇따라 설립하여 정보통신 사업 진출에 대비했다. 1992년 신년사에서 최 회장은 정

보통신 사업 진출을 공식 천명하고 그 배경에 대해 다음과 같이 설명했다.

"기존 업체와의 불필요한 경쟁을 피하고 국가 산업 발전에도 기여할 수 있는 분야를 우선적으로 생각했고, 또한 급속히 진전되고 있는 글로벌리제이션 시대에서의 성장 가능성도 고려했습니다. 이런 분야 중 나는 정보통신 산업을 다음 사업 영역으로 선정하여 그룹의 중점 사업으로 추진하기로 결정하였습니다."

이러한 노력의 결과로 선경은 1992년 제2이동통신 사업권을 따냈지만 사업권을 자진 반납하는 시련을 겪는다. 노태우 대통령과 사돈 관계라는 이유로 특혜 시비가 일었기 때문이었다. 당시 최 회장은 기자회견을 열어 선경의 사업권 획득이 정당한 노력의 결실임을 밝혔다.

이동통신 인수전 때 보인 결단

"6년 동안 정보통신 사업 진출을 위해 착실히 준비해온 실력으로 선정됐다. 사돈인 노태우 대통령에게 선정 과정에서 신세 진 적이 없다. 1980년대까지 석유에서 섬유까지 수직 계열화 체제를 완성하고 새로운 주력 사업을 모색해왔다. 당초 자동차·가전·중공업 등도 검토했으나 중복 투자가 우려돼 1986년 9월부터 정보통신 산업을 새로운 유망 업종으로 결정하여 추진해왔다."

특히 최 회장은 "선정 과정이 정치적으로 문제시되고 부당성이 증명된다면 정부의 어떤 결정도 받아들이겠다"라면서 "사업자 선정이 다음 정권으로 넘어가더라도 선경이 사업권을 획득할 것을 자신한다"라고 말했다.

그러나 일단 한쪽으로 쏠려버린 여론을 돌리기는 벅찬 일이었다. 특히 대선을 의식한 집권당 대표의 반발이 매우 거셌다. 체신부의 발표가 있던 다음 날 당시 김영삼 민자당 대표는 여론을 이용하여 '제2통신 사업권의 선경 불가 주장'을 집요하게 펼쳤다. 김 대표와의 독대까지 거친 최 회장은 결단을 내렸다. 선경의 제2이동통신 사업권을 백지화하고 다음 정권에서 재추진하기로 한 것이다.

"선경의 제2이동통신 사업권 획득과 반납은 1992년의 10대 뉴스가 될 만큼 국내외의 화제와 논란을 불러일으켰다. 그해 겨울 대선에서는 민자당 김영삼 후보가 당선되었고 이듬해 2월 문민정부가 출범한다. 제2이동통신 사업자 선정 문제도 문민정부의 손으로 넘어갔다."[55]

그 후 김영삼 정부에서 한국이동통신 민영화가 추진될 때 선경은 최고 인수가를 제시하며 당당하게 인수에 성공한다. 물론 그 과정에서도 시련은 있었다. 최 회장이 전경련 회장을 맡고 있다는 사실이 또 한 번 난처한 상황을 불러온 것이다. 이때도 최 회장은 과감한 결정을 내려 컨소시엄에서 빠지기로 결심한다. 선경의 단독 인수 소식으로 주당 8만 원대이던 한국이동통신 주가가 30만 원대로 올랐지만 고가의 인수 비용에도 최 회장은 망설이지 않았다. 당시 최 회장은 "사업에서 가장 중요한 것은 기회다. 우리는 기업을 산 것이 아니라 통신 사업 진출의 기회를 산 것이다. 기회를 돈만으로 따질 수는 없다. 이렇게 해야 특혜 시비에 휘말리지 않을 수 있고 회사 가치는 더욱 키워가면 된다"고 설득했다. 나중에 최 회장은 "자칫 재계의 화목이 깨질 것이 걱정되어

55 조동성, 앞의 책.

또 한 번 물러섰지만 결국 재계의 위상을 높일 수 있는 계기가 됐다"라는 회고도 남겼다.

최 회장은 1993년 전경련 회장에 취임하며 경제 5단체 공동으로 국가 경쟁력 민간 위원회를 발족해 '미스터 국가 경쟁력 강화'라는 애칭을 얻기도 했다. 세무 조사 등 불이익을 겪으면서도 금리 인하, 규제 철폐, 쌀 시장 개방 같은 민감한 문제에 고언을 서슴지 않았다. IMF의 긴급 지원을 받기 직전인 1997년 가을에는 폐암 투병 중이던 몸으로 산소 호흡기를 꽂은 채 청와대를 찾아가기도 했다. 당시 최 회장은 김영삼 대통령과 독대해 "한국 경제는 비상사태를 선포해야 할 정도로 심각하다"고 충언했다. 임종 직전까지 일등 국가의 비전을 지녔던 최 회장의 충정이었다.

최종현 회장은 1998년 8월 26일 서울 광장동 워커힐 자택에서 별세했다. 화장이 드물었던 시절 화장하라는 유언을 남겼고, 가족들이 이를 실천해 사후에 큰 울림을 남기기도 했다.

삼성그룹 이건희 회장은 《중앙일보》(1998년 8월 28일자)에 추도문을 기고했는데 그 일부를 소개하면 이렇다.

"지금 우리 경제는 회장님께서 수차례 예고하시고 경계해오셨던 대로 끝이 보이지 않는 위기 상황 속에서 비틀거리고 있습니다. 발등에 불이 떨어지고 나서야 회장님의 혜안과 선견력을 되새기는 저희의 우둔함이 부끄럽기만 합니다. 홀연히 눈을 감으신 회장님의 큰 자리를 이제 어떻게 채우고 남이 따르지 못할 경륜과 지도력을 무엇으로 배워나가야만 합니까. 회장님께서 비록 몸은 떠나시더라도 영령은 우리 경제와 재계의 수호신으로 영원히 계실 것으로 믿고 있습니다."

장학 사업으로 사회 공헌 밑거름이 되다

   최종현이 한국 기업사에 남긴 족적은 상당하지만, 그중에서도 요즘 화두가 되고 있는 기업의 사회 공헌에 선구자적인 자취를 남긴 일은 무엇보다 되새길 만하다. 21세기 일등 국가를 꿈꿨던 최 회장은 인재가 한국의 미래를 좌우한다고 봤다. 그는 1974년 세계적 학자 양성이라는 목표를 갖고 사재를 출연해 한국고등교육재단을 설립했다. '일등국가, 일류 국민 도약과 고도의 지식 산업 사회 건설'이라는 100년의 목표로 출발한 세계적 석학 양성 프로그램이었다. 44년이 지난 지금, 740여 명의 해외 명문대 박사를 비롯해 3,700여 명의 인재가 이 프로그램으로 길러졌다. 이 프로그램을 마련하면서 최 회장은 "선진국 학생들은 강의 계획서와 도서 목록을 미리 입수해 사전에 철저히 준비해 왔다"라면서 "우리나라에는 아직 해외 유명 대학을 졸업한 선배들이 많지 않으니 재단이 이 부분을 챙겨달라"는 당부도 남겼다. 이 덕분에 높이 5m에 이르는 한국고등교육재단 서고에는 세계 각국의 언어로 쓰인 전문 원서 1만 5,000여 권이 빼곡히 꽂혀 있고, 지하 정보실에도 1만 9,000여 권의 장서가 더 보관돼 있다.

   최 회장이 조림에 관심을 둔 것도 장학 사업을 위해서였다. 1972년 서해개발(현 SK임업)을 세운 뒤 충남 천안 광덕산(500㏊)을 시작으로 충북 충주 인등산(1,200㏊), 영동 시향산(2,340㏊), 경기도 오산(60㏊) 등 4,100㏊ 규모의 황무지와 임야를 사들여 꾸준히 나무를 심어 울창한 숲으로 키워냈다.

   최 회장이 남긴 경영 DNA는 장남 최태원 회장에게 이어졌다. 2011년 하이닉스 인수 등을 통해 반도체와 바이오 등으로 사업 영역

1994년 최종현 회장(오른쪽)이 한국고등교육재단 장학생들에게 장학 증서를 전달하고
있다.

을 확장한 최 회장은 하이닉스 인수 직후 "하이닉스가 SK 식구가 된
것은 SK의 반도체 사업에 대한 오랜 꿈을 실현하는 의미가 있다"라고
강조했다. 부친의 못다 이룬 꿈을 언급한 것이다. 최종현 회장은 이미
1978년 미래 산업의 중심이 반도체가 될 것임을 예견하고 선경반도체
를 설립했으나 전 세계를 강타한 2차 오일 쇼크로 꿈을 접어야 했다.

　최태원 회장도 선친의 뜻을 이어받아 기업의 사회 공헌에 남다른 정
성을 기울이고 있다. 2006년 수원에 해비타트 SK행복마을 3개 동을,
2009년에는 SK청송노인복지관을 건립해 기부하는 등 해마다 사회 공
헌의 족적을 남겨왔다. 특히 "SK그룹이 최고의 화장 시설을 지어 사회
에 기부하라"는 부친의 유지에 따라 500억 원을 들여 충남 세종시 은
하수 공원에 화장 시설을 조성하여 2010년 1월에 기부했다.

최종건·최종현의 가계

　최종건 회장은 노순애 여사(작고)와 사이에 3남 4녀를 두었다. 장남 윤원(작고·SK케미칼 회장 역임) 씨에 이어 SK네트웍스 회장인 차남 신원(70) 씨와 SK디스커버리 대표이사인 3남 창원(57) 씨, 장녀 정원(67), 차녀 혜원(65), 3녀 지원(63), 4녀 예정(60) 씨가 있다.

　최종현 회장은 박계희 여사(작고)와 사이에 2남 1녀를 두었다. 장남 태원(61·SK그룹 회장) 씨에 이어 차남 재원(59) 씨는 SK그룹 수석부회장, 장녀 기원(58) 씨는 SK행복나눔재단 이사장을 맡고 있다.

▌내가 본 최종건·최종현 형제 ▌

"남다른 형제 경영은 경영학의 연구 소재"

염재호(전 고려대 총장)

　수원의 군소 직물 기업의 평사원으로 입사하여 6·25 전쟁으로 파손된 직기를 꿰맞춰 공장을 인수한 최종건과 미국 유학 중에 경영 위기의 도우미로 선뜻 응해 한국 재계 3위의 그룹으로 성장시킨 최종현 형제는 경영학의 특출한 연구 소재로 꼽을 만하다. 더구나 부자간 기업 승계가 아닌 드문 형제간 승계는 이들의 우애가 예사롭지 않았음을 짐작하게 한다. 그런 형제의 우애가 아랫대에까지 이어져 별세한 최종현 회장의 남다른 조카 사랑과 그 뒤를 이은 최태원 회장의 사촌 배려는 주위 친지들의 선망의 대상이 되고 있다.

　나는 최종현 회장이 건립한 한국고등교육재단 장학생으로 합격하여 그분과 인연을 맺게 됐다. 시험에 합격한 다음 우리는 재단 장학생으로서 유학에 앞서 혹독한 훈련을 받았다. 특이한 것은 사회과학도인 우리에게 영어뿐 아니라 동양철학과 물리학 수업을 받게 한 것이다. 세계 지식인들과 경쟁하려면 사회과학도도 자연과학의 논리를 알아야 하고, 세계적 학자가 되려면 동양철학과 같은 아시아의 가치를 몸에 익혀야 한다고 하셨다.

한번은 사모님과 함께 스탠퍼드에 와서 중국 식당에서 맛있는 음식을 사주시고는 대학원생 숙소인 우리 집까지 오셨다. 좁은 숙소에 빼곡히 둘러앉은 우리에게 세계인이 되라고 강조하셨지만 말속에는 우리나라에 대한 뜨거운 열정이 넘쳤다. 엄청난 장학금을 주는 이유는 세계 속에서 한국이 어떻게 살아야 하는가를 머리 좋은 너희들이 고민해야 한다는 것이었다. '힘든 공부'를 '의미 있는 공부'로 바꾸게 한 말이었다.

21
주식 단 한 주도 안 가진 창립자
[포스코그룹] 청암 박태준

청암 박태준

1927년	9월 29일 경남 동래군 장안면 인랑리에서 태어남
1946년	와세다대학 기계공학과 2년 마치고 중퇴
1948년	귀국 후 남조선경비사관학교(육사6기)에 입교, 수료 후 육군 소위로 임관됨
1950년	6 · 25 전쟁에 포천 1연대 중대장으로 참전
1954년	육군대학 수석 졸업. 장옥자와 결혼
1961년	국가재건최고회의 의장 비서실장, 상공담당 최고위원 취임
1965년	대한중석 사장에 취임
1968년	포항종합제철 초대 사장 취임
1992년	광양 4기 설비 종합 준공, 포항제철 대역사 준공(연산 조강 2,100만t)
2000년	국무총리 취임
2011년	12월 13일 서울 신촌 세브란스병원에서 별세, 서울 현충원에 안장됨

청암 박태준은 포항종합제철(현 포스코)의 창립자로 한국 경제 도약을 이끈 산업화 1세대의 대표 주자다. 청암은 6 · 25 전쟁 중에는 전선을 지킨 참전 용사로, 환란(換亂)의 비상시국을 맞아서는 국무총리로 국가에 헌신했다. '짧은 인생을 영원한 조국에 바친다'는 자신의 염원대로 산업화와 민주화를 아우르는 일생을 살았다. 세계가 인정하는 리더로 살아온 청암에게 미테랑 프랑스 대통령은 1990년 11월 서울로 특사를

6·25전쟁 당시 박태준 중령(왼쪽).

보내 외국인에게 주는 최고 훈장인 '레지옹 도뇌르 코망되르'를 수여했다. 당시 미테랑 대통령은 이런 치사를 했다.

"한국이 군대를 필요로 할 때 당신은 장교로 투신했습니다. 한국이 기업을 찾을 땐 기업인이 되었습니다. 한국이 미래의 비전을 필요로 할 때 당신은 정치인이 되었습니다."

미테랑 프랑스 대통령의 치사

중국의 개방 경제를 주도한 덩샤오핑이 신일본제철을 방문했을 때 이나야마 요시히로 회장에게 "중국에 한국의 포철 같은 제철소를 지어달라"고 요청하자 이나야마 회장이 난색을 표하면서 건넨 말은 지금도 회자되고 있다.

"제철소는 돈으로 짓는 것이 아니라 사람이 짓는데 중국에는 박태준

이 없지 않느냐고, 박태준 같은 인물이 없으면 포철 같은 제철소는 지을 수 없다고 명백히 말해줬습니다. '포철은 기적'이라는 말과 함께요."[56]

청암이 모든 걸 바쳐 일궈낸 포철은 1973년 6월 용광로에서 처음 쇳물을 뿜어내기 시작했다. 이후 청암의 탁월한 솔선수범 경영으로 가동 1년 만에 매출액 1억 달러를 기록하며 흑자를 이룩하는 기적을 뽐냈다. 이후 건설과 조업을 병행하며 성장 가도를 질주한 포철은 마침내 1992년 광양제철소 4기 설비를 종합 준공함으로써 2,100만 t을 생산하는 세계 최대 제철소로 우뚝 섰다.

청암의 생애를 빛낸 단어는 청빈이다. 청암이라는 아호처럼 그는 정치인으로나 경제인으로 권력욕이나 물욕을 멀리한 선비의 삶을 살았다는 평가를 받았다. 사후 자손들에게 유산을 한 푼도 남기지 않은 것으로 확인되기도 한다. 이와 관련 송복 연세대 명예교수는『박태준 사상, 미래를 열다』라는 저서에서 "고 박태준 명예회장은 의지와 옳음, 청렴뿐 아니라 애정까지 갖고 있는 '현장의 선비'였다"고 평한 바 있다.

청암은 1927년 9월 29일(음력) 경남 동래군 장안면(현 부산시 기장군 장안읍) 인랑리에서 박봉관과 김소순 사이의 6남매 중 장남으로 태어났다. 한학을 공부한 부친은 '장차 크게 잘되라'는 뜻으로 '태준'이라고 이름을 지었다.

청암은 1933년 백부의 권유와 일본에서 일자리를 얻은 부친의 부름으로 모친과 함께 일본으로 건너간다. 청암 일가는 처음에 아타미에 정착했지만 1936년 부친이 지쿠마가와(千曲川) 수력발전소로 직장을 옮기면서 나가노현 이야마로 이사한다. 일본에서 어린 시절을 보내며 '식

---

56 이대환(2004),『세계 최고의 철강인 박태준』, 현암사.

민지 아이'라는 태생적 한계를 실감한 청암은 공부든 운동이든 모든 걸 잘해서 일본인 학생들을 이겨야 한다는 다짐을 자주 했다. 아타미 시절 수영을 익힌 청암은 초등학교 6학년 때에는 스키(활강·점프) 대회에 참가하는 등 심신 단련에 힘을 쏟았다.

1940년 청암은 명문인 도쿄 아자브중학에 합격하지만 가족과 함께 있어야 한다는 부친의 뜻에 따라 이야마 북중학에 입학한다. 중학교 때 그는 교내 수영 대회에 1학년 대표 선수로 출전하여 2학년 대표 선수와 경합을 벌여 이기지만 일본인 심판의 고의적인 편파 판정으로 우승을 빼앗기는 쓰라린 경험도 겪는다. 1944년 청암은 일본 육사 입교 권유를 거부하고 와세다대 공대로 진학을 결심했는데, 이즈음 소결로 공장에 노력봉사대원으로 배치받아 제철과 인연을 맺게 됐다. 소결이란 인공 철광석을 의미한다.

이 무렵 일제는 학병제를 실시했다. 인문계 대학생은 모두 징집되고 이공계는 면제됐지만 조선인 학생은 여기에도 해당하지 않았다. 징집의 위기에서 청암은 일본 정착 시절부터 부친과 친하게 지낸 소메야 사장이 위장(僞裝) 양자 입양을 허용해 결국 이듬해 와세다대 공대에 입학했다. 하루 4시간씩 자면서 열심히 공부한 결과였다.

학병에서 가까스로 면제되다

청암은 8·15 광복 이후에도 일본에서 학업을 이어가려 했지만 사정이 여의치 않자 와세다대 기계공학과 2년을 마치고 중퇴한다. 이후 고국으로 돌아와 취업이 안 돼 칩거하다시피 지내다가 국방경비대가 창설되자 군인의 길을 선택한다. 1948년 남조선경비사관학교(육군사관학교) 6기생으로 입학해 고된 훈련을 받으면서 전술학, 지형학, 독도법, 화기 훈련, 총검술, 행군과 수영, 국사와 영어를 포함한 교양 과목 등을 공부했다. 이 시기 제2중대장으로 탄도학을 강의하던 박정희 대위와 만나는데, 박 대위는 수학 실력이 탁월한 청암을 눈여겨봤다고 한다. 단기 과정 수료 후 청암은 육군 소위로 임관되어 육군 제1여단 제1연대 소대장으로 부임했다.

1950년 6·25 전쟁 때 청암은 포천 1연대의 중대장으로 참전했다. 서울 미아리 서라벌중학 부근에서 중대장 10명 중 그를 포함해 단 2명만 살아남는 격전을 치르면서 부대원들과 전선을 지켰다. 소련제 탱크의 소음을 들으면서 '최후의 순간'을 각오하기도 했으나 육군본부로부터 "한강 이남으로 집결하라"는 전문을 받고 후퇴했다.

전쟁이 끝난 뒤 청암은 육군대학을 수석으로 졸업하고 육사 교무처장으로 부임했다. 이 무렵 친척 소개로 이화여대 정치외교학과를 졸업한 세 살 아래 장옥자 씨를 만나 결혼했다. 그녀가 신혼 휴가 뒤 남편에게 첫 선물로 건넨 것이 자기 은사 최호준 교수의 『경제학 원론』이었다. 청암이 인생에서 '경제'와 처음 인연을 맺은 순간이었다.

거사 전 박정희가 가족을 부탁하다

1960년 부산 군수기지 사령관으로 발령받은 박정희가 청암을 참모장으로 발탁하면서 두 사람의 인연은 다시 이어진다. 이듬해 5·16 군사정변 직후 박정희는 그를 찾아온 청암에게 "우리 계획이 실패하면 우리 군과 내 가족을 부탁하려고 했었네"라고 실토했다는 건 잘 알려진 애기다.

　혁명 후 청암은 국가재건최고회의 의장 비서실장, 재정경제위 상공 담당 최고위원에 취임하며 제1차 경제 개발 5개년 계획에 참여해 무연탄 개발을 통한 국토 녹화 사업을 적극 진행한다. 1963년 민정 이양을 앞두고 청암은 박정희의 정치 참여 권유를 사양하고 미국 유학을 준비하면서 육군 소장으로 예편한다. 그러나 박정희의 강력한 요청으로 미국 유학을 포기하고 한일 국교 재개 임무를 맡는다. 일본으로부터 자본을 유입하기 위한 정지 작업으로 일본 특사를 맡았다.

　당시 박정희는 경제 발전을 위해 차관 도입과 함께 일본과의 국교 정상화로 대일 청구권을 행사할 생각이었다. 이보다 앞서 일본 정부는 국교 정상화를 위한 비공식적 대화 채널을 트자는 뜻을 통보해오면서 박 대통령의 의사를 통역자 없이 충분히 전달해줄 수 있는 사람을 일본으로 보내달라고 요청하였다. 박 대통령이 그런 인물로 박태준을 지목하고 대통령 특사로 파견한 것이다.

　일본으로 건너간 청암은 일본 전역을 10개월간 순방하면서 야스오카 마사히로(安岡正篤) 등 정치권 막후 실세들과 두루 만났다. 특히 야스오카는 여러 권의 명저를 낸 일본의 저명한 양명학자로 당대 일본 지성을 대표하는 학자들의 정신적 지주 격이었다. 그의 철학과 사고는 일본 내에서 명성이 높았다. 야스오카를 만난 청암은 자신이 특사로 맡은 임무를 설명하고 박정희 대통령의 인사말을 전했다. 야스오카는 그 자리에서 청암이 면담하려는 인사들을 만나도록 적극 주선했다. 다음은 야스오카의 제자인 야기 노부오(일제 말 전라도지사를 지낸 지한파 일본인)가 그 무렵 청암에 대해 한 인상평이다.

"저희 선생님께서 박 장군님을 보고 흡사 거대한 무쇠 덩어리가 앞에 앉아 있는 것 같다고 말씀하셨습니다. '불과 서른예닐곱밖에 안 되었는데, 과연 오모노(大物)'라고 박 장군님을 칭찬하셨습니다."[57]

만성 적자 대한중석을 흑자로

1964년 청암은 당시 가장 중요한 국영 기업체로 꼽혀온 대한중석 사장 자리에 올라 만성 적자 회사를 1년 만에 흑자로 전환시키는 신통력을 발휘한다. 당시 청암은 집에다 군인 시절의 좌우명인 "짧은 인생을 영원 조국에"라는 표어를 걸어놓고 대한중석의 정상화를 다짐했다고 한다.

그때부터 현장 경영을 중시한 청암의 일화가 있다. 청암은 사장에 부임하자마자 상동 광산 현장을 직접 방문해 사택 개울가에서 빨래하고 있는 광부 부인들에게 애로사항을 캐물었다. 그러자 나이 지긋한 부인이 "사택에 빈대 약 좀 쳐주세요"라고 부탁했다. 빈대 때문에 직원들이 밤잠을 설친다면 회사 일을 제대로 할 수 없다고 생각한 청암은 즉각 소독을 지시하고 아예 사택을 재건축하도록 조치했다.

박정희 대통령은 대한중석 사장직을 맡겨 경영 능력을 시험해본 후 청암에게 종합제철을 맡기겠다는 생각을 이미 하고 있었다. "해외 출장 갈 기회가 있으면 선진 제철소를 유심히 살펴보라"라고 청암에게 특별 당부까지 했다. 1965년 6월 청암으로부터 일본 철강 업계에 대한 보

---

57 조동성, 앞의 책.

모래 벌판을 일구며 공장 건설을 진두지휘하는 박태준 사장.

고를 받은 후 박 대통령은 "나는 고속도로를 직접 감독할 테니 자네는 제철소를 맡아. 고속도로가 되고 제철소가 되면 공업 국가의 꿈은 실현되는 거야. 자네의 능력과 뚝심을 믿네"라고 말했다고 한다.

이후 청암은 포항제철 건립에 착수하나 1억 달러에 이르는 자금 염출이 문제였다. 1969년 1월 한국과 미국을 오가며 세계 5개국 8개 회사 연합체(KISA)와 IBRD(국제부흥개발은행)에 자금 지원을 요청했으나 거절당했다. 청암은 귀국길에 하와이에 잠시 들러 낙담한 채 해변을 걷다가 대일 청구권 자금을 떼어 제철소를 지으려는 '하와이 구상'을 하게 된다. 국제 전화로 박 대통령에게 이 구상을 알리고 도쿄로 직행하여 일본의 정·재계 인사들을 만나 자금 지원 협상을 벌이기 시작한다. 청암은 일본 정부 간행물 보관소까지 뒤져 설득 논리를 제시하여 일본 통상상 오히라를 감복하게 했다.

포항제철을 어떤 형태의 회사로 만들 것인가에 대해서도 청암은 야무진 비전을 담는다. '특별법에 의한 국영 기업체'로 하자는 박 대통령의 주장에 맞서 청암은 '상법상 주식회사'로 하자고 했다. 대한중석을 경영하는 과정에서 관료주의와 정부의 간섭이 국영 기업체에 끼치는 폐해를 절감하면서 포항제철이 민간 기업으로 가야 한다고 생각한 것이다. 세 차례에 이르는 긴 토론 끝에 줄담배를 태우던 박 대통령이 마침내 말했다.

"임자한테 졌어. 좋은 방법을 강구해봐."

박정희가 건네준 포스코 보호막 '종이 마패'

박 대통령은 이후 청암에게 전권을 준다는 의미로 자신의 서명이 들어간 서류, 이른바 '종이 마패'를 주어 정치권으로부터 포철을 지키는 보호막이 되게 했다. 청암 스스로 '소유와 경영'에 대한 신념을 철저히 지켜 포스코 회장 재임 중은 물론 퇴임 뒤에도 포스코 주식을 단 한 주도 보유하지 않았다.

1969년 청암은 박 대통령으로부터 3선 개헌 지지 서명에 동참할 것을 요구받았지만 거부한다. 당시 김형욱 중앙정보부장이 은밀히 포항으로 사람을 보내자 "제철소 하나만으로 바빠. 정치에는 끼지 않겠어"라는 말로 동참 권유를 잘랐다. 그 소식을 전해 들은 박 대통령도 "그 친구 원래 그런 친구야" 하고 받아넘겼다.

청암은 박정희뿐 아니라 이병철의 제안도 거절한 바 있다. 1980년대 초기 삼성그룹 이병철 회장은 청암을 자주 불러 삼성그룹 경영에 대한 의견을 묻곤 했다. 그리고 어느 날 무한 신뢰하는 후배인 청암에게 "삼성중공업을 주겠다"라는 파격적인 제안을 했다. 존경하는 경영계의 선배이자 와세다대학 선배이긴 하지만 청암은 이 제안 역시 단칼에 잘랐다. "너무 과분한 선물에 감사드립니다. 그러나 아직 저는 제 일이 끝나지 않았습니다. 제가 국가의 일을 맡아 중도에 그만둘 수야 없지 않습니까?"

1971년 4월에 착공한 포철은 공장 건립 과정에서도 난관이 적지 않았다. 건립 일정에 차질이 빚어지자 그해 8월 일본 미쓰비시의 설비 담당자는 청암에게 "기적이 일어나지 않는 한 기일 내에 공사를 마칠 수 없다"라면서 설비 발주를 늦추자고 제안했다. 이에 맞서 청암은 근로자들을 모아놓고 이같이 말했다.

"이 제철소는 식민 지배에 대한 보상으로 받은 조상의 핏값으로 짓는 것입니다. 실패하면 조상에게 죄를 짓는 것이니 목숨 걸고 일해야 합니다. 실패하면 '우향우' 해서 영일만 바다에 빠져 죽어야 합니다."

외국 떠돌 당시 아들과 보낸 시간

청암은 1980년 신군부 세력이 만든 국가보위입법회의 위원을 거쳐 이듬해 민정당 비례대표 의원으로 정치에 참여한다. 이것을 두고 자신이 일군 포항제철을 보호하기 위한 고육지책으로 보는 견해가 유력하다. 하지만 노태우 전 대통령의 3당 합당으로 민자당을 함께하게 된 김영삼 대표의 대선 지원을 거부해 김영삼 대통령 시절 세무 조사를 당하고 외국을 떠도는 신세가 된다. 이 무렵의 청암에 대해 아들 성빈 씨는 이렇게 말했다.

1997년 12월 31일 김대중 대통령 당선자(가운데), 김종필 총재(왼쪽)와의 오찬.

"제가 1남 4녀 중 막내아들로 태어난 이듬해 포스코가 생겨났지요. 어려서부터 늘 바쁘게 나다니셔서 자주 뵙지도 못했지요. 저에게 늘 하신 말씀이 포철은 국가 자산이니 아예 넘볼 생각조차 하지 말라고 하셨습니다. 그러다가 제가 미국에서 유학 생활을 마치고 일본 미쓰비시 상사에 취직하여 13평 아파트에 정착하던 때 정치 낭인이 되신 부친께서 오셨습니다. 불운한 가운데도 저는 그동안 제대로 모실 수 없었던 한을 풀 수 있어 오히려 즐거웠지요. '13평 둥지' 생활을 만끽한 셈이지요. (아버지의) 일본 친구들이 베푸는 여러 배려 중에는 그분들이 퇴직금을 털어 매월 100만 엔씩의 생계비를 마련해주신 것을 잊을 수 없습니다."

이후 청암은 1997년 김대중 국민회의 대선 후보의 지원 요청을 수락하고 김종필과 함께 DJP 공동 정권 만들기에 참여하여 산업화+민주화 세력의 통합 비전을 제시한다. 그리고 정권 출범과 함께 2000년 1월 국무총리에 취임한다. 당시 청암은 김대중 후보에게 "당신은 거짓말쟁이 아닌가?", "당신의 색깔은 진짜 어떤 색깔인가?", "당신이 집권하면 호남 사람들이 통·반장까지 다 해먹을 것이라고 믿는 사람이 많다." 등 다섯 가지 항목의 질의 응답을 하면서 일종의 '면접 시험'을 봤다고 한다.[58]

이후 청암은 2011년 12월 13일 서울 세브란스병원에서 급성 폐 손상으로 인한 호흡 부전으로 세상을 떴다. 그는 서울 국립현충원 국가사회유공자묘역에 안장됐다.

청암 박태준의 가계도

청암은 장옥자 씨와 사이에 1남 4녀를 두었다. 아들 성빈(55·매사추세츠공대, 스탠퍼드대 경영대학원 졸업) 씨는 트랜스링크캐피털 대표이다. 맏딸 진아(64·이화여대 시청각교육과 졸업) 씨는 MC파빌리온 대표인 윤영각(64·시카고대 경영대학원 졸업) 씨와 결혼하였으며, 차녀 유아(60·이화여대 동양미술과 졸업) 씨는 화가이다. 3녀 근아(58·이화여대 건강교육과 졸업) 씨는 둘디자인 대표이며, 4녀 경아(56·이화여대 생활미술과 졸업) 씨는 MBK 파트너스 대표인 김병주(58·하버드대 경영대학원 졸업) 씨와 결혼했다.

58　《중앙일보》, 2011년 12월 14일자 보도.

첫 쇳물이 나올 때 그의 눈에선 눈물이…

이대공 (애린복지재단 이사장, 전 포스코 부사장)

1973년 6월 9일 새벽 5시 포항제철 용광로에서 첫 쇳물이 나오던 그 때 박태준 회장님의 눈물을 처음 보았다. 쇳물이 나오자 만세를 부르는 회장님의 얼굴에는 눈물이 반짝거렸다.

나는 회장님의 유명한 안광을 잊을 수 없다. 눈이 부리부리했던 그분은 화를 낼 때면 눈빛이 워낙 강렬했다. 직원들 사이에서는 "그분의 안광을 제대로 맞으면 정력이 약해진다"라는 말이 돌 정도였다.

포항제철 공보과장이었던 나는 1975년 사보 《쇳물》에 그해 10대 '어글리 뉴스' 중 하나로 "직원 부인들도 목욕을 깨끗이 하라"고 했던 회장님의 목욕론 논란을 실었다. 직원들 사이에서는 "가정생활까지 간섭한다"라는 불만이 나오고 있다는 보고도 덧붙였다.

사보를 본 회장님이 나를 불러 안광을 쏘기에 이제 잘렸구나 했으나 "홍보과장이 내 경영 철학을 모르면 되느냐"면서 그 이후 모든 간부 회의에 참석하라는 특혜성(?) 특명까지 받았다. 회장님의 신임을 받는 전화위복 계기가 되어 오히려 회장님을 밀착하면서 평생을 모시게 되었다. 그리고 회장님의 '목욕론'도 알게 됐다. 자기 몸을 깨끗이 하듯이 품질도 완벽하게 하라는 뜻이었는데 이후 이를 알리는 전도사 역할도 했다.

22

트럭 한 대로 시작해 육·해·공을 접수

[한진그룹] 정석 조중훈

정석 조중훈

1920년	2월 11일 서울 미근동에서 태어남
1937년	진해 해원양성소 기관과 2년 수료
1944년	김정일 씨와 결혼
1945년	한진상사 설립
1961년	한진고속 설립
1969년	대한항공 인수
1977년	한진해운 설립
1989년	조선공사(현 한진중공업) 인수
2002년	11월 17일 인하대 부속 병원에서 별세

　　정석(靜石) 조중훈(趙重勳)은 25세 때 트럭 한 대로 시작해 재계 8위의 육·해·공 종합 수송 회사를 일으키는 데 평생을 바친 인물이다.

　　그는 1945년 11월 1일 인천시 해안동에서 '한민족의 전진'이라는 의미를 담아 해방둥이 기업 '한진상사'를 창업했다. 이후 "수송 사업은 인체의 혈맥과 같다"라는 지론으로 수송 사업이라는 한 우물만 팠다. 정석은 '수송보국(輸送報國)'의 신념을 앞세워 대한항공, 한진해운, ㈜한진, 한진중공업, 동양화재 등 21개 계열사를 거느린 한진그룹을 키워냈다.

정석은 1920년 2월 11일 서울 서대문구 미근동에서 부친 조명희와 모친 태천즙 사이의 4남 4녀 중 차남으로 태어났다. 10대째 서울 토박이로 살아온 그의 집안은 물려받은 전답이 있어 형편이 넉넉했다. 그는 1935년 미동초등학교를 졸업했고, 1937년 휘문고보 2년을 수료했다. 그보다 20년 먼저 태어난 한국인 최초의 비행사 안창남이 미동학교와 휘문고보 선배인데, '항공맨'으로 입지한 그의 생애를 더욱 돋보이게 만드는 사실이다.

여덟 살이던 어느 날 조중훈은 집에서 어머니 치맛자락을 붙들고 재봉틀을 뜯어보겠다고 졸라댔다. 어머니는 귀한 재봉틀을 못 쓰게 될까 봐 보채는 아이를 나무랐지만 아이는 포기하지 않고 종일 졸라댔다. 결국 어머니가 허락하자 아이는 고사리손으로 드라이버를 움켜쥐더니 부속품을 하나하나 뜯어내기 시작했다. 해체된 부속품들이 마룻바닥에 놓였다. 어머니가 재봉틀을 버리게 되었다며 체념하고 "다시는 집안 물건에 손대지 말라"고 야단치려는 순간, 아이는 기름 묻은 손으로 이마에 송송 맺힌 땀을 훔치더니 부품을 하나씩 집어 들고 조립하기 시작했다. 놀란 어머니는 가족들을 불렀고, 아이는 신통하게도 분해한 순서를 정확히 기억해내 역순으로 조립했다.[59]

59   이임광(2015), 『정석 조중훈 이야기, 사업은 예술이다』, 청사록.

아버지 사업 실패가 '낚싯대론' 교훈으로

그의 아버지는 조용히 학문에 열중하고 사색을 즐기는 장남과 달리 기계 만지는 것을 좋아하는 차남이 탐탁지 않았다. 뜯고 고치며 집안 곳곳을 어질러놓는 아들이 걱정스러웠던 부친은 '지나치게 동(動)한 것을 경계하고 정(靜)한 성품을 더해 동과 정이 조화를 이루는 사람이 되라'는 뜻으로 '정석(靜石)'이란 아호를 지어주었다.

휘문고보 시절 부족함이 없던 그의 집안은 부친의 사업 실패로 가세가 기울었다. 그때 정석은 준비 없이 모르는 사업에 함부로 뛰어드는 것이 얼마나 위험한지를 통감한다. 훗날 정석은 이런 철칙으로 무리한 사업 확장을 경계한다. 모르면서 남들이 한다고 따라 하는 것은 사업이 아니라며 '수송의 길'만을 고집했다.

훗날 조중훈은 이런 사업 철학을 유명한 '낚싯대론'으로 정립했다. 낚싯대를 여러 개 드리운다고 고기가 많이 잡히는 것이 아니라 포인트를 잡아 하나의 낚싯대로 승부를 걸어야 한다는 것이다. 1998년 외환위기 때 우리 기업들을 각성시킨 '선택과 집중'과 일맥상통한다. 자원을 효율적으로 운용하고 위험 요인을 최소화하는 위기 관리 전략을 일찍이 터득하고 실천했던 셈이다. 낚싯대론은 오늘날 한진이 세계적 수송 그룹으로 우뚝 서게 한 안전장치가 되었다.

가세가 기울자 정석은 고심 끝에 학교를 그만두고 진해 해원양성소로 갔다. 오늘날 해양대학의 모태였는데 당시만 해도 학교라기보다는 선원이나 선박 정비사를 키우는 기술 학원 수준이었다. 숙식하면서 기술도 배울 수 있는 데다 월 8원이 넘는 봉급까지 준다는 소리에 귀가 솔깃해 찾아간 것이다. 초등학교 교사 월급이 15원이던 시절이었다.

기계에 호기심이 많았던 그는 밤잠을 설칠 정도로 기술을 익히는 데 몰두했다. 2년 만에 해원양성소 기관과를 우등으로 졸업한 정석은 일본 고베에 있는 후지무라조선소에서 일할 수습생으로 발탁되었다. 일본에서도 기술력을 인정받은 그는 고베뿐 아니라 오사카와 히로시마 등지의 공업 지대로 스카우트되며 귀한 경험을 쌓았다.

일본서 2등 기관사 자격증

그러나 제대로 먹지도 못한 채 밤을 새워 책을 읽다가 폐결핵을 앓기도 했다. 낡은 책장에 침을 발라가며 읽다가 결핵균이 옮은 것이다. 학업을 중단하고 귀가한 아들을 본 모친은 가난한 살림 속에서도 온갖 정성을 들여 병구완을 했다. 고기를 먹일 형편이 못 돼 이웃에게 빌린 돈으로 쌀을 조금 사 근처 설렁탕집으로 데리고 갔다. 주인에게 가마솥 바닥에 남은 고깃국물에 쌀을 넣어 끓여달라고 부탁해 그것을 아들에게 먹였다. 그 정성으로 몸을 추스른 정석은 돈을 벌려고 다시 일본으로 갔다.

1940년 마침내 그는 조선소 수습을 마치고 2등 기관사 자격증을 받았다. 이어 일본 우선사 외항선에 올라 중국 톈진과 상하이, 홍콩을 비롯해 동남아 각지로 항해했다. 그 과정에서 정석은 세상이 얼마나 넓은지, 조선이 얼마나 좁은지 실감했다. 1942년 여름 귀국한 그는 엔진 재생업이 전망이 있다고 보고, 우선 보링 기계 한 대를 장만해 서울 효제동에 '이연(理硏)공업사라는 작업장을 차렸다.

사장 겸 기술자로 밤낮없이 일한 덕에 입소문이 퍼지면서 고객이 늘

1950년대 한진상사의 미군 군수품 수송 장면.

기 시작했다. 그해 겨울에는 보링 기계를 한 대 더 늘리고 직원 수도 10명을 넘어섰다. 보링뿐 아니라 아연 주물 작업까지 하게 되었지만 첫 번째 시련이 닥쳤다. 일제가 일으킨 태평양전쟁이 한창이던 1943년 8월 조선총독부는 모든 물자와 산업 시설을 군수 지원 체제로 편입시키는 '기업 정비령'을 내렸다. 모처럼 자동차 정비 공장으로 번듯한 모습을 갖춰 가던 이연공업사는 설비를 군수 업체에 넘기고 문을 닫아야 했다. 그는 징용 영장까지 받아들었지만 용산에 있는 철도공작창에 들어가 가까스로 징용을 피했다. 그사이 집안 어른들의 중매로 규수 김정일(金貞一)과 결혼했다.

1945년 광복을 맞아 정석은 광복 전 운영하던 보링 공장을 일제의 기업 정비령에 따라 정리할 때 받은 돈과 저축해둔 돈을 합쳐 트럭 한 대를 장만한다. 그리고 이를 밑천 삼아 인천에 한진상사 간판을 건다. 그는 애초 무역업을 꿈꿨으나 미 군정청의 통제가 심한 상황에 대응해

적성에 맞는 수송 분야로 나가기로 결정한다.

"내가 기계에 대해서는 어느 정도의 기초 지식이 있었던 데다가, 인천항을 드나드는 화물선을 통해 움직이는 많은 화물이 소비자의 손에 전달되기 위해서는, 반드시 또 하나의 수송 과정이 필요하리라는 판단에서였다. 교통과 수송은 정치·경제·문화·군사 등 모든 분야에서 중추적인 기능을 맡고 있다고 생각했던 것이다.

일제의 통제 경제가 광복 후 점차 자유 경제로 전환되면서 많은 화물이 움직이고 있었으나 수송 수단의 절대 부족으로 곤란을 겪고 있었던 것이 당시의 상황이었다. 광복 당시 남북한 전국을 합쳐 자동차는 8,000대가 못 될 정도였다."[60]

사업 초기부터 신용과 자금 관리 중요시

광복 이후의 혼돈과 무질서 속에서 물가는 매일 치솟았다. 정석은 운수업을 보조하는 사업이 필요하다고 판단하여 카바이트와 인견사 유통업에도 손을 댔다. 당시에는 전력이 부족하여 카바이트를 많이 썼다는 사실에 착안한 것으로, 강원도 삼척에서 카바이트를 사다 도매상에 넘긴 뒤 그 돈으로 인천에 들어오는 수입 인견사를 구입했다. 구입한 인견사를 가내 수공업 형태의 방직 공장이 많이 있던 강화에 유통시키면서 계절에 따라 자금을 원활하게 회전시킬 수 있었다.

한진상사는 꾸준히 성장하여 2년 뒤에는 보유 차량이 10여 대에 달

---

60   조중훈(2006), 『내가 걸어온 길』, 나남.

하게 되었다. 아울러 경기도 일원의 화물차 운송 사업 면허를 정식으로 취득하여 본격적인 수송 사업의 기틀을 다졌다. 정석은 '사업에는 정확한 판단 능력과 함께 타이밍이 중요하다'는 것을 체험으로 터득한다. 그는 "사람의 얼굴을 조각할 때는, 처음에 코는 크고 눈은 작게 새겨놓고 가다듬기 시작해야 한다(刻削之道 鼻莫如大 目莫如小)"는 한비자(韓非子)의 명언을 새기며 사업의 타이밍을 줄곧 중시한다.

한진상사 초창기부터 정석이 가장 중요하게 생각한 것은 신용과 자금 관리였다. 사실 처음에 얻지 못한 신용을 나중에 얻기란 힘든 일이다. 자금 회전도 치밀한 계획으로 처음부터 잘 돌아가게 해야지, 아무리 좋은 사업이라도 초기에 자금을 다 쏟아붓고 회전이 안 되면 곤경에 처할 수밖에 없다. 그는 뒷심이 달려서는 큰 사업을 이루기 힘들 것이라는 생각을 했다.

정석은 6·25 전쟁의 발발로 회사가 쓰러질 위기에 놓였을 때, 주한 미8군과 군수 물자 수송 계약을 맺으면서 회사 재건의 기틀을 마련했다. 그는 미군이 직접 수송하던 캔맥주를 대리 수송할 기회를 얻어 신뢰를 얻었다. 그러면서도 미군에 굽실거리기보다는 어엿한 기업가라는 점을 보여줄 필요가 있었다.

한번은 함께 일하던 직원이 빌린 자금을 상환하는 심부름을 게을리하여 채권자와의 약속 기일을 하루 넘기는 일이 생겼다. 정석은 마음 아픈 일이었지만, 공사를 분명히 구분하고 후일의 경계로 삼기 위해 그 직원을 해고한 후 바로 채권자에게 정중히 사과했다.

"나는 미국인들과 만날 때는 지프차를 이용하지 않았다. 사람들이 중고 지프차를 애용했지만 대개 출처가 불분명해 오해받기에 십상이었던 것이다. 그래서 당시 구경하기조차 힘들던 벤츠 승용차를 타고 다니며 기업인으로서의 확실한 신뢰감을 심어주는 한편 미군들과의 교류를 넓혀 갔다.

특히 한 번 알게 된 사람이 임기를 마치고 귀국할 때에는 집에까지 초대하여 송별연을 베풀기도 하였다. 그 집이 지금 부암동에 있는 자택인데, 남이 건축하고 있던 미완성 석조 건물을 사서 완성하여 여름 별장처럼 접대 시에만 이용했던 것이다.

나는 접대 석상에서 절대로 업무에 관한 사항을 입에 올리지 않았다. 때로는 미국에서도 쉽지 않은 풀 코스의 식사도 성심성의껏 대접하여 신뢰할 수 있는 관계를 맺고자 하였다."[61]

미국 친구들이 만들어준 베트남전 사업

이 무렵에 사귀었던 많은 미국인 친구들이 귀국하여 나중에 국방부 등에 근무하면서 전혀 예기치 않게 한진이 베트남 용역 사업에 참여할 기회가 열린다. 미국 친구들의 도움을 받았다는 그의 후일담대로 미군 사업 수주는 남다른 신용을 쌓았기 때문에 가능했다. 한진상사에는 1956년 큰 사고가 터졌다. 미군 겨울 파카 1,300여 벌을 수송하던 트럭 운전기사가 남대문시장에 물건을 모두 팔아넘긴 것이다. 정석은 즉시 직원들을 보내 도난당한 파카를 비싼 가격을 주고서라도 모두 사들이게 했다. 당시로는 3만 달러라는 큰 손실을 봤지만 납품은 제대로 끝낼 수 있었다.

---

61 조중훈, 앞의 책.

1966년 주한 미8군 사령부를 방문한 조중훈(맨 왼쪽).

한진상사는 연평균 300%의 급신장을 거듭했다. 1960년에는 가용 차량이 500대에 이르는 눈부신 성장을 기록했다. 정석은 그해 8월 15일 수송보국의 꿈을 펼쳐보겠다고 결심하고 4인승 세스나 비행기 한 대로 에어 택시 사업을 시작했다. 그해 11월에는 '주식회사 한국항공' 설립 신고서를 냈다. 그러나 국내선만 취항했기 때문에 경쟁력이 약해 문을 닫을 수밖에 없었다. 정석은 이듬해 주한미군 통근 버스 20대를 매입해 서울~인천 간 한국 최초의 좌석 버스 사업도 시작했다. 그 후 큰 인기를 끌면서 전국망을 구축하기 시작한 한진고속의 출발이었다.

그가 회사를 비약적으로 성장시킨 것은 베트남전 당시 미군의 군수 물자 수송을 맡으면서였다. 1966년 3월 주베트남 미군사령부와 790만 달러의 계약을 성사시킨 후 1971년 전쟁 종료 때까지 한진그룹이 획득한 외화는 1억 2,000만 달러에 달했다.

그는 특히 1969년 국영 항공 회사인 대한항공공사를 인수하여, 소형 항공기 10여 대로 대한항공을 출발시켰다. 대한항공은 30여 년 만에 보유 항공기 121대를 갖춘 세계 10대 항공사로 성장했다. 그는 회고록에 이렇게 술회했다.

"당시 중역들이 완강히 반대했지만, 우리 국적기를 타고 해외 나들이를 한번 하고 싶었던 나는 '돈을 벌자고 시작했다가 밑지는 사업도 있고, 밑지면서도 계속해야 하는 사업이 있는 것'이라며, 항공공사의 인수는 국익과 공익 차원에서 생각해야 할 하나의 소명임을 강조하였다. 아울러 '우리 한진상사가 베트남에서 번 돈은 국익을 위해 재투자되어야 하며, 육·해·공 삼위일체를 이룬 수송 기업의 구축은 나의 이상'이라고 고집하였다."[62]

중역들이 반대한 항공 사업 뛰어든 배경

그는 대한항공 인수 직후 하루 여섯 시간 이상 자지 않으며 사업에 몰두했다. 물론 그 과정에서 떠올리기조차 싫은 일도 생겼다. 1990년 3월 대한항공 실무진은 당시 소련 측과 모처럼 새로운 노선에 합의했다. 소련 영공 통과 허가를 받아 서울~독일 프랑크푸르트 노선 운항 시간을 기존 17시간에서 12시간으로 5시간 단축시킨 것이다. 운항 거리도 1만 3,500여 km에서 8,550여 km로 크게 줄였다. 하지만 한진그룹 회장인 정석은 웬일인지 새 노선에 비행기를 띄우는 것을 차일피일 미

62 조중훈, 앞의 책.

1969년 3월 6일 김포공항에서 거행된 대한항공공사 인수식.

뒀다. 그는 임원 회의를 소집해 "소련이 우리 민항기를 격추하고도 사과하지 않았는데, 아무리 이익을 좇는 기업이라지만 선뜻 합의할 수는 없다"라고 말했다. 그는 소련 측으로부터 1983년의 대한항공 007기 폭파 사건에 대해 비공식적인 사과를 받아낸 뒤에야 새 노선 운항에 서명했다.

그는 1977년 한진해운을 설립하고 1987년에는 당시 국내 최대 선사인 대한선주까지 인수하여 한진해운을 세계 5대 선사 대열에 올려놓았다. 정석은 육영 사업에도 힘써 1968년 인하학원, 1979년 한국항공대를 인수했다. 인천정석항공과학고는 당시 돌산을 깎아 세운 학교로 유명하다. 그는 정석교육상과 정석장학금 제도도 제정했고, 전경련 부회장과 대한관광협회 중앙회 회장, 한국유네스코협회 회장 등을 맡아 활발한 대외 활동을 벌였다.

정석은 항공사 경영을 통해 쌓은 광범한 인맥을 활용해 국익에 크게 기여했다. 1981년 독일 바덴바덴에서 '1988년 올림픽' 개최지를 결정한 국제올림픽조직위원회(IOC)가 열렸을 때 총회에 참석해 서울 유치를 반대하던 프랑스와 아프리카, 남아메리카 국가들을 막후에서 설득했다. 그는 1970년대 초 포항제철 건립을 위해 일본 정부와 차관 교섭이 벌어졌을 때도 두터운 인맥을 활용해 지원 사격에 나서기도 했다. 1973년부터는 한불경제협력위원회 위원장을 맡아 민간 외교와 경제 교류에도 앞장섰다. 그 결과 1990년에는 프랑스 정부가 최고 예우로 수여하는 '레지옹 도뇌르 그랑 오피시에' 훈장을 받았다. 그는 1977년부터 20여 년간 프랑스, 독일, 오스트리아, 네덜란드, 벨기에, 몽골 정부로부터 9개의 훈장을 받았는데 외교관이나 관료가 아닌 민간인으로서는 유례가 없는 일이었다.

정석은 2002년 11월 17일 인천시 인하대 부속 병원에서 별세하여 경기도 용인시 기흥구 하갈동 선영에 안장됐다. 그가 세상을 떠난 후 미국 남캘리포니아대학은 2014년 그를 기리는 '조중훈 석좌교수'직을 신설하기도 했다. 정석의 뒤를 이은 아들 조양호 회장도 부친에 이어 프랑스 최고 훈장을 받아 '부자 수훈'의 기록을 남기기도 했다.

조양호 회장도 고인이 된 후 뒤늦게 생전의 선행들이 알려진 바 있다. 경기도 양평군 지평의병지평리전투기념관의 정운학 학예관은 고인이 된 조양호 회장이 생전에 지평리전투기념관 건립에 어려움을 겪고 있다는 《조선일보》 기사를 보고 거금 5억 원을 내놓았다는 사실을 밝히기도 했다.

정석 조중훈의 가계

정석은 김정일과 사이에 4남 1녀를 뒀다. 장녀 현숙(76) 씨는 숙부인 조중건 대한항공 부회장의 중매로 서울지법 판사이던 이태희(81·대한항공 법률고문, 하버드대 법학박사) 씨와 결혼했다. 정석의 장남 양호(작고) 씨는 이재철 전 교통부 차관의 장녀 명희(72·서울대 미대 졸업) 씨와 결혼했다. 정석의 차남 남호(70·한진중공업 회장) 씨는 김원규 전 서울시 교육감의 차녀 영혜 씨와 결혼했다. 정석의 3남 수호(작고) 씨는 전 한진해운 회장으로 최은영(59·유수홀딩스 회장) 씨와 결혼했다. 은영 씨의 모친 신정숙 씨는 롯데 창업주인 신격호(작고) 회장의 넷째 여동생이다. 정석의 4남 정호(63) 씨는 메리츠종금증권 회장으로 구자학(91) 아워홈 회장의 차녀 명진(57) 씨와 결혼했다.

조양호 회장의 외아들인 원태(한진그룹 회장) 씨는 김태호 충북대 교수(정보통계학과)의 외동딸 미연(43) 씨와 결혼했다. 김 교수는 김재춘 전 중앙정보부장의 장남이다. 조양호 회장의 딸 조현아 전 대한항공 부사장은 경기초등학교 동창인 박종주(47·서울대 의대 졸업, 성형외과 의사) 씨와 결혼했다.

정석의 맏형인 중렬(한일개발 부회장 역임) 씨는 최학희(96) 씨와 결혼하여 2남 1녀를 두었다. 장남 지호(73·한양대 명예교수) 씨는 이병호 전 상공부 장관의 장녀 숙희(65) 씨와 결혼했다. 차남 건호(69) 씨는 영태(70·재미동포 윤주덕 내과 의사의 딸) 씨와 결혼했으며, 장녀 인숙(75) 씨는 문영호(82·동부 제일병원 내과 과장 역임) 씨와 결혼했다.

정석의 동생인 조중건 전 대한항공 부회장은 이영학(84·이상실 전 상공은행장의 3녀) 씨와 결혼하여 1남 3녀를 두었다. 장남 진호(59) 씨는 이종남 전 감사원장의 장녀 경아(51) 씨와 결혼하였으며, 장녀 윤정(57) 씨는 이동원 전 외무부 장관의 장남 정훈(60·연세대 국제대학원 교수) 씨와 결혼하였다. 차녀 주연(56) 씨는 김태효(56·성균관대 교수) 씨와 결혼했다. 정석의 막냇동생 중식(80) 씨는 한일개발 부회장으로 김복수(84) 씨와 결혼했다.

내가 본 정석 조중훈
손실 감수하면서도 국위 선양이 먼저

이상우(전 한림대 총장)

정석 선생 생전에 수시로 뵙고 세상 돌아가는 이야기를 나눴다. 그러면서 한진그룹이 커오는 과정을 가까이서 지켜봤다. 정석 선생의 말씀에서나 어려운 고비를 넘기는 대목마다에서 그분이 일을 처리하는 것을 지켜보면서 점차로 존경하게 되었다. 그분의 뜻에 감동했기 때문이다. 정석 선생은 모든 일에서 사익보다는 공익을 앞세우셨다. 기업인이면서도 회사의 손실을 감수하면서 나라의 일을 앞세우셨다.

대한항공의 노선 개척사를 보면 정석 선생의 뜻을 쉽게 알 수 있다. 모두 회사 이익보다도 한국 기업의 진출 지원, 국위 선양 등을 앞세운 것이었다. 실무진들이 걱정하고 반대해도 정석 선생은 한 번도 뜻을 굽히지 않았다. 정석 선생은 사람을 키우면서 사람들에게 멀리 넓게 보는 시각을 가지도록 독려했다. 사람이 세상을 만든다고 믿었기 때문이다. 한국 최초로 기업 내에 대학을 설치하여 배움의 기회를 못 가졌던 직원에게 공부할 기회를 만들어주고, 대학을 인수하여 발전시키고, 장학금 규모를 키워가고, 교직자에게 상을 주고 하는 일에 열을 다해왔다.

정석 선생은 이루어놓으신 일보다 평생 닦아온 뜻 그 자체로 오랫동안 사람들의 기억 속에 남을 것이다. "뜻 있는 곳에 길이 있다"는 말을 실천으로 보이신 분이기 때문이다.

23
세계 곳곳에 남은 그의 분신
[대우그룹] 주산 김우중

주산 김우중

1936년	12월 19일 경북 대구시 봉산동에서 태어남
1956년	경기고등학교 졸업
1960년	연세대 경제학과 졸업
1961년	한성실업 입사
1967년	대우실업 창업
1969년	한국 기업 최초로 해외 지사(호주 시드니) 설립
1976년	한국기계(대우중공업) 인수
1983년	국제기업인상 수상
1997년	전국경제인연합회 회장
1999년	대우그룹 해체
2010년	글로벌청년사업가양성과정(GYBM) 사업 시작
2019년	12월 9일 경기도 수원시 아주대병원에서 별세, 충남 태안 선영에 안장됨

　　주산(宙山) 김우중(金宇中)은 만 30세 때 창업한 대우그룹을 불과 30년 만에 자산 규모 2위의 기업으로 일군 신화적인 인물이다. 대표적 1세대 기업인으로 꼽혀온 그는 1990년대 '세계 경영'을 표방하면서 해외 시장 개척에 주력했다. 그 결과 신흥국 출신 최대의 다국적 기업으로 키웠다. 당시 대우의 수출 규모는 한국 총수출액의 10%에 달했다. 그

의 아호 '주산'은 원불교 대산종사가 법호로 지어준 것이나, 그는 별세하기 1년 전 '바오로'라는 세례명을 받으며 천주교에 귀의했다.

지금도 세계 곳곳에 '김우중 분신'

대우그룹은 자본금 500만 원으로 출발해 30년 만에 세계 500대 기업에 진입하는 대기록을 세웠으나 환난의 소용돌이를 이겨내지 못하고 끝내 해체되고 말았다. 그래서 주산은 빨리 달린 만큼 크게 넘어진 '재계의 풍운아'라는 아쉬움을 달래야 했다. 그는 만년에 국내외 젊은이들을 대상으로 '세계 경영 교육'이란 여생의 꿈을 활기 있게 펼쳐왔으며, 지금 이 순간에도 그의 후진들이 대우세계경영연구회로 살아남아 글로벌청년사업가양성과정(Global Young Business Manager: GYBM) 사업을 계속 이어가고 있다. '김우중 분신'을 세계 곳곳에 남기고 있는 셈이다.

주산은 1936년 12월 19일 경북 대구시 봉산동에서 대구사범학교 교사인 부친 김용하와 모친 전인항 사이에 4남 1녀 중 3남으로 태어났다. 부친 김용하는 광복 후 경기공립사범학교장(현 서울교대 총장), 서울대 상대 교수 등을 거쳐 제주도지사를 지낸 후 6·25 전쟁 때 납북되었다. 모친도 이북 출신으로 독실한 크리스천이었다.

빈곤했던 피란 시절이 가장 행복

주산의 가족은 6·25 전쟁 때 대구에서 피란살이를 했다. 부친이 납북된 데다 형들이 군에 입대하면서 그는 소년 가장으로 신문팔이에 나섰다. 신문을 받아 들면 사람이 많은 방천시장까지 선두로 달려가 좋은 장소를 선점했다. 남보다 신문을 많이 팔기 위해 거스름돈을 미리 삼각형으로 접어서 주는 식으로 1등을 차지하였다. 이렇게 열심히 해도 눈이나 비가 오는 날은 공치는 날이었다. 그런 날 밤늦게 집에 오면 어머니와 동생이 어김없이 자고 있었다. 밥이 한 그릇밖에 없으니 굶고 자는 것이었다. 밥 한 그릇을 앞에 내놓으며 어머니는 "우리는 먼저 먹었다. 시장하지? 어서 먹어라"라고 권했는데, 허기진 배를 안고 억지로 잠을 청한 동생들의 모습을 바라보면서 그는 "나는 밖에서 어묵이랑 사 먹었더니 배가 불러요. 어머니랑 동생들이나 드세요"라고 대답하곤 했다. 어머니와 그는 서로 거짓말을 했지만, 가장 빈곤했던 피란 시절이 가장 행복했다고 회상한 바 있다. 이것이 훗날 재산 사회 환원 철학으로 다져진 셈이다.

주산은 1953년 경기중학, 1956년 경기고교를 졸업했다. 이후 연세대에 입학해 1960년 경제학과를 졸업했다. 그는 대학 졸업반 때 자칫 졸업을 못 할 뻔했던 일을 악몽으로 떠올리곤 했다. 마지막 학기에 학교에 가는 대신 정부 기관인 부흥부에서 아르바이트를 하다가 출석 일수가 모자란 탓에 어느 까다로운 교수에게 애를 먹었다는 것이다. 그의 딱한 처지에 공감한 학회 서클 친구들까지 교수님 댁을 찾아가 통사정을 한 후에야 특별 리포트를 제출하는 조건으로 학점을 받을 수 있었다. 이 사건은 사회생활을 하는 데 큰 교훈이 되었다.

"나는 회사를 세운 이래 직원들의 적당주의만큼은 결코 용납하지 않았다. 적당주의는 개인의 발전을 위해서나, 또 회사를 위해서나 결코 바람직하지 않기 때문이다."[63]

주인처럼 일거리 찾아다닌 월급쟁이

주산은 1961년 한성실업에 입사해 무역 관련 업무를 배우게 된다. 먼 친척 아저씨네 회사의 월급쟁이였으나 그는 마치 주인처럼 "내 일을 내가 알아서 처리했으며, 누군가 내게 명령하거나 시키기 전에 일거리를 찾아다니며 했다"라고 자부하곤 했다. 한성실업 회장을 지냈던 김용순은 1986년 한 일간지와의 인터뷰에서 당시 부하 직원이었던 주산을 이렇게 떠올렸다.

"우중이는 한성에 6년 정도 근무했는데 두뇌가 비상했어요. 깜짝 놀랄 정도였지요. 아무리 어렵고 복잡한 업무라도 어떻게 해서든지 완벽하게 마무리 짓곤 했어요. 또 배짱이 얼마나 세고 통이 컸던지 큰 인물이 될 걸로 미리 알고 있었어요. 부하 직원들 도와준답시고 봉급을 타면 집에 1원도 갖다 주지 않은 적도 있어요. 하도 통이 크고 의협심이 강해 내가 우리 집사람에게 '큰일 났어. 우중이가 크게 되면 이루 말할 수 없이 크게 되고 그렇지 않으면 감옥소 들어갈 놈이야'라고 말하곤 했던 기억이 납니다."[64]

63   김우중(1989), 『세상은 넓고 할 일은 많다』, 김영사.
64   조동성, 앞의 책.

1963년 주산은 한성실업에 근무하면서 국내 최초로 섬유 제품 직수출을 성사시킨다. 당시 한성실업은 원사와 파나마모자, 타이어, 설탕 등 온갖 상품들을 들여오는 수입상이었다.

1967년 3월 주산은 500만 원의 자본금과 5명의 직원으로 대우실업을 창업한다. 대우실업은 한 달 후 방콕의 시아후아트 사로부터 첫 오더를 받았다. 2만 야드의 트리코트(직물의 한 종류) 5,676달러어치를 공급해달라는 것이었는데, 뚝섬에 있는 대도섬유공업사에서 제작하고 영등포에 있는 동아염직에서 가공해 통관을 위해 부산으로 실어 날랐다. 첫 수출의 성공에 이어 대우실업은 창업 원년에 트리코트 한 품목만으로 58만 달러의 수출 실적을 올렸다.

창업 원년 한 품목으로 58만 달러 수출

절로 이루어지는 않는 법이다. 초창기 대우실업이 인도네시아의 '떼'라는 무역상과 거래하던 때의 이야기다. 그때 돈으로 한 마에 20센트 하던 원단이 인도네시아에서 갑자기 수입을 규제하는 바람에 값이 반 이하로 뚝 떨어져 버렸다. 그러나 '떼'로서는 장기 계약을 했으므로 손해 볼 것을 뻔히 알면서도 물건을 가져갈 수밖에 없었다. 무역상 '떼'는 당장 30만 달러가 없으면 은행에서 차압이 들어온다고 울상을 지어, 주산은 30만 달러를 직접 지원했다. 당시 회사 자본금이 1만 달러였으니까 주산으로서는 큰돈이었고 대단한 용단이었다. 그런데 1년 후 인도네시아 시장이 완전히 풀리면서 원단값이 한 마에 35센트로 뛰어 100만 달러는 족히 벌었다. '떼'는 1년 전 30만 달러의 도움을 그런 식으로 갚은 셈이다.

주산은 해외 현지 시장에 대한 정확한 정보 취합과 능동적인 대처가 중요하다고 생각했다. 그래서 해외 지사를 설립하기로 했다. 1969년 8월 최초로 호주 시드니 지사를 설립했고, 이어 9월에는 싱가포르 지사가 문을 열었다. 1970년 9월에는 미국 뉴욕 지사가 설립됐다. 당시 미국의 의류 수입은 매년 30%씩 늘고 있었고 주요 수출국인 일본은 인건비 상승 압력을 받으면서 가격 경쟁력이 떨어지고 있었다. 이 틈새를 엿본 주산은 미국의 의류 잠재 시장 수요가 무궁무진하다고 생각했다. 시장 조사를 마친 주산은 미국인의 기호에 맞는 의류를 생산하기로 했다. 순발력을 발휘해 회사에 봉제과를 신설하고 스웨터과를 보강했다. 부산 공장에서는 소재를 다양화해 고급 의류에 적합한 트리코트 원단을 개발하기 시작했다. 이어 1975년 한국의 종합상사 시대를 열면서 대우는 국내 중소기업의 수출 창구가 됐다.

다음은 주산의 경기고 동창이자 창업 동지인 이우복 전 대우그룹 부회장의 증언이다.

"대우가 문 열고부터 오늘날까지 한 번도 나는 (김우중이) 친구라는 생각을 가져본 적이 없습니다. 좀 과장해서 말하면 김 회장은 위대한 내 상관이요, 지도자요, 또 이 거대한 군단의 총수로서 비쳤을 뿐입니다. 초창기엔 밤을 새우는 일이 허다했습니다. 심지어는 일주일 동안 잠 한숨 자지 않고 일한 적도 있었어요. 거의 매일 11시 45분 정도 되어서야 마지막 버스를 탔습니다. 통금 시간이 임박해 뜀박질로 버스 정류장까지 뛰어가곤 했는데, 달그락거리던 빈 도시락 속의 젓가락 소리가 아직도 귀에 쟁쟁합니다. 막차에는 한두 명의 승객이 고작이었고 대부분 취객이었지요. 그들이 그렇게 행복하고 여유 있게 보일 수가 없었

1989년부터 1년 6개월 동안 대우조선에 상주하며 노사 문제 해결에 발 벗고 나선 김우중 회장.

습니다. 일을 마치고 술 한잔할 수 있는 시간적 여유, 그것이 부러웠던 거지요. 하지만 그렇게 해서 하루가 다르게 회사가 성장해가는 모습을 보며 우리는 무어라 형언할 수 없는 환희의 자신감을 맛보았습니다."

이처럼 주산은 수출 시장에 무한한 가능성이 있음을 확인한다. 한국의 수출은 1965년 1억 7,500만 달러에서 1968년 4억 5,500만 달러로 근 3배나 늘어났다. 이 같은 추세에 걸맞게 창업 1년 만에 국내 수출 서열 141위이던 대우는 2년째에 36위로 점프했으며, 1972년에는 2위까지 경이적인 도약을 했다. 1978년에는 드디어 1위를 차지한다.

창업 후 수출만으로 회사를 초고속으로 성장시켜 '대우 신화'라는 신조어와 함께 샐러리맨의 우상으로 떠오른 주산은 1976년 한국기계(대우중공업)와 1978년 새한자동차(대우자동차), 대한조선공사(대우조선해양) 등 부실기업을 인수하여 단기간 내에 경영 정상화를 이뤄냈다. 이로써 '한국의 중화학공업화'까지 선도하게 된다. 김태구(79) 전 대우차 사장은 1970년 수출 제일주의 시대 대우실업 시절의 일화를 이렇게 소개했다.

"아프리카 에티오피아와 소말리아가 전쟁을 벌였다. 대만산 헬멧을 구해 에티오피아에 수출하기로 계약했다. 그런데 문제가 생겼다. 에티오피아를 소련이 지원했다. 그래서 미국이 에티오피아의 헬멧 수출을 막았다. 포기하려 했으나 김우중 회장은 달랐다. 헬멧을 우회 수출할 수 있는 나라가 없는지 뒤졌다. 결국 성공했다. 그 양반은 우리가 보면 도저히 안 되는 일을 해냈다. 동유럽 자동차 진출? 그게 쉬웠다면 왜 서구 업체들이 진작 안 갔겠나."

'창의'가 아닌 '창조'가 대우 정신이 된 사연

김 전 사장은 '창조·도전·희생'이라는 대우 정신(사훈)을 정하던 때의 일화도 털어놨다.

"임원들은 '창조'가 아니라 '창의'로 하자고 했다. 김 회장은 완강히 '창조'를 고수했다. '창의는 아이디어일 뿐이다. 아이디어에서 그칠 게 아니라 뭔가를 만들어내야 한다'는 논리였다."

사업은 하나에 하나를 더해서 둘을 만드는 것이 아니라 하나가 열이 되고, 열이 다시 백이 되는 오묘한 계산이 가능한 세계다. 1970년대 말 주산은 북아프리카 수단에 타이어 공장을 지었다. 이 프로젝트는 한국 기업이 해외에 나가서 짓는 첫 번째 공장이었다. 대우는 국내에서 타이어 사업을 해본 경험이 없었기 때문에 걱정하는 소리가 높았

수단 니메이리 대통령과 함께 현지 타이어 공장 준공식에 참석한 김우중 회장.

다. 그러나 주산의 계산은 가능하다는 것이었다. 수단에는 타이어 수요가 많았음에도 불구하고 타이어 공장이 하나도 없었다. 수단은 국토의 80% 이상이 사막이고, 도시와 도시는 매우 떨어져 있어서 도시 간의 이동은 자동차에 의존할 수밖에 없었다. 게다가 주산은 수단 남쪽에 대규모의 유전이 발견되었다는 정보를 미국 측의 관리로부터 입수한 바 있었다. 유전이 개발되면 경제 규모가 커질 것이니 자동자 보급은 늘어나게 되어 있다. 결국 주산의 계산은 맞아떨어졌다. 여러 차례 타이어 공장을 증설했지만 수단이 우리 타이어를 사려 미리 돈을 맡겨 놓아야 할 정도였다.

1978년에는 역시 미수교국이자 좌경 이슬람교 국가였던 리비아에 진출했다. 이를 계기로 리비아 내 건설 공사는 해마다 폭발적인 증가세로 뻗어 나가 1981년에는 20억 달러가 넘는 엄청난 공사를 따내기도 했다.

"김 회장은 최소한 1년에 절반 이상은 해외에서 보냈습니다. 밤 2시가 넘어 잠이 든 김 회장을 새벽 4시 30분쯤에 눈에 안약을 넣어 깨우는 것이 저의 중요한 일과였습니다. 바이어들과의 만남이 밤 10시쯤 끝나면 그때부터 내부 회의를 주재했습니다. 비행기도 주로 밤 비행기를 이용했습니다. 한번은 왜 밤 비행기를 예약해야 하느냐고 여쭤봤더니 '무엇보다 시간을 아껴야 하고 호텔비도 절약할 수 있지 않느냐'고 하시더군요. 저는 그때부터 김 회장을 진심으로 존경하게 됐습니다. 단순히 장사꾼 이상의 무언가를 갖고 계신 분으로 믿게 됐지요. 그분과 오랫동안 있다 보면 삶을 생각하고 세상을 살아가는 눈이 부쩍 자란다는 사실도 깨닫게 됐습니다."

1977년부터 2년간 주산의 비서를 지냈으며 대우가전 사장도 지냈던 이재명 전 국회의원의 증언이다.

부실기업을 흑자로 만든 경영 마술사

주산은 부실기업을 인수하여 어엿한 흑자 기업으로 살려내는 경영의 마술사이기도 했다. 그가 1976년에 인수한 한국기계는 일제 때 잠수함 건조를 목적으로 설립한 회사였고, 한 번의 흑자도 내지 못한 채 부실의 늪에서 헤매고 있었다. 정부에서는 애초 대우보다 큰 삼성과 현대를 상대로 한국기계 인수 상담을 벌였다. 그러나 그들은 조사 결과 인수해봐야 승산이 없다고 판단했다. 하지만 주산은 똑같은 조사를 벌여 인수를 결정한 것이다. 한국기계는 대우중공업으로 이름을 바꿨는데 대우중공업(지금은 두산인프라코어)은 그 후 우리나라의 기계 공업을 대표하는 간판 기업이 되었다. 인수 당시 부채 총액은 대우 총자본의 3배에 달하는 797억 원이었지만 주산은 인수 1년 만에 흑자로 바꿔놓았다.

"인수된 부실기업은 부실 원인을 분석해 종합적인 검토 보고서가 작성되고 경영 개선 방안을 수립한 뒤 부실 원인을 제거했다. 이러한 일련의 정상화 작업을 통해 대우는 경영 경험을 축적해나갈 수 있었고, 우수한 경영자를 확보함으로써 다른 기업 인수에도 이 인력을 활용할 수 있었다. 결과적으로 부실기업 인수는 대우에 시차의 이점을 갖게 함으로써 고도성장의 추진력을 제공했다."[65]

1982년 주산은 무역·건설 부문을 통합해 ㈜대우를 설립하고 그룹화의 길에 들어선 후 자동차, 중공업, 조선, 전자, 통신, 정보 시스템, 금융, 호텔, 서비스 등 전 산업의 내실을 갖춰 세계 진출을 본격화한다. 1990년대 말 대우는 41개 계열사와 600여 개의 해외 법인 및 지사망, 국내 10만 명, 해외 25만 명의 고용 인력을 토대로 21개 전략 국가에서 현지화 기반을 닦고 있었다.

대우맨들은 1980년대, 1990년대를 역시 '도전'의 시기로 회고한다. "일찌감치 진출했던 아프리카 수단에서는 쿠데타가 수시로 일어났다. 그때마다 대우 현지 지사장이 잡혔다가 풀려났다. 그러더니 나중엔 정변이 일어나도 대우는 건드리지 않았다. 누구 편드는 게 아니라, 일하는 기업이라는 인식이 박혀서였다. 대우는 수교가 없었던 동유럽, 아프리카에 먼저 들어갔다. 그게 발판이 돼 수교가 이뤄졌다고 자부한다."[66]

---

65   조동성, 앞의 책.
66   김종도 전 GM대우 전무.

남미에서 일본을 지워나간 대우

1990년대 초반 남미는 일본판이었다. 페루에서는 일본계 대통령이 집권했을 정도였다. 거기에 대우맨이 전자·자동차를 들고 들어갔다. 특히 AS에 신경 썼다. 일본 차는 수리 신청을 하고 일주일 이상 기다려야 했는데, 대우맨은 바로바로 해줬다. 시장을 확보하면서 한국 문화도 퍼졌다. 대우는 그렇게 남미에서 일본을 지워나갔다.

주산은 1983년 국제상업회의소에서 수여하는 '기업인의 노벨상'인 국제기업인상을 아시아인 최초로 받는다. 1989년에는 에세이집 『세계는 넓고 할 일은 많다』를 펴냈는데 이 책은 6개월 만에 100만 부가 팔려 최단기 밀리언셀러 기네스 기록을 달성하기도 했다. 세계경제포럼 자문위원 중 유일한 아시아인이었던 주산은 외환위기 와중에 전경련 회장을 맡아 경상수지 연 500만 달러 흑자 달성에 기여했고, 금 모으기 아이디어를 통해 경제 회생에 힘썼다.

"전경련 회장을 괜히 한 것 같다"

그러나 주산은 끝내 외환위기의 험난한 현실을 넘지 못하고 대우 해체란 엄청난 비운을 맞는다. 주산과 함께 대우 신화를 남긴 대우맨들은 그룹 해체에 대해 진한 아쉬움을 아직도 숨기지 않고 있다. 외환위기 때 주산이 전경련 회장으로 신흥 관료들에 맞섰기 때문에 '괘씸죄'를 샀다는 것이다. 백기승 전 대우 이사는 이렇게 말했다.

"외환위기 때 전경련 회의를 마치고서였다. 회장님께서 나 보고 차

김우중 회장과 트럼프 대통령의 접견. 트럼프는 1998년 사업 파트너 자격으로 한국을 찾았다.

에 같이 타라고 하고선 이렇게 말했다. '전경련 회장 괜히 한 것 같아. 회사가 압박을 받는다.' 결국 그룹이 해체됐다. 대우가 갖고 있던 폴란드 바르샤바의 300만 평(1,000만 ㎡) 공장, 체코 프라하의 100만 평(330만 ㎡)도 날아갔다. 지금은 아무리 돈을 많이 싸 들고 가도 살 수 없는 땅이다."

주산에 대한 평은 엇갈린다. 도전 정신의 표상이었으나 법원은 그에게 부실 경영의 책임을 물어 징역 8년 6개월에 추징금 18조 원을 선고했다.

주산은 2010년부터 마지막 봉사라 여기며 글로벌청년사업가양성과정(GYBM) 사업에 몰두하여 베트남, 미얀마, 인도네시아, 태국 등 동남아 4개국에 1,000여 명의 청년 사업가를 배출하기도 했다. 일찍이 그가 사재를 털어 세운 대우재단은 아주대학병원을 중심으로 도서·오지

병원 진료 사업을 벌이고 있으며, 기초 과학 위주의 우수 학술 총서 등 값진 도서 780권을 발행해 학계 연구 학자들에게 큰 도움을 주고 있다. 주산은 2019년 12월 9일 경기도 수원시 아주대병원에서 별세하여 충남 태안 선영에 안장됐다.

주산 김우중의 가계

주산은 정희자(80·한양대 건축학과 졸업, 전 힐튼호텔 회장)와 사이에 3남 1녀를 두었다. 장남 선재(1967년생) 씨는 1990년 미국 보스턴 부근 국도에서 교통사고로 작고하였다. 차남 선협(51·미 보스턴대 산업공학과 석사) 씨는 아도니스 부회장으로 금호그룹 박정구 회장의 장녀 박은형(50·이화여대 불문과 졸업) 씨와 결혼하여 1남 1녀를 두었다. 3남 선용(45·미 MIT대 경제학과 석사) 씨는 벤티지홀딩스 대표이사로 가곡 「얼굴」 작사자인 심봉석 씨의 3녀 심현하(45·이화여대 영어교육과 졸업) 씨와 결혼하여 3형제를 두었다. 주산의 맏딸 선정(55·미 크랜브룩대 서양학과 석사) 씨는 광주비엔날레 대표이사로 이수그룹 회장인 김상범(59·미 미시간대 경영학 석사, 사법학 박사, 고 김준성 경제부총리의 3남) 씨와 결혼하여 형제를 두었다.

주산의 맏형은 태중(99) 씨이며, 둘째 형 관중(89) 씨는 대창기업 회장이다. 셋째 형 덕중(86) 씨는 교육부 장관을 역임했다. 아래 동생 성중(79) 씨는 델코전자 회장이며, 누이동생 영숙(77) 씨는 윤석철 교수와 결혼했다.

한국을 넘어 세계 경영의 큰길로

장병주(대우세계경영연구원 회장·전 ㈜대우 사장)

　김우중 회장은 앞을 보는 시각이 탁월한 기업인이었다. 동시에 용기와 배짱을 가진 분이었다. 누가 자신을 어떻게 생각하는지에 대해서는 전혀 신경 쓰지 않았다. 많은 직원이 망설이고 주저할 때도 직접 나서서 일을 만들어갔다. 마치 정육점의 능숙한 칼잡이처럼 보일 때도 있었다. 골치 아프기 짝이 없는 부실기업을 만지면서 꼭 살려야 할 힘줄과 버려야 할 지방을 기가 막히게 선별하고 판단해냈다.

　일이 취미라고 할 정도로 일에 미쳐 한국의 영역을 넘어 세계 경영의 큰길로 진군해갔다. 국가가 있어야 장사도 제대로 할 수 있다면서 뚜렷한 소명 의식으로 바른 국가관을 심어준 애국자였다. 일찍이 사재를 털어 대우재단을 설립했고, 아주대학과 병원을 개설해 재산 환원을 한 탁월한 선견지명에 새삼 감복할 따름이다. 우리 후진들은 그분의 분신으로 살아남아 세계 경영 선양이란 큰 뜻을 펼쳐가는 데에 온 힘을 쏟을 것이다.

KI신서 10218
한국의 명가 재계편

1판 1쇄 발행 2022년 5월 11일
1판 3쇄 발행 2022년 11월 25일

지은이 김덕형
펴낸이 김영곤 **펴낸곳** ㈜북이십일 21세기북스
인문기획팀 양으녕 이지연 최유진 **디자인** 제이알컴
출판마케팅영업본부장 민안기 **마케팅1팀** 배상현 이보라 한경화 김신우
출판영업팀 최명열 **e-커머스팀** 장철용 김다운 **제작팀** 이영민 권경민

출판등록 2000년 5월 6일 제406-2003-061호
주소 (10881) 경기도 파주시 회동길 201(문발동)
대표전화 031-955-2100 **팩스** 031-955-2151 **이메일** book21@book21.co.kr

ⓒ 김덕형, 2022
ISBN 978-89-509-0063-2 03900
      978-89-509-4668-5(세트)

㈜북이십일 경계를 허무는 콘텐츠 리더

21세기북스 채널에서 도서 정보와 다양한 영상자료, 이벤트를 만나세요!
페이스북 facebook.com/jiinpill21   **포스트** post.naver.com/21c_editors   **유튜브** youtube.com/book21pub
인스타그램 instagram.com/jiinpill21   **홈페이지** www.book21.com

서울대 가지 않아도 들을 수 있는 명강의! 〈서가명강〉
유튜브, 네이버, 팟캐스트에서 '서가명강'을 검색해보세요